中國近代口述史學會叢書

唐德剛與口述歷史

唐德剛教授逝世周年紀念文集

中國近代口述史學會編輯委員會 編

國家圖書館出版品預行編目(CIP)資料

唐德剛與口述歷史 ： 唐德剛教授逝世周年紀念文集 / 中
國近代口述史學會編輯委員會編. -- 初版 . -- 臺北市 :
遠流, 2010. 10
面 ; 公分. -- (中國近代口述史學會叢書)

ISBN 978-957-32-6722-5(平裝)

1. 唐德剛 2. 傳記 3. 口述歷史

782.887 99019848

唐德剛與口述歷史

唐德剛教授逝世周年紀念文集

編　　者：中國近代口述史學會編輯委員會
共同主席：禤福煇、陸國燊
編輯委員：于仁秋、古兆中、孔強生、吳章銓、夏沛然
主　　編：于仁秋
責任編輯：游奇惠、陳穗錚

發 行 人：王榮文
出版發行：遠流出版事業股份有限公司
地址：台北市100南昌路二段81號6樓
電話：02-23926899　**傳真**：02-23926658
郵政劃撥：0189456-1
著作權顧問：蕭雄淋律師
法律顧問：董安丹律師
2010年10月26日 初版一刷
行政院新聞局局版台業字第1295號
定價：新台幣 420 元
缺頁或破損的書請寄回更換

Printed in Taiwan
ISBN 978-957-32-6722-5

YLib 遠流博識網

http://www.ylib.com
E-mail:ylib@ylib.com

中國近代口述史學會簡介

禤福煇

唐德剛教授從事中國口述史研究凡數十年，一九九〇年有感口述史在海內外未受重視，遂召集好友和門人，倡議成立中國近代口述史學會，獲得大家響應，一九九一年正式在紐約州註冊成立。本會是不涉政治的學術性非牟利團體，以提倡、鼓勵、推動和從事中國近代口述史研究、資料保存、編輯及出版為宗旨。

本會自成立之初，在唐教授的指導下決定全力推動對抗戰口述史的研究。由於抗戰勝利已經六十多年，當年慷慨抗敵的青年現在都垂垂老矣，必須盡快搶救。同時唐先生強調，帝王將相、達官貴人已經先後凋謝，最好從普通老百姓及當時的年輕將士入手，希望能夠盡力反映抗戰時期普羅大眾的生活狀況和所思所想。

我們除在紐約展開調查研究、舉辦學術研討會、座談和圖片展覽等活動外，還努力提倡促進兩岸三地的學術性合作。從一九九〇年代中期起，我們與復旦大學和北京大學歷史系及中國人民抗日戰爭紀念館進行多項研究。二〇〇六年又與台北中國空軍退伍軍人協會合作調查第四大隊在抗戰時期所作的貢獻。

二〇〇二年，我們開始與原石家莊社會科學院研究員何天義先生合作，就日本強擄中國勞工赴日奴役的史實進行調查，並於二〇〇五年出版合作研究的成果《二戰擄日中國勞工口述史》（濟南：齊魯書社）五冊。鑒於《二戰擄日中國勞工口述史》卷帙浩繁，同年十二月在香港出版節選繁體本《地獄證言：抗戰時期被強擄赴日中國勞工的血淚口述》（香港：利文出版社）一冊。二〇〇六年，本會繼續與何先生合作，研究日軍在華北所設的集中營，全面調查被日軍奴役的數百萬勞工的慘況，二〇〇七年出版《亞洲的奧斯威辛：日軍侵華集中營揭秘》（成都：四川人民出版社）。

過去幾年來，我們主要從事中美聯合抗日史實的調查，包括中美空軍混合團（Chinese American Composite Wing，亦稱中美聯隊）和美國十四航空地勤大隊（14th Air Service Group）的口述史研究。一九四三年十月一日，中美聯隊在印度卡拉奇（Karachi）組成，有三個大隊，其中兩個是驅逐大隊，一個轟炸大隊，由中美雙方派出飛行員和機械士組成。我們在美國的休斯頓、達拉斯、三藩市、洛杉磯、波士頓、紐約，以及兩岸三地的香港、台灣、杭州、北京和天津等地訪問了數十位中美聯隊的飛行員，最近全力走訪美籍人員，希望不久能夠完成這個在太平洋兩岸同時進行的項目。地勤大隊成立於一九四三年，由參加美軍的華僑組成，當時約有一千五百人，自一九四三年底起分批派往中國，隸屬美軍十四航空大隊，為兩個祖國獻身，參加轟轟烈烈的抗戰行列。如今這些健在的抗日英雄散居休斯頓、舊金山、波士頓、紐約等地，除了研究中美聯合抗日的史實外，對華僑史的研究也很有意義。前幾年我們還訪問了一些緬甸遠征軍的老戰士，後來由於人手不足而中途停頓。最近我們再次與一些遠征軍老兵接觸，希望盡力搶救這方面的珍貴史料。此外，我們一直希望對抗戰時期老百姓的逃難浪潮展開大規模調查，過去做了一些初步工作，日後將致力擴大這個項目。

本會舉行的學術會議、研討會等活動很多，例如一九九五年我們與哥倫比亞大學東亞研究所、二十世紀中華史學會及海外華文作家筆會聯合舉辦抗戰勝利五十周年國際研討會，由唐德剛教授和徐迺力教授擔任共同主席，邀請來自兩岸、日本、加拿大和美國等地的六十多位學人與會。哥大東亞研究所所長曾小萍教授（Prof. Madelene Zelin），本會名譽會長吳相湘教授，威斯康辛大學周策縱教授，中國社會科學院近代史研究所所長張海鵬教授、楊天石教授、楊奎松教授，中央研究院近代史研究所李恩涵教授、張力教授等出席了會議，濟濟一堂，共同研討抗戰史研究的概況。後來將提交的論文整理成冊，於一九九七年出版《抗戰勝利五十周年國際研討會論文集》（台北：國史館）。

二〇〇六年十一月我們在武漢協辦了中華口述歷史研討會，德高望重的章開沅教授在會上講了話，語重心長。

為了吸引更多朋友參加口述史研究，便利就地進行調查和籌集經費，我們決定在二〇〇七年成立香港分會，公推陸國燊博士擔任會長，孔強生先生為總幹事。

為了鼓勵年輕一代參與口述史研究，培養下一代的口述史學者，本會與香港分會通力合作，二〇〇八年夏在大陸舉辦暑期徵文，評審結果，南京師範大學高岩、上海復旦大學蘇聖捷和華東師範大學苗青三位同學獲得最優獎；近年按照原定計劃，繼續舉辦。

本會創辦人唐德剛教授不幸於去年十月二十六日在舊金山辭世，我們痛失良師，深感悲痛，於十一月二十九日在紐約皇后區華僑文教中心舉行追悼會，唐教授友好及文化界朋友一百多人與會，對這位史學大師、口述史先驅同表哀思。本會同仁為了表示對唐教授的深切懷念，決定把編輯中的《中國近代口述史學會學刊》改為紀念集，同時設立唐德剛教授獎學基金，鼓勵青年學子從事中國近現代史和口述史研究，將頒發獎學金給合肥安徽大學歷史系研究生。首屆唐德剛教授獎學金，正在安大歷史系的緊密配合下，慎重展開甄選工作。

儘管唐先生已經遠去，但是他的精神長存，我們絕不會忘記他的教誨，定將一如既往，繼續推動口述史的研究工作。這幾年除了上述進行中的計劃外，我們將全力整理唐先生去年西遷加州時留在紐約的資料。當時他決定把全部珍貴藏書一百二十四箱，通過馬大任教授的贈書中國計劃，捐贈合肥的安徽大學；全部手稿、來往書信和研究資料則留交本會保管。希望將來能夠把書信、新舊體詩和單篇史論編輯成書。初步徵集工作已經開始，希望不久的將來在本會同仁的通力合作和文化界朋友的幫助下，能夠盡早完成徵集工作，爭取早日付梓。

〈代序〉典範長存
勤學善問、能言善言的唐德剛

于仁秋

中國近代口述史學會首期學刊尚未編定，我們的導師、本會創始人唐德剛教授卻已逝世。原來我們計劃，以首期學刊慶祝唐德剛教授的九十大壽，不幸唐教授在二〇〇九年十月逝世，於是改為出版紀念他的專集。唐教授是中國近、現代口述史研究的主要開拓者，用我們口述史學會編輯的專集來紀念他，自然最合適不過。非常幸運的是，本會同仁古蒼林先生已將數年前他對唐教授的口述歷史訪問稿整理好，使我們得以將這篇寶貴的文稿為本集重頭文章刊出，以這種獨特而又再親切不過的方式來紀念唐教授。唐教授生前曾花費大量時間精力，對李宗仁、張學良、胡適、顧維鈞等歷史人物進行口述史訪問，寫出《李宗仁回憶錄》、《胡適口述自傳》等傳世名著，為後輩留下從事口述史研究的典範之作。他老人家晚年又欣然同意對他自己做口述史訪問，誠實而又興趣盎然地回憶他的一生，給後輩留下又一典範。唐教授曾多次強調，口述史應記錄「正史」上看不到的、生動具體的生活細節和個人感受。我們讀古蒼林先生整理的唐教授口述史訪問錄，便處處看得到這種寶貴的、生動的生活細節和獨特的感受；我們讀這篇訪問錄，既看到唐教授的「人」，也在字裡行間體會得出他這位口述史開拓者的「技」，對照回想唐教授生前對我們的言傳身教，不由得倍加懷念他。

唐教授和五四運動的領軍人物胡適之先生有特殊而親密的關係；在胡適之先生的晚年，唐教授獲得特別的機緣，與胡適之先生過從甚密，對他有直接的觀察。胡適之先生逝世許多年後，人們對他又有了興趣，想知道他、了解他；唐教授綜合自己多年的觀察和思考，對年輕一代提出建議，如欲了解、理解胡適思想的發展及其在現代中國的影響，可以不讀那幾十年積累下來幾可稱之為汗牛充棟的「胡適研究」專著、專集，但必須讀胡適的《四十自述》及唐教授整理的《胡適口述自傳》。唐教授說，這是「以經讀經」，最簡捷直湊而又切實可靠的求學途徑。我覺得，唐教授建議提倡的「以經讀經」法，正好可以用在他自己身上。唐教授現在已經作古，紀念他的文章不斷湧出，可是要想對唐教授的學術成就、真知灼見、獨特的文字風格有所認識和體會，還是要「以經讀經」，讀他的《胡適口述自傳》、《李宗仁回憶錄》、《胡適雜憶》、《晚清七十年》，以及他的其他文字和口述回憶錄。

唐教授一生著述甚豐，在華文、華人世界擁有眾多喜愛他文章的讀者，他的成就和影響遠遠超出口述史的範圍，任何人對他「以經讀經」，自然會認識到這一點。在這裡，我不可能也不打算對唐教授的成就和影響作全面評價。我只想在有限的篇幅裡，簡略地談談唐教授幾本口述史著作及他的口述回憶錄的典範意義。

唐教授一輩子做學問，勤學而善問，學問非常好。我們讀他的著作，得知他從小到大，自幼及老，都是一個勤奮向學的學者。他少年時便熟讀《資治通鑒》，大學時代受教於顧頡剛等名師，大學畢業後教過西洋史，到美國留學後又遍讀西方二戰後新的史學理論和史學名著，根基極扎實，學貫中西，稱得上「舊學邃密，新知深沉」。他教過西方文明史、美國史、中國史，也是「華裔美國人史」課程的最早倡議者及組織者之一，是一位極其淵博而深受學生歡迎的教授。正因為唐教授畢生勤學，擁有廣博的知識，他在從事口述史訪問、整理時——如他對張學良、胡適、顧維鈞等人進行口述史訪問時，便非常善問。唐教授的善問，首先是在技術層面上，如史實核對，在這方面唐教授的高超技藝和嚴謹態度，讀者自會有目共睹，讀一讀他的《胡適口述自傳》和《李宗仁回憶錄》便知道了。唐教授自己對此也有風趣的記述：

> 顧（維鈞）氏把「金佛朗案」當中一段故事張冠李戴了。我更正了他的錯誤，顧公不服，並說「事如昨日」也。我取出顧總長當年自己簽署的文件來再次反證，顧公才服輸。（唐德剛，〈廣陵散從此絕矣〉，見《書緣與人緣》，廣西師範大學出版，二〇〇六年，第七十七頁）

唐教授的善問，主要還是在思辨的層次，和歷史理解的層次上。我們若細讀他老人家幾部口述史著作的注釋、《胡適雜憶》及注釋，細細品味體會他和他的胡適之老師的種種討論，看他如何遵循胡適之先生反覆教導的做學問要「不疑處有疑」的原則和方法，一次又一次地和胡適之抬槓、辯論，便可見到唐教授博學深思、在許多問題上見識超絕的過人才氣，以及他作為一個歷史學家追求及堅持歷史真實，力求自己所作的評論、評價公正持平的史德、史識。唐教授的口述史著作及討論口述史的文章，處處顯示了他融會貫通的歷史理解和他的批判性思考。作為典範，這些著作將啟發和示範後繼者怎樣從事口述史研究和寫作。我讀唐教授的著作，覺得他在當代華人、華文世界裡取得「成一家之言」的歷史學家的成就，根基和關鍵便是他對古今中外歷史融會貫通的理解，以及他極強的批判性思維能力。

唐教授獨立思考，有自己的獨特見解，他也發展出他自己的獨特的文字風格，是一位能言善言、廣為讀者喜愛的歷史學家和作家。唐教授的文字，有獨特的魅力，已有許多學者指出討論過。二十多年前，我初到美國，得到一本唐先生的《胡適雜憶》，打開一讀便放不下手，一口氣讀完才肯罷休。唐教授逝世之後，我懷念他，重讀《胡適雜憶》，還是打開之後放不下手。這使我想起「經典」的定義：經典是那些可以一讀再讀的書。孟子說，「言近而指遠者，善言也」。唐教授的著作和文章，就給人強烈的感覺，他真是善言。

唐教授的文采或許是他與生俱來的天賦，是無從學起的。但唐教授寫文章的出發點、立場，和他努力的方向，卻是可以借鑑的。唐教授能言善言，寫文章時——甚至是寫歷史著作時，常常向讀者發出一聲「朋友！」的呼喚，讓人覺得親切。這是他尊重讀者的一種表示，當然也是他引導讀者和他一起進行批判性思考的一種寫作技巧。他和讀者一起平起平坐地分享他獨立思考所得的獨立見解，不教訓人，也不故作清高自言自語。他的立場是學者的立場，同時也是平民的立場。唐教授在台灣《傳記文學》發表他的民國史系列文章，一開始便給自己定下雅俗共賞兩個標準：（一）正文當「務求其通俗」，（二）注釋部分經得起學術界的批評鑒定。（〈民國史「每兩月一章」〉，《書緣與人緣》，第七十三頁）

著書立說要有真學問，而「務求其通俗」，是一種立場，也是極高極難的標準，只有才氣橫溢而又雄心勃勃的人才敢說這種話。寫充滿行話、套話的乾巴巴學術論文不難，要寫出既有學術上的真知灼見、又為普通讀者所歡迎的通俗文章，則非常困難。唐教授的著作文章，在當代華人讀者世界裡雅俗共賞，是他了不起的成就。我對唐教授這種成就的認識，不僅是從書本上、而且是從親身經歷中得來的。一九八〇年代初期，中、英談判香港主權歸還中國諸事項，唐教授在紐約市出版的中文報紙上發表了一系列文章，從民族立場、平民立場出發，批評港英殖民政策、支持香港回歸祖國，同時強調和平理性、冷靜寬容，文章寫得精彩動人，極受歡迎。我那段時間到紐約唐人街去，好幾次聽到老華僑、新移民在交談中引用唐教授的文章論點當作自己的意見，議論風生，給我留下極深印象，至今難忘。後來我再三閱讀唐教授的口述史著作和其他文章，便處處留心到他的平民立場。我們讀唐教授對袁世凱、蔣介石、胡適、張學良、顧維鈞等人的評價，也可以看到他的平民立場。

唐教授做了幾十年口述史研究，對象都是民國史上的大人物，所謂帝（李宗仁）王、將（張學良）相（顧維鈞），等到他一九九〇年初期創立中國近代口述史學會時，他卻大力提倡做普通人的口述史訪談，這彷彿是一個很有趣的矛盾。如果我們認識到，唐教授研究歷史、口述史的基本立場是平民立場，則可知這並不矛盾。反之，如果讀唐教授的口述史著作，只注意他的研究對象而忽略他的平民立場，則不能完全體認他的口述史著作的價值和典範意義。

唐教授融會貫通的歷史探索，他的批判精神，以及他的平民立場，都包含呈現在他那些雅俗共賞的著作文章中，我們如能「以經讀經」，細心體會，必定能時時從中得到啟示和汲取營養。

目錄

特稿

抗日戰爭時期的華人經驗

冷戰期間的台灣經驗

後繼者的初試啼聲：暑期徵文獲獎文章選刊

本書作者簡介

唐德剛與口述歷史

唐德剛教授逝世周年紀念文集

編輯委員會

共同主席：禤福煇先生（紐約中國近代口述史學會會長）
陸國燊博士（香港中國近代口述史學會會長）

編輯委員：于仁秋教授
古兆中教授
孔強生先生
吳章銓博士
夏沛然先生

主　　編：于仁秋教授

紀念唐德剛教授

壹・開拓者的足跡身影

出洋和留學的雜憶

唐德剛口述
古蒼林執筆

提起唐德剛先生，大家都知道他是著名的歷史學家和口述歷史學的一個創始人，卻很少聯想到唐先生的一生，也和中國近代史有著千絲萬縷的聯繫。唐先生是清末淮軍將領的後人，小時受過傳統的私塾教育。讀中學、大學時正遇上抗戰，做過流亡學生。他一九四八年到美國留學，不久中國政權變換，又成了有家歸不得、流亡海外的留學生。在五〇年代，他參加美國哥倫比亞大學的中國近代口述歷史計劃，和李宗仁、陳立夫、顧維鈞、胡適等中國近代歷史人物建立密切的關係。後來他在哥大和紐約市立大學教書，到中國大陸、台灣、香港和世界各地講學，所見所聞，更有足記述的。

美國「中國近代口述史學會」同仁有見及此，便建議進行「唐德剛口述歷史計劃」。這事和唐先生商議後，也得到他的同意。

最初訪問唐先生的是吳章銓兄，他做了從唐先生出生（一九二〇）到留學美國（一九四八）前的記錄，後來因為各種原因，訪問工作停了下來。到了二〇〇七年，唐先生已是八十七歲高齡，盡快完成他的口述歷史，就變得十分迫切，訪問的責任，不知怎的，落到我的身上。顯然，我訪問唐先生，最邏輯的做法，是從他一九四八年出洋留學開始繼續下去。

訪問在二〇〇七年六月二十九日開始，約每周一次。唐先生家在新澤西州北部Bergen County的Norwood，距離我在新澤西州Morristown的住處有四十五分鐘車程。我一般在下午一時到唐家，和唐先生談兩、三小時，就讓他休息；有時我也會先到唐家吃中飯，然後才開始訪問。訪問進行得並不順利。其一，每次訪問，唐先生完全無視於我事前給他的大綱，談話一開始，他老人家就天馬行空，想到那裡就談到那裡，我毫無辦法把握訪問的基本方向。其二，唐先生晚年，說話家鄉的口音特重，訪問的錄音，我回家後常常聽四、五遍，還弄不清一些唐先生說的話，要請唐師母翻譯。因此整理錄音的內容，進度極慢，而又非常艱苦。

不久，我因為要做脊椎的手術，訪問只好暫停。最後的一次訪問在二〇〇七年八月三十日，一共訪問了八次。我手術後，直到二〇〇八年夏天身體才算完全康復。而唐先生的健康狀況，卻開始不十分穩定，訪問就沒有繼續下去。到了二〇〇九年春，唐先生舉家遷往三藩市附近居住，我對唐先生的訪問，只做到他在哥大做口述歷史的階段。

二〇〇九年十月，唐先生不幸病故。美國「中國近代口述史學會」的「唐德剛口述歷史計劃」，更是無法完成了，這實在是非常遺憾的事。我把這八次訪問的一些內容整理出來，作為對唐先生的致敬和懷念。

出洋前

一九四三年，我在重慶國立中央大學歷史系畢業後，報名考中央大學的歷史研究所。名額只有一個，參加考試的有幾十人。試考過後，要等一段時間才知道結果，我就回到安徽，想先找一個差事再說。本來要和一些老同學辦一家模範中學❶，結果沒有成功。後來在安徽的教育廳找到一份編輯的工作，主編一本叫《安徽教育》❷的月刊。這個月刊的經費來自重慶的中央政府，每省都有，像《江蘇教育》、《廣東教育》等等。每期一定要刊登中央交下來的幾篇文章，其餘的文章就由各地安排。我到美國哥倫比亞大學後，在哥大的圖書館看到我編的《安徽教育》，卻找不到其他省的。

我在安徽教育廳幹了六個月，回老家省親。我的母校是在合肥鄰縣舒城縣的舒城中學，那時的校長是我的一位堂叔，要找一個英文的教員，知道我是中央大學畢業的，就請了我❸。教了六個月，我收到考上了中央大學歷史研究所的通知。我是那年唯一被歷史系錄取的研究生，研究所的導師有郭廷以、顧頡剛等。我在中央大學三年級時選了一門顧頡剛的「商周史」，期終沒有考試，只交一篇作業就可了事。我寫了一篇叫〈中國郡縣起源考〉的文章，顧先生對我這篇文章頗為欣賞，這

也許是我被錄取的一個原因。❹

我辭去中學的工作，要回到重慶的研究所。不巧日本的軍隊佔領了河南、平漢鐵路和粵漢鐵路，切斷往重慶的通道，我只好在安徽留下來。抗戰時期，一些美國來華作戰的空軍，有被迫降落在安徽的，需要當地人的協助。那時能說英語的人極少，所以安徽省政府就到在立煌縣的「安徽學院」找人當翻譯。當時安徽學院的英語教員只有幾個人，沒有人可以離開教書的崗位，聽說有唐某是中央大學畢業的，在舒城中學教英文，就來找我去當翻譯。有一次掉下來的美軍是飛機上的機關炮手，原來是工人，說的都是「May I stay here?」（我可以留在這裡嗎？）「Could I eat this?」（我可以吃這個嗎？）等簡單的句子。我那時英語也說不了幾句，「OK」卻是會說的。無論他說什麼，我都說「OK」，結果是皆大歡喜。那老美還上前和我擁抱，讓那些土包子們看呆啦。以後有美軍從天上掉下來就找我。去見美國人時安徽學院給我一個寫著Professor Tong（唐教授）的名牌掛著，我這樣就靠一句「OK」吃上了美國飯。當然掉到安徽來的飛行員不會很多，這碗飯也吃不了多久。正好安徽學院找不到一位教西洋通史的教員，知道我是在中央大學讀歷史的，又考上了歷史研究所，就僱了我做歷史系的講師，講授西洋通史。我在中央大學上過這門課，用的課本是哥倫比亞大學教授卡爾頓・海斯（Carlton J. H. Hayes, 1882-1964）寫的《西洋現代史》，後來我到了哥大，還當了海斯的學生。我在安徽學院教西洋通史的講義，就是根據這本書編寫。❺

日本偷襲珍珠港後，美國介入太平洋戰爭，抗戰情況日漸好轉。一九四五年抗戰勝利，中央大學從重慶遷回南京，我也隨中央大學歷史研究所到了南京。勝利後的國民黨非常腐敗，知識青年十分苦悶，許多人投奔共產黨。我和另一些人，認為出國留學，也是一條出路。

中國派送大批學生出國，是從用庚子賠款開始的❻。學生通過考試，取得出國留學的資格，在國外的生活費用，由政府供給，叫做公費留學。抗戰初期，公費留學停頓了一段時間。國民政府遷到重慶後，一九四〇年恢復公費留學，考試由當時的教育部長陳立夫主持，楊振寧、何炳棣❼是一九四三年的公費留學生。到了一九四六年，留學考試從公費改為公、自費考試，大學生畢業後兩年可以參加。自費，當然是留學的費用，由學生自己負責，為什麼還要考試呢？答案是出國要拿外匯，通過自費留學考試的學生，可以用公價購買美金一千六百元，而當時黑市的美金兌換率，和公價的差額很大，因此報名考公、自費留學的學生很多。每一學科像電機工程、物理、歷史等，通過考試的前三名是公費，其餘的是自費。一九四六年我考的那屆，歷史科只有往歐洲的公費名額，沒有往美國的。原因是當時的教育界分留歐和留美兩派，主辦一九四三年公費留學考試的陳立夫是留美派。一九四六年的教育部長換了從德國回來的留歐派朱家驊。朱認為學歷史的應該到歐洲而不是美國，美國的歷史太短了。考試共有五場，中文、英文、三民主義、和兩場學科。學科是讀物理的考物理，讀歷史的考歷史❽。考試在全國各地舉行，試卷卻是集中在南京評閱。參加考試的學生試前要表明出國學習的科目，到歐洲還是美洲。我要到美國，讀歷史沒有公費名額，就報考圖書館學，結果排名第四，成了自費生❾。一九四六年通過公、自費考試留學的約有兩百人。

到國外讀什麼學校要自己申請，我申請到哥倫比亞、普林斯頓、密西根等大學，結果決定去哥倫比亞，因為我的堂叔唐盛鎬正在哥大讀博士。我拿到哥大的入學證明書後，就從南京到上海的美國領事館辦簽證。那時申請學生簽證也要考英語，在上海領事館主持我考試和簽證的是一位老太太，考試完了以後，她對我說：「唐先生，你的英文寫得還可以，會話卻實在不成，把會話學好再來吧。」不久，我又再到上海領事館辦簽證，到了辦公的地方，已有十多人在排隊，我往前望了一眼，看見主持的仍然是那位老太太，心情頓時沉下來，這回大概又要給刷去了。不過既然來了，這裡可以享受空調，又可飲免費可樂，就留下來。到了中午，老太太離開用中飯，辦理簽證的換了一位男士。排到我的時候，他檢閱檔案，看到接納我的學校是哥倫比亞，頗有點肅然起敬的味道，在我的護照蓋了章，說：「可以了，以後再見，要叫你Dr. Tong（唐博士）。」我那時有點不知所以，問：「就這樣了？」他說：「是啊，都辦好啦。」人的命運實在玄妙，如果不是老太太去吃中飯，我可能就到不了美國。後來我才知道老太太苛刻出了名，許多人為了避開她，都跑到香港、武漢、廣州等地的領事館辦簽證。

出洋

一九四八年八月十九日，我在上海乘美國「戈登將軍號」（General Gordon）客輪離開中國，途經日本、檀香山前往三藩市。上了美國船，看到船上一塵不染，管理秩序井然，才體會到美國如何先進，戰後的上海，是如何的又亂又爛又髒。我住的是三等艙，很低，在貨艙的上面，船票大概是美金三百元。和我同船的中國留學生約有兩百人，百分之八十是來自中央大學，我們在船上就成

1948年8月搭戈登將軍號赴美

立了一個中國同學會。同船有一人是袁世凱的孫子，他在北京和天津都是有名的花花公子。船到東京時，他到岸上玩去，回來時大吹說，在一個主要是款待美國大兵的舞廳跳舞，舞女全是裸體的。我也花了五塊錢美金到東京兜了一轉，那時五元美金是很多錢了，坐的是美軍的旅遊大巴士。戰後的東京也很破落，我逗留的時間短暫，沒有留下深刻的印象。經過袁公子跳舞的舞廳，門票太貴了，只好過其門而不入。這位袁公子也要到哥倫比亞去，我問他是不是去讀書，他說是去看他的哥哥、嫂嫂。他的哥哥是袁家騮，嫂嫂是吳健雄。吳二次大戰期間，是造原子彈曼哈頓計劃（Manhattan Project）的成員，戰後在哥倫比亞當助理教授（assistant professor），那時對中國人來說，是破天荒的事。

後來這位袁公子回國去了，住在北京，到了八〇年代中、美關係改善，還寫了一封信由吳健雄轉給我。信裡說，德剛兄，闊別數十年，一言難盡啊！

過日本後幾天，船到了檀香山，入港時，碼頭有幾十個漂亮的女孩子，跳著草裙舞歡迎我們。一九四八年的檀香山仍然十分荒蕪，Waikiki海灘後面種著一大片玉米。遠望珍珠港，可以看到日本人偷襲時炸毀的美國軍艦殘骸。九月初，我們終於抵達三藩市。我第一次見到雄偉的跨海金門大橋，心神為之震蕩，想起落後的祖國，感慨萬千，即時寫了一首白話短詩，現在五十多年後，我還可以背出來：

Golden Gate，神氣得不得了。
比我們的白渡橋，不知要長多少。
若是我們學得一團糟，
如何見父老？

中國在三藩市的領事館有人來接我們，先安排大家在YMCA（基督教青年會）的宿舍住下，並指導各人乘坐火車到學校的事宜，伙食卻要我們自己付錢。我在上海已買了從三藩市到紐約的火車票，付了美金一百多元。到了三藩市才知道有北部、南部和中部三條路，走中部的車票最便宜，只要七十多美元。於是我換了走中部的車票，拿回幾十塊錢。

我買的是三等票，座位不很舒服。車上有一節給旅客瀏覽沿途風景的卡廂，四周和天面都是玻

1948年初到美國

璃，座位寬大，還有冷氣，進去卻要穿著整齊。我就結了領帶，穿了西服在那裡泡了三天，一直到了芝加哥。

從西部到紐約的火車都要在芝加哥換車，我在芝加哥下車後，還要等好一陣子才可以接上到紐約的班車，就想到街上走走。我隨身帶了一個皮箱，裡面放了我的全部家當，拿著它走路十分不便，就想把它存放在車站的鎖櫃裡。惱人的是我的皮箱就是大了那麼一點點，總是不能把櫃門關上。我氣起來，把門踢了一腳，這回門是關上了，卻怎樣用力也不能把門拉開。我急起來去找警察，求他幫我打開鎖櫃，警察便要查看我的ＩＤ（ＩＤ是Identification的縮寫，美語簡稱證明身分的文件為ＩＤ）。我說我是外國學生，沒有ＩＤ。警察說那麼護照總有吧，我說護照就在鎖櫃內的箱子裡。警察拿了工具把鎖櫃打開，取出皮箱，問是不是我的。我說是，伸手去提。警察把我的手擋開說，你怎麼證明這是你的，裡面有什麼東西。我說有西裝和什麼什麼。警察問，西裝是什麼顏色的。我說不知道。警察一臉不相信的神色說，What?我是個色盲，竟然不知道自己衣服的顏色。這時警察才想起我剛才告訴他，我的護照在皮箱內，就打開箱子找出護照看，護照的照片當然就是我。他把箱子還我，問我到那裡去。我告訴他我要到紐約哥倫比亞大學，他臉上露出笑意說，祝你好運！這是我第一次和美國警察打交道。這樣一搞，卻沒有足夠時間去看芝加哥了。

早期在哥倫比亞大學的生活

我有一位堂叔唐盛鎬，在哥倫比亞讀書，住在學校的宿舍John Jay Hall，我到紐約時有他照應。他後來也是哥倫比亞大學的哲學博士，曾任波士頓學院（Boston College）教授和東歐暨俄羅斯及亞洲事務中心研究所主任，哈佛大學東亞問題研究中心研究員等等。我在紐約首先要解決的，是找一個住處和註冊入學。唐盛鎬家裡非常富有，用錢毫不在乎，事前在哥大附近替我找了一個十八塊美金一星期的房間，還請我吃了一頓三塊錢的晚飯，在當年是很貴很貴的晚飯了；飯後坐TAXI（

1949年與族叔唐盛鎬（左）攝於哥倫比亞大學

攝於哥倫比亞大學校園

計程車）回家，那時地鐵的票價只有五分錢。不久，我遇到幾位已在哥大的中國留學生，他們聽說我住十八塊錢一星期的房間，都笑我是剛來的土包子。他們在一二三街五二八號居住，一個房間每周美金八元，兩人可共住一房間，分攤每人每周只付四元，我現在住的房錢是他們的四倍有餘。我決定搬到他們那裡，還找到一個老同學，就是和我在中央大學同屆不同系的馬大任[10]。一二三街五二八號以後長年住著中國留學生，是哥大附近有名的China House（中國屋）。

我在哥大註冊入學，第一學期選了三門課：西洋通史、史學方法和歷史哲學（史學二〇一，必修課）、英語；要交學費約美金兩百多元。我付了學費和房租後只餘下十多塊錢，怎麼辦？抗戰時期我初到重慶，是流亡學生，腳踏草鞋，身穿單衣短褲，口袋沒有幾塊錢，還是能夠念完大學。正是「船到橋頭自然直」，問題我有自信總是可以解決的。

教西洋通史的教授是當時很有名的歷史學家卡爾頓・海斯（Carlton Hayes），是我叔叔唐盛鎬崇拜的對象，我叔叔說，海斯往講台一站，連天色都變啦！我在中央大學讀西洋現代史用的課本就是他寫的，我還帶了我的重慶翻版來美國。我在安徽學院教西洋通史，講義也是根據海斯的書寫的，所以對他的東西相當熟識。我去找海斯，他給了我一份改本科學生卷子的差事，每次改卷子可以拿美金一塊半。這樣生活的問題就解決了。

到了一九四九年，國、共內戰的情況急轉直下，國民黨退守台灣，中國大陸和美國之間的交通幾乎完全中斷，在美國的中國留學生，失去與家人的聯繫和接濟。大家都非常惶恐，有人還痛哭流涕。這時哥大當局作了一個決定，在學校的中國留學生，可以暫時不交學費，繼續上課。當然我還要解決居住和吃飯的問題，只好先向馬大任借點錢救急，他是從董顯光[11]的新聞學院保送來的公費生，來時拿了美金三千五，和我們相比，簡直是富翁了。在這段時間裡，我最窮困的時候每天只能吃三個hot dogs（熱狗，即麵包夾香腸，美國最廉價的食物）。我的叔叔唐盛鎬要給我五十塊錢，我沒有接受。我對他說，如果能每月給我同樣的數目，我是會要的；不然問題還是沒有解決，這些錢用完後又怎樣？

這時候不少人偷偷的去打工，可是移民局也捉得很嚴，令人提心吊膽。有一天我和同學馬啟佩、曾憲昌[12]到時代廣場（Times Square，紐約市最繁盛的地區）去碰運氣，那裡有一家叫Horn &

Hardart's Automat的飯館，是把硬幣放到機器裡就能拿食物的自助店，這店當年很流行，紐約到處都是。我們看見在店的大玻璃窗貼了張Workers Needed（招人告示），就到裡面找經理詢問。這店也許那天特別需要人手，沒有查看我們的ＩＤ就要我們立刻上班，每人領到一件白制服。還包伙食，那天我們就老實不客氣，在店裡大吃一頓。

工作半天後他們要我們填表，表上有一項是Social Security Number（社會保險號碼）[13]，我們那時連什麼是社會保險號碼也不知道，問經理是不是護照的號碼，他說不是，也說不清到底是什麼號碼，因此這份工作就幹不下去了。後來問了幾位廣東來的學生，才弄清楚什麼是社會保險號碼。那時在一二五街有一個政府的辦事處，可以拿社會保險號碼，我就去那裡要。當值的職員問我的姓名，我說Thomas。他沒有要求檢查證件，就在一張紙上寫了一個號碼交給我，這個號碼我沒用過。我現在的社會保險號碼，是後來正式拿到的。

這時沒有錢又沒有工作，我和馬啟佩、曾憲昌三人就去紐約中國領事館想辦法。紐約的領事叫張平群，我告訴他說我們要回國，不夠錢買船票。他說這是大使館的事，與他們無關，叫我們到華盛頓去找大使顧維鈞。我們三人去見了顧大使，每人拿了美金三百塊。曾憲昌不久真的回了中國。有趣的是，後來我做顧的口述歷史，談到一九四九年時，他說那時有三個學生從紐約來向他要錢，問我有沒有聽說過，和這三人有沒有往來。我說我聽說過。他問，他們叫什麼名字？我說都不記得啦。

一九四九年底，在紐約的中國留學生有幾百人，流離失所的大有人在，中、美兩國的政府都在想辦法幫忙。其時美國在中國的各個基督教派，剛從大陸退回美國，這些基督教徒在紐約成立了一個「中國學生援助會（Chinese Students Relief Committee）」，協助中國學生。在我走投無路的時候，突然收到在「華美協進社（The China Institute）」工作的艾國炎先生的電話。他說美國教會的中國學生服務中心可以幫助一些中國學生，問我要不要參加。我說當然要，後來知道一起接受幫助的共有三十人。我被送到紐約市北面的Westchester County，住在何柏林先生、夫人（Mr. & Mrs. George Hobblin）家裡，不單食宿免費，每月還有到紐約市上學的火車票和三十塊零用錢。這樣就過了半年，直到暑假開始。⓮

這個暑假，美國政府特許中國留學生工作，發給社會保險號碼。我在紐約市附近郊區一家美國人的餐館，找到一份busboy（收拾盤碗）的差事。在那裡認識一個當二廚的廣東人，和他同住一個房間。他人很聰明，我受他很大的影響。他的工資是我的十倍，蠻神氣的。我問他怎樣找到這份二廚，他說他跑到一家薦人館，在櫃枱內的人大叫「Second Cook」，他也不知道Second Cook是什麼，站起來說Yes，就得到了這份工作。第一天上班，要他做的就是煎早餐的荷包蛋。他學會怎樣一個手打兩、三個蛋到鐵板燒上。在這家飯館，頭廚只做中飯或晚飯，早上根本不來，所以早餐是二廚的天下。侍應生們排著隊等煎蛋，這廣東老鄉的手腳很快，一手打蛋，一手鏟起雞蛋到碟上，真是蛋如輪轉。有時不小心把蛋黃弄破了，他把破蛋挑到另一個盤上，那就是我的早餐或午餐了。

暑假後重返哥大繼續讀書，哥大也安排在校的中國學生工作，我得到的是一份定期的、清潔窗門和掃地的工作，每小時九毛錢。每天工作五小時，就可拿四塊半。因為可以暫時拖欠學費，生活過得還是可以的。這時我只有二十多歲，沒有什麼負擔，倒也活得自由自在，週末就拉了堂叔唐盛鎬到哥大附近的舞會跳舞。他動作不靈活，就以為我跳得好，常常說：「德剛，你跳得蠻professional（職業性）的。」現在回想這一時期的生活，真的不錯。

中華人民共和國成立後，美國政府的對華策略，還是舉棋不定，對中國留學生的處理，辦法是盡量解決他們的生活問題，但要他們承諾，學成後馬上回中國服務。美國的如意算盤是，這一批回中國的留美學生，早晚會影響中國對美的政策。一九五〇年六月，韓戰爆發。一九五〇年十月，中國人民志願軍渡過鴨綠江，加入韓戰，美國政府不再允許中國留學生回國，改變了許多中國留學生的命運。國、共內戰時期，美國國會劃了大筆款項，援助蔣介石政權。蔣退守台灣後，餘下的援蔣款項就被凍結起來。美國政府既然不允許中國留學生回國，正好用一部分凍結的款項，來解決他們的問題。政府通過一條法律，允許中國的留學生繼續攻讀碩士、博士，並成立獎學基金，讓他們申請。

我在哥大看到一張布告，說中國留學生可以到所屬系裡，申請美國政府的獎學金，我就填表申請。申請要幾封介紹信，我去找了一位教授，他問我有什麼打算，我說要念博士。他問為什麼要念博士，是要在大學當教授嗎？我說，那也有這樣的可能的。他顯出頗為不高興的樣子。不久，我知道沒拿到獎學金，就到系裡查問。系主任告訴我，原因並不是我的成績不好，而是有一位替我寫介紹信的教授，在信裡說：「**I am very reluctant to write this letter for Mr. Tong.**（我極不願意為唐先生寫這封信。）」我猜一定是我剛才提到的那位教授。為了解決生活，只好不讀書，在哥大的圖書館找了一份全職的、整理圖書的工作。

有一天，一位歷史系的教授到圖書館我的部門來，找一張medieval（中古）時代歐洲學士的證書，沒有人知道放在那裡。我的同事說：「我們這裡有一個China boy，他什麼東西都能找到。」

教授說：「他在那裡？」

「他要半小時後才回來。」同事說。教授就坐下來看書等待。

我回到圖書館，同事說有一位教授在等我。我上前看，原來是新上任的歷史系主任奧斯丁．埃文斯（Austin P. Evans, 1883-1962）教授，就和他打招呼。他說：「So Tong, you must be the China boy I am waiting for.」（啊！唐，你一定是我在等待的中國青年。）

埃文斯告訴我他要的東西，我就把那中古時代的證書找出來給他。埃文斯知道我在這裡工作，就問：「為什麼不申請政府的獎學金？」

我說：「給拒絕啦。」

「What？」他一臉不相信的神色說：「你隨我到系裡去。」

「我現在正在上班。」

「不要緊，待會我給你的主管打電話。」

我就跟他到他的辦公室去。他問：「現在給中國學生的獎學金很多，你怎會被拒絕？實在的情況是怎麼回事？」

「有一位教授給我寫了一封很糟的介紹信。」

「啊！原來這樣。這事我聽說過，卻不知道給拒絕的人是你。」

他拿了一份新的申請表，叫我就在那裡填寫。我把表格填好後交給他，他說：「我再和你聯絡。」

我回到圖書館，我的主管問埃文斯找我幹嗎？我說他找我到他的辦公室整理書籍。那時系主任的權力很大，主管雖然不高興，也就不再說什麼了。

新學期到了，埃文斯打電話來叫我去見他。他問：「你這學期會註冊唸書嗎？」

我說：「當然想，但我沒有錢交學費。我現在需要全職工作，就算選一門課，也不一定可以唸得很好。我老闆不會讓我唸書而不工作的。」

「如果回來唸書，你要選那幾門課？」

我說了幾個教授的課。

「某教授對你的印象很好。我現在是系主任，你可以回來做full time（全時）學生。」

「可是，我不工作就解決不了生活問題。」我猶豫地說。

「不要緊，我會告訴你的老闆，請他讓你上課，你上完課才到圖書館工作。」

我那時拖欠了哥大一大筆學費，如不付清，依例不能註冊。埃文斯又代我向學校交涉，最後得到當時的校長艾森豪威爾將軍批准，由歷史系交付我的學費。我拿了埃文斯給我的允許註冊證明，馬上去選了三門課，然後回到圖書館。我的主管說：「Tong（唐），你小子走運啦！剛才埃文斯教授打電話來說要我讓你去上課。不過就算上課，也要穿我們的工作服，一下課就馬上回來。」我對他笑著答應了。

開學後不久，埃文斯又找我去說：「你申請的獎學金，就快知道結果了。如果申請不到，就暫時不能唸書，回圖書館工作。如果申請到了，就馬上把工作辭掉。」

一天在圖書館，我的主管來找我，他說埃文斯教授要我打電話去。我就立刻給埃文斯打電話。他說：「Tong（唐），恭喜你，你拿到了全額獎學金。現在馬上向你老闆辭職吧。」

那獎學金一年有幾千塊，我真是喜出望外，竟然對埃文斯說：「我老闆不讓我辭職怎辦？」

埃文斯大笑說：「他會答應的。」

沒有埃文斯的幫忙，我就不知道什麼時候才可以拿到博士。

埃文斯退休後我們仍然一直保持聯繫。他病故時，他兒子來信通知我，我還專程到他在佛蒙特州（Vermont）的家裡弔喪。

選導師　拿博士

我的博士是在一九五九年拿到的，論文導師是大衛・唐納德（David Donald, 1920-2009）教授，他是一個美國南北戰爭歷史，特別是關於林肯的歷史的權威，後來從哥倫比亞轉到哈佛。此後每年他的博士學生都到哈佛聚會一次，和他吃一頓飯，我是他唯一的中國博士生。

我找唐納德做導師也有一段故事。我選了一個唐納德開的美國史討論小組（seminar），形式

1959年6月初，將赴哥大領受博士學位，與妻子昭文、兒子光儀合影。光儀時為8個月大。

是由小組的學生，每人自選一個題目參加討論，我選的題目是「Equal Right Movement（平權運動）」。唐納德見我是個亞洲人，就問：「你是中國人還是日本人。」

我說：「我是中國人。」

「你對美國歷史和平權運動有什麼了解？」

「《紐約時報》我是每天看的。」

「這樣不成，明天到我的辦公室來。」

第二天我去看唐納德，他交給我二、三十本書，又指出其中的一本說，要看完其他的書才可以看。我拿了這些書出來，遇到歷史系的一位教授，這人對外國學生有很大的偏見。他一看我的一堆書，就勸我轉校，還說我在哥倫比亞絕對拿不到博士，把我氣死啦。我即時就下了決心，一定要在哥大拿個博士給他看。

唐納德對學生的要求非常嚴格，討論小組十來個學生到後來只餘下我和另一人。我很用功把這二、三十本書讀個通透，引起了我對美國史的興趣，就找唐納德做我的博士導師。我本來要用平權運動做博士論文的題目，唐納德卻認為我是中國人，研究中、美關係更為重要和合適。他自己雖是研究林肯的權威，但對美國內戰時期的中、美關係一無所知，就要我做這個題目，我欣然接受。在討論小組關於平權運動的研究結果，我後來也寫了幾篇論文發表。

我在哥大讀書的年代，要取得歷史系博士候選人（Doctoral Candidate）的資格，必須通過以下的程序：

（一）要選讀一門編號為二〇一的課程，並通過這課程的筆試。

（二）要通過一道preliminary oral（資格口試），一道subject oral（專科口試）。

（三）要通過由教務處安排的，測驗兩種外語閱讀能力的考試。

三個程序都過關，才算是正式的博士候選人。不過關的程序，允許補考一次。

課程二〇一是「史學方法和歷史哲學」，由多位教授講課，內容既深且廣，考試不易通過，在哥大讀歷史博士的人視之為鬼門關。資格口試是考對歷史，特別是你要研究的歷史的一般知識。專科口試，因為我研究的是美國史，考美國史的書目（bibliography），從殖民時期、歐洲背景、美國本國史和印第安人的歷史都包括在內。這個口試不易，不少人第一次都過不了關。我在唐納德的討論小組讀了美國史的書不下數十本，因此這一關也順利通過了。

博士學位要求候選人有兩門認可外語的閱讀能力，那時中文和日文都不是認可的外語，俄文、法文卻是認可的。我的堂叔唐盛鎬，來美前曾在俄國居住，所以通曉俄文，我受了他的影響，在哥大選了約有二十多學分的俄文課程。我報名參加教務處主持的俄文閱讀能力考試，考的是將一本俄文歷史書的一些章節，翻譯成英文。到了試場，參加考試的只有我一人，主考是個老頭子。一小時後交卷，老頭子說，翻譯得還可以，只是他給我的幾頁，沒有全翻譯完，要我再考。我回到歷史系，把考試的結果告訴系裡的秘書。她拿出我的檔案翻看，說：「Tong（唐），你已修讀了有二十學分的俄文，依例可以免考。」早知如此，我就不去受那老頭的氣了。

值得一提的是，在紐約有一個「俄國協進會（Russia Institute）」，我為了練習俄文，常常隨唐盛鎬到那裡參加他們的活動，因此認識了一位從俄國來的老先生。交談之下，才知道有眼不識泰山，原來他是俄國一九一七年二月革命推翻帝俄的領袖亞歷山大・克倫斯基（Alexander Kerensky, 1881-1970），曾任革命後成立的臨時政府（Provisional Government）的總理，因為實行資本主義政策，遭到列寧、托洛茨基的反對。同年十月，列寧領導的共產黨人奪取政權，專政。他老先生逃離蘇聯，仍為俄國的特務追殺，最後逃到美國，有ＦＢＩ（美國聯邦調查局）的保護，才算鬆了一口氣。克倫斯基常來參加俄國協進會的活動，活動完畢後和他女兒搭我的順風車回家，因此我和他很熟。後來他請我到紐約有名的Russian Tea Room（俄國茶館）喝下午茶，那是紐約娛樂和文藝界名人出入的地方，貴得要命，我極力推辭。他說，不要緊，老闆是他的老朋友。

我選了法文為另一外語。那年暑假，我到離紐約市不遠的渡假區Pocono打工，要住在山裡。我就帶了一本法文的歷史書和它的英譯本，對照著學習把法文翻譯成英文，一個暑假下來，竟然把整本書譯了一次。九月一開學我就去考法文，真是皇天不負苦心人，要我翻譯的法文書，想不到就是我帶到山裡去的那本。

筆試、口試、外語的要求都滿足了，我就成了正式的博士候選人，可以開始寫論文了。我和唐納德商討，題目定為「U.S. Diplomacy in China, 1844-1860」（美國對華外交政策，一八四四～一八六〇）。論文寫完以後，還有一個defense oral（口試答辯），在由多位教授組成的委員會前為論文辯護。口試有三個可能的結果：

（一）小修通過（pass with minor revision）。論文算是通過了，只要由論文導師監督，小事修改就成了。

（二）大修通過（pass with major revision）。這是極麻煩的「通過」，論文要由導師監督大事修改，「大修」後還要回校再來一次口試答辯。

（三）不通過。沒有補考，博士美夢，頓成泡影。

當時哥倫比亞的歷史系，是研究美國史的重鎮，出名的教授就有十多人。因為我的論文寫的是美國史，要旁聽我口試答辯的人頗多，口試在一個禮堂舉行，研究美國史的教授和學生差不多都來了。結果我一試通過，而我最引以為傲的，是論文不改一字。我的導師唐納德在考試後請我吃飯，座中還有別的教授，有人問起我的論文要不要修改，唐納德滿懷得意地說：「我的學生，沒有什麼問題！」不是我唐德剛自吹自擂，我是有論文的原版為證的。因為口試答辯後，論文一般都要小修，那時沒有電腦打字，論文打字後修改，每頁的頁數號碼就要出問題。所以哥大有規定，未被接受的論文，頁數號碼打在每頁的左邊；被接受的論文，頁數號碼打在頁的右邊。裝釘論文，正好把左邊的頁數號碼蓋著，這樣就減去修改論文要全篇重打的問題。我的論文原版，如果拆開來看，每頁左右的頁數號碼是完全一樣的。

哥大每年都由各系選擇博士論文若干篇，交付哥倫比亞大學出版社（Columbia University Press）出版，我的博士論文也被系裡選上。因為我的論文是和中國有關，最後哥倫比亞大學出版社是否要出版，決定權卻在韋慕庭（C. Martin Wilbur, 1907-1997）的手裡，他是哥大「東亞研究所（East Asian Institute）」的頭頭。不知什麼原因，他竟然把我的論文從出版的名單上畫掉。我一氣之下，把論文寄到別的大學出版社，有一份寄給哈佛大學的費正清（John K. Fairbank, 1907-1991，美國漢學家、歷史學家，哈佛大學東亞研究中心的創始人）。費回信給我說，哈佛出版社（Harvard Press）要出版我的論文。乖乖，Harvard Press要出書，那還得了。但有一些章節要修改，他以為十九世紀美國、英國在中國的行為不是帝國主義的行為。我不願意這樣修改，他還打電話來要我「慎重考慮，Harvard Press」。最後，我的博士論文在西雅圖的華盛頓大學出版成書，一般出版博士論文，自己要付若干印刷費，我卻收到一筆這本書的稿費。

魏復古（Wittfogel），狄百瑞（de Bary）和我

在四、五〇年代，哥倫比亞大學歷史系有三個研究中國和亞洲的大計劃（Big Projects）。一個是由曾任美國香港總領事的包華德（Howard L. Boorman, 1920-2008）主持的「民國名人傳」，後來成果是哥大出版的數大冊《民國傳記字典》（*Biographic Dictionary of Republic China*）。一個是魏復古（Karl August Wittfogel, 1896-1988）教授主持的「中國歷史計劃」（Chinese History Project），成果之一是英文的《遼代社會史》（Karl A. Wittfogel & Feng Chia-heng, *History of Chinese Society: Liao*, 907-1125. Philadelphia: American Philosophical Society: Distributed by Macmillan Co., N.Y., 1949）。一個是由狄百瑞（Wm. Theodore de Bary, 1919-）教授主持的「亞洲文明計劃」（Asian Civilizations Project），後來成果是哥大出版的數大冊《東方文明：中國傳統資料，日本傳統資料，印度傳統資料》（*Oriental Civilizations: Sources of Chinese Tradition, Sources of Japanese Tradition, Sources of Indian Tradition*）。

魏復古原籍德國，早年參加過德國的社會黨和共產黨。他曾到過俄國，因政見和列寧不合，又回到德國。一九二八年，他在法蘭克福大學（University of Frankfurt）取得經濟學的博士學位。因為他的共產黨活動和反希特勒活動，一九三三年在德國被捕，入獄凡九月。出獄後移居美國，思想起了轉變，後來竟然成了美國的反共專家。他是打著馬克思的旗號反列寧，很合美國人的脾胃。從

一九三四到一九三九年，他數度往中國做關於中國的研究，也曾在清華大學授課。一九三九年，魏復古從福特基金會（The Ford Foundation）拿到一大筆經費，在哥大主持龐大的「中國歷史計劃」。五〇年代初期，我也在這個計劃裡打工，因此和他認識。他的太太是俄國人，我跟她學俄文，她跟我學中文。

我和狄百瑞主持的「亞洲文明計劃」也有點關係，我做他的research assistant（研究助手），幫他讀中國的古書，每小時一塊半。後來他覺得我做得不錯，加了一塊錢，每小時兩塊半，那時是相當不錯的薪水了。清代的思想家魏源（一七九四～一八五七），寫了一部劃時代的著作《海國圖志》，介紹新的世界史地知識，傳播近代自然科學以及別種文化樣式、社會制度、風土人情，拓寬了中國人的視野。狄百瑞要我翻譯這本書的序文。我很快就翻譯完畢，只餘下最後的十八個字，

傳曰：

孰荒於門　孰治於田

四海既均　越裳是臣

在這裡的「傳」不知道是那一本書，後面四句話，就變得不可解了。我找遍了哥大的中文圖書都找不到。我告訴狄百瑞我的問題，他說你再去找找看，二十小時、三十小時都照付錢。他哪裡知道我早就花了多過三十小時去找啦。那時胡適在紐約，我就去請教他。胡適也不知道這幾句話的出處，他說也許在哪幾本書裡可以查到。可惜的是這幾本書哥大都沒有，我又打電話到哈佛也找不到

。我告訴狄百瑞，說連胡適也不知道。狄百瑞當然知道胡適是誰，曉得我和胡認識，就問可不可以請胡吃頓飯。我去和胡適說，胡適答應了。在吃飯的時候，又談到這幾句話。我說：「連胡適博士也找不到，唐德剛自然也沒辦法了。」狄百瑞這一套書很賺錢，許多美國和歐洲的大學都用它做undergraduate（大學本科）學生的主要讀物之一。對我可沒有什麼好處，因為在我翻譯的《海國圖志》序文的後面，狄百瑞加了幾句小注說：「序文最後作者有十六個字的引文，我們不知道出處和意義，唐德剛請教胡適博士，仍無答案。」[15]

愛情與結婚

我和一些在哥倫比亞的中國學生，創立了一個以文藝會友的社團，叫「白馬文藝社」，白馬取玄奘法師往西天取經，以白馬馱經書回國的意思。「文藝」兩字是我建議加上的，目的是避免敏感的人可能懷疑這匹「白馬」的性質。參加的有男有女，我更為白馬社立下一條條例：男社員不能和女社員談戀愛。原意是，到我們白馬社來是認真的談文說藝，不是來泡妞的。當然，愛情的力量巨大，不可抗拒，社員間還是產生了情侶。例如，後來成了音樂界名人的社員周文中，就和漂亮的社員蔡寶瑜談戀愛。蔡寶瑜是廣東人，在哥大的Barnard College唸書，陶瓷做得很好，可惜英年早逝，她去世時我們都傷心流淚。我和我的老伴吳昭文也是在白馬社裡認識的。[16]

在一次白馬社的聚會上，我看到一位以前沒有出現過的女孩子，就上前去接待她，這位美麗、

1950年與友人各出25元合買了第一輛車，該車不久即被友人撞毀。

文靜、大方的小姐，就是昭文。昭文是台大的法學學士，一九五三年到美國，在肯德基州的Louisville大學讀社會工作（social work）。一九五五年，昭文拿到碩士學位後，在紐約一家醫院找到工作，就到了紐約。她的房東是中國人，姓秦，曾是國民政府駐蘇聯的領事，一九四九年中共政權建立，他回不了中國，就輾轉到了美國，他女兒在哥大唸書，畫畫得很好，也是我們白馬社的社員。昭文在紐約獨居無聊，這位秦小姐就邀請她來參加白馬社的聚會。

兩人的姻緣也許是前定的，才能在一起相處。有一天我開了我的破車去面談一份工作，回程時經過一家醫院，門前站了一個穿白衣服的東方女孩，細看正是在白馬社有一面之緣的昭文。我上前和她打招呼，知道她剛下班，正準備回家。我說那就坐我的順風車吧。昭文一上車後，我想起口袋還有十多塊錢，又有了新的主意。我說：「吳小姐，相請不如偶遇，讓我請你吃晚飯吧。」昭文大概也不想回家做飯給自己一人吃，就答應了。我把車開到Westside Highway（紐約市曼哈頓區西邊的高速公路），沿著Hudson River（哈德遜河）往北走，在公路旁找到一家飯館，那裡小橋流水，綠草如茵，情調很好，可惜的是我帶來的女孩子不對。因為飯店有樂隊，可以一面吃飯，一面跳舞，昭文不會跳舞，我們就只好吃飯了。這個飯館現在還在。此後慢慢地我就成了昭文的男朋友。有一次，我帶了一位朋友去找昭文和秦小姐，想來一次double date（雙約會）。但是秦小姐的家人，特別是她爸爸不贊成她和我的朋友交往，這件事就吹了。

1957年夏天唐德剛與吳昭文出遊合影

到了一九五七年，我們戀愛成熟，便談到結婚了。那天（十月四日）是我永遠忘不了的。我們在車上，聽到無線電廣播，蘇聯的人造衛星「伴侶號」（Sputnik）上了天，真是歷史時刻啊。這時我才知道昭文的爸爸是國民黨的高官吳開先[17]，當時住在台灣。我大吃一驚，乖乖，這位小姐討不得。昭文告訴她爸爸說，要結婚啦，男朋友是在紐約認識的，在哥大讀博士。她爸爸問博士拿到了沒有。昭文說現在還沒有拿到，但絕對可以拿到的，所有考試都通過了，就餘下論文。有些女孩子很勢利，你沒有博士就不嫁給你。我認識一位小姐，她書讀完後回香港去，多年後，我是哥大中文圖書館的館長，她來找我敘舊說，如果當年我是博士，她就把我抓去了。昭文不勢利，我衷心感謝。

我們在紐約市的Ethical Culture Society（道德文化社）舉行婚禮，由這社的理事主持。禮成後我們和一群老朋友一起到華美協進社，吃些從唐人街買來的點心，熱鬧熱鬧就完了。只花了幾百塊錢，不像現在年輕人結婚要擺酒席。婚後我和昭文去看胡適，才知道胡原來是道德文化社的原始會員。他中年後反對基督教，尤其反對中國人糊裡糊塗在教堂裡結婚。胡知道昭文不要到教堂，而願意在一個非宗教性的會所舉行婚禮，便著實地把她誇獎一番。成家後我們住在Riverside Drive哥大附近的一座co-op（合作公寓），房租一百塊錢，在當時也不算便宜。不久，co-op裡有單位出售，我們就把它買下來。我們的兒子光儀在一九五八年出生，一九六一年女兒光佩出生。有了兩個小孩，只有一個臥房的住處就顯得狹小。正好住在哥大附近Morning Side Gardens Co-Op的老朋友馬大任要到別的地方工作，把他有兩個臥房的單位讓給我，連傢具也留下來。一九七〇年，我們在Morning Side Gardens Co-Op買了一個三臥房單位，住到一九七三年，才搬到現在新澤西的住處。我的兒子、女兒後來都進了哥大，光儀讀建築，光佩讀計算機科學，兩人現在都在加利福尼亞州工

作。⓲

1957年12月22日，於紐約市華美協進會結婚。婚禮後與男女儐相合影。

1990年12月30日攝於加州光儀家的全家福。右起：唐德剛、媳婦敏琪抱著孫兒明成、女兒光佩、夫人昭文，後排戴眼鏡者為兒子光儀。

我的朋友胡適之

我和胡適認識是在一九五四年。這年剛好是哥倫比亞大學成立兩百年，在哥大校園裡有各式各樣的慶祝聚會、雞尾酒會。這是我打工賺錢的好機會，常到這些聚會做供應酒水的侍應生。那時胡適也在紐約，他是著名的校友，就被邀請參加某些慶祝酒會，我就是在一個這樣的酒會遇到他。胡適這人頗有鄉土之情，見到中國人總得聊上幾句。他向我拿酒的時候問我是不是在哥大唸書，我說是，但現在在打工。他說他也是哥大畢業的，我說我知道，你是讀哲學的，我讀的是歷史。他有點驚奇說，你認識我嗎？怎麼知道我是讀哲學的。我說你是胡適之先生，我當然知道。他問我什麼名字，我說你叫我Tong好了。後來我在另一個酒會又遇到他，他的記性不錯，見到我就說：「Hi, Tong，又見到你了。」以後，在幾個同樣的場合，都和胡適遇到，就慢慢的熟絡了。有一次他說：「聽你的口音是安徽人，又是姓唐的，你認識一位叫唐均平的老先生嗎？」我大笑起來說：「唐均平就是我的祖父！」我的祖父很有錢，在北京有一棟大房子，常常住在北京，也喜歡和文化人來往，胡適又是安徽人，他和胡適在北京相識，就沒有什麼奇怪了。有了這一層關係，我和胡適的交往又加深了。

抗戰時期，胡適是中國駐美的大使，一九四二年九月卻丟了官，據說是宋美齡的主意。宋二戰時到美國，意氣風發，別人都得聽她的，只有胡適並不全看她的臉色辦事，所以就把胡刷了下來。

唐蘆陂之家庭：右起第一人為祖父唐均平，手抱之嬰孩為其第六子，立於其旁者為其繼配。右起第三人戴帽者為唐教授的父親、右起第四人為唐教授的母親、站立其前穿黑衣之男孩即唐德剛（時年九歲）。站在最前正中的是唐教授的五叔。五、六兩叔為繼祖母所生。

不過蔣介石對胡適還是很不錯的。比方說，蔣請人吃飯，是從不備酒的。因為知道胡適喜歡在吃飯時喝一兩杯，請胡吃飯的時候總是有酒相待。北京解放前夕，胡適是北京大學的校長，解放軍圍城前，蔣派了專機接胡適到南京，這事給接近胡的一些人知道了，紛紛要求一起坐那架飛機離開，其中有北京的市長夫婦。胡適是個老好人，都答應了。到上機時才知道是一架很小的飛機，結果胡把小兒子胡思杜留下來，機位讓給他人。後來中共清算胡適思想，胡思杜受不了壓力，自殺了。

胡適到了南京，在國民黨棄守南京時沒有前往台灣，卻假道歐洲到了美國紐約。胡在紐約的生活相當困苦。後來他在普林斯頓大學的圖書館工作了一段時間，說來和我有點間接的關係。當時有一個富人要把他收藏的一批中文書籍贈送給哥大，哥大派我到那人家裡評估，看看是什麼書籍和是否值得接受。原來這個富人曾患眼疾，到過世界各地求醫，都不能把眼病治好，最後他到了中國。一位中醫在這富人眼上塗上一些藥物，竟然藥到病除，把眼病醫好了。這富人覺得中國的醫藥非常神奇，值得研究，就花了一大筆錢在中國搜購和醫藥有關的書籍，帶回美國，贈送給大學做研究。這一大批醫書，幾乎囊括了中國古今和醫藥有關的資料，還有一些非常有價值的古書珍本（rare books）。我向哥大交了一個報告，給予這批藏書極高的評價。想不到這個消息外洩，引起別的大學也來爭取這批書籍，最後給普林斯頓大學獲得。那時普林斯頓的中文圖書館還是在草創時期，就請了胡適來處理這批書籍。

口述歷史

哥倫比亞歷史系做口述歷史，是在一九四八年開始的，這也是非常有趣的故事。四〇年代哥大歷史系的頭牌教授是亞倫・芮文斯（Alan Nevins, 1890-1971），他著作等身，非常有名。那時哥大歷史系以研究美國史著名，主要是有芮文斯和亨利・斯蒂爾・康馬傑（Henry Steele Commager,

1902-1998）兩人，他們都是我的老師。這兩個人在二戰時發了大財，因為美國政府委託他們寫一本《美國簡史》（*A Short History of America*），發給全美國的大兵看，收的版稅就相當可觀了。他們文章寫得很好，又能說善道，講課十分動聽，班上經常有六、七十人。多年後我介紹芮文斯和胡適認識，兩人頗談得來，胡適對我說這「晚輩」的學問不錯。其實芮文斯的年紀並不小於胡適，只是胡成名太早，二十幾歲就名滿天下，所以把別人都看成晚輩了。

在二次大戰前後，東歐許多小國，像羅馬尼亞、阿爾巴尼亞等，都給德國或蘇聯佔領了。這些小國的王族、貴族，逃到美國的為數不少。他們都相當有錢，很多人在紐約長島買了豪宅居住。

顧維鈞告訴我，大戰後邱吉爾曾說，為了英國的利益，當然希望美國盡快在西歐參戰。但如果只為美國本身的利益，美國的戰略應盡量拖延參戰，等到德、英、法、蘇聯都打到筋疲力竭後，美國在東歐的羅馬尼亞和土耳其登陸，就可席卷全歐了。一九四八年，東歐已完全是蘇聯的勢力範圍，美國政府要研究東歐的歷史和民情，因為芮文斯通曉東歐國家的語言、文字，就找他去和住在長島的東歐流亡人士、學者合作。這時剛剛發明了錄音機，芮文斯就想到把這些東歐人士的講話錄音，然後寫出來，稱它為口述歷史（Oral History）。那時的錄音機又大又重，我一個人也拿不起，最好的牌子還是歐洲貨。

第一個做中國近代人物口述歷史的也是美國人，叫羅拔・卜頓（Robert A. Burton），他是美國美聯社駐中國的大牌記者。一九四九年，中共把他從大陸趕到香港，任職香港美國新聞處，他就在香港做了張國燾的口述歷史。卜頓後來也到哥大的東亞研究所（East Asian Institute）工作，和我很熟。

我從事口述歷史的工作，可以說是和胡適有關的。胡是傳記迷，早年就寫了《四十自述》。五〇年代後期，我和胡適談到要寫《胡適口述自傳》的事，卻沒有經費進行。卜頓建議我們到福特基金會申請。胡適和我聯名，寫了一個計劃建議書給福特基金會。但福特基金會規定，經費不撥給私人做研究，研究者一定要和一個學術機構掛鉤，申請到的錢發放到機構去。一九五八年，哥大東亞研究所的教授韋慕庭和何廉（Franklin L. Ho, 1895-1975），正在組織「中國口述歷史學部（The Chinese Oral History Project）」，目的是要從當時居住在大紐約區的中國學者、政要身上，發掘和記錄有價值的中國近代史料[19]。我把我和胡適的計劃和韋慕庭說了，結果哥大的「中國口述歷史學部」拿到福特基金會一大筆經費，開展工作，《胡適口述自傳》成了這個學部的一個項目。[20]

1958年，與胡適合影於哥倫比亞大學東亞所。

胡適以外，「中國口述歷史學部」的目標人物還有李宗仁、孔祥熙、陳立夫、吳國楨、李漢魂、石敬亭、熊斌（政客、軍人），顧維鈞、王正廷（外交），李書華、蔣彝、左舜生（學者），黃

沈亦雲（教育），陳光甫（銀行）等人。㉑

做口述歷史的一些經驗

不少人以為做口述歷史最容易不過，我講你錄音，再把錄音整理，化為文字就完事了，這正是張學良要我做他的口述自傳的想法。其實完全不是這樣一回事。

我除了個人專責訪問胡適和李宗仁外，還旁及陳立夫、顧維鈞、李漢魂、黃沈亦雲等人的訪問和整理的工作，可說累積了一些從事口述歷史的經驗。首先，口述史的價值是肯定的。像胡適、李宗仁這樣的人，是他們那時代創造歷史的人物，他本人的口述記錄，自然是最直接的原始史料。做口述歷史的對象，也不一定是知名的歷史人物。像我們「口述史學會」做口述史的對象，就有二戰時飛虎隊的隊員、被日本人強迫到海南島做勞工的香港工人，他們的故事和感受，也反映了那時代的另一面。和其他原始史料相比，口述史語言生動，可讀性更強。

口述歷史，尤其是歷史人物的口述自傳，口述者常犯的毛病是自我吹噓、片面主觀和記憶失誤。但是像李宗仁、張學良這樣和歷史有密切關係的人，他們的許多經歷，也許廣為人知，但一從他們口裡說出來，就成了第一手原始史料。至於如何在這些第一手原始史料中甄別、取捨，那就得看做口述史者判斷能力的高低和成見框框的大小來決定。因此將口述的記錄，轉化為準確的信史，是口述者和記述者合作的成果，而記述者用力尤多。我做《李宗仁回憶錄》的經歷，正是這事實的最

1958年攝於李宗仁寓所。右起：李宗仁、何廉、李夫人、何夫人及何的女兒（小名：四寶），立者為唐德剛及李的姪兒李倫。

好說明。

一九五八年九月十六日，我在新澤西李宗仁的家裡進行第一次訪問，訪問前我讀了可能讀到的、有關李的資料，並向他提供一個這次訪問的大綱，以便討論。當然，在訪談中，我也常常牽藤摸瓜，引誘他述說那些我特別想聽的東西。李對我的訪問顯然十分「受用」，有時訪問的時間，會延伸到深夜。每次訪問後，我將筆記整理成稿，交給李修正和認可。修正和認可的過程，又常常誘發了訪談的新方向，因而引起再修正再認可。

《李宗仁回憶錄》，作為哥大「中國口述歷史學部」的產物，要求史實準確無誤，不能李宗仁說了就算。但流亡在美的李宗仁，並沒擁有足夠的文獻，來支持他口述歷史的正確性。這樣保持史實準確，修補口述的缺漏，就成了無比艱巨的工作。例如：一九一九年，李宗仁任營長，駐兵廣東新會，奉密令逮捕縣長「古某」，並馬上將他槍斃；我後來從別的資料查實，李記憶有誤，被他槍斃的人叫何瑞珊，不是差點在李口述裡枉死的「古某」㉒。一九二六年，蔣介石要和李宗仁換帖（按：即結拜），在我訪問李時，他怎樣也記不起早已遺失的盟帖裡的一首盟詩，所以在稿上就沒有這首詩；後來李夫人郭德潔女士閱稿，說她還記得原詩是：

誼屬同志　情切同胞
同心一德　生死繫之

才能把它補上。為了檢驗李述說的台兒莊之戰的人、事和發生事件的時序是否準確，我翻閱了大量在大陸、台灣和海外可以找到的台兒莊之戰的資料。

口述歷史歸根結底是口述者的歷史，所以我撰寫《李宗仁回憶錄》，盡可能保持他口述時桂林官話的語氣，他修改的文字，我也盡量保留他那不文不白的樸素文體。使讀者如聞其聲，如見其人。

在口述歷史裡發生的事情，口述者和訪問、撰稿的歷史家常常有不同的意見。要注意的是，我們寫歷史的人，不能有先入為主的成見。只要不離史實，口述人怎麼說，我們就怎麼寫，如果自己另有解釋，不妨以「註釋」的形式寫出來。我撰寫《胡適口述自傳》，在口述的正文外，還寫了大量的註釋，正是這個處理方法的例子。

以上是我從事口述史工作的一些心得和體會，可以總結為下面數點，給以後從事口述史工作的人參考：

（一）對口述者要有透澈的認識，最好能做到比口述者更了解他自己。

（二）胸中要有一個撰述的基本方向（basic approach）。

（三）每次訪問前要準備一個維持基本方向的大綱。

（四）對口述的記錄，力求史實準確。這一點要做到，非常困難。

（五）撰稿時盡量保持口述者的語氣。

（六）口述史中某些事件的觀點與角度，撰稿人和口述者的意見如有不同，也當秉筆直書，不能「以論代史」。

（七）清稿必須經口述者檢閱認可。

（八）撰稿人的意見，可以用註釋、贊、論的方式表示。㉓

＊本文及書中許多珍貴的唐教授照片由吳昭文女士與唐光儀先生提供，謹此致謝。

注釋：

❶關於唐先生回安徽辦學校，參考吳章銓未發表的〈唐德剛口述歷史：青少年時期〉，「從重慶到安徽」一節。

❷關於唐先生在教育廳辦《安徽教育》，參考〈唐德剛口述歷史：青少年時期〉，「工作」一節。

❸〈唐德剛口述歷史：青少年時期〉「工作」一節說，唐先生除了在舒城中學教書外，也在一所四維中學教英文。

❹唐先生這篇文章一九七一年在台北中國文化學院的《史學彙刊》發表。在文章的「跋」裡，唐先生說：「〈顧頡剛發還本文時，〉曾用朱筆作批，並附一長函，指點文中可議可取之處甚詳，獎勵有加，並囑讀後將原稿寄還，『當為編入文史雜誌也』云云。」

❺唐先生到安徽學院歷史系教書，在〈唐德剛口述歷史：青少年時期〉「工作」一節有較詳細的描述。唐先生說的《西洋現代史》，是Carlton J. H. Hayes and Parker T. Moon, *Modern History*, New York, Macmillan Company, 1923 and 1932。

❻一九〇〇（庚子）年，義和團在北京圍攻各國使館，引發了英、美等八國聯軍攻佔了北京。一九〇一年，李鴻章被迫與各國簽訂恥辱的《辛丑條約》，同意向各國賠償白銀四億五千萬兩，分三十九年付清。這就是歷史上有名的「庚子賠款」。

一九〇八年，美國國會通過法案，授權老羅斯福總統退還中國「庚子賠款」中超出美方實際損失的部分，用這筆錢幫助中國辦學，資助中國學生赴美留學。中、美雙方協議，創辦清華學堂，並自一九〇九年起，中國每年可向美國派遣一百名留學生。這就是後來庚款留美學生的由來。

第一次招考庚款留美學生在一九〇九年八月舉行，六百三十人應考，錄取了四十七人，同年十月赴美。一九一〇和一九一一兩年，也分別舉行了庚款留美學生考試。這是公費留美的一、二、三屆考試。胡適、語言學家趙元任、地理學家氣象學家竺可楨是在一九一〇年考取的。

一九一一年十月十日辛亥革命爆發，清王朝結束，建立民國，清朝派遣留學生的計劃中斷。一九二八年八月十七日，清華學堂改名為清華大學，羅家倫出任校長，並舉辦第四屆留美公費考試。此後清華大學改變方針，停止選派本科生，計劃只考選少數畢業研究生出國深造，並藉此節餘經費，用於發展高等教育，提高中國高等教育的水平。一九三三年，國民政府教育部明令清華大學主持考選畢業研究生留學，在全國聘請各科專家擔任命題閱卷員，以保證考選的水準和公正。考前將「國立清華大學考選留美公費生規程」發到全國，詳示考選人數、學科、應考資格、考試科目、地點、時期及報名手續。一九三三年招考了第一批庚款留英學生。不久便爆發了抗日戰爭，國民政府遷都重慶，清華公費留學考試中斷，到一九四〇年八月才恢復。

❼何炳棣是著名歷史學家，芝加哥大學歷史系湯遜講座教授。他曾參加一九四〇年第五屆（沒有通過）和一九四三年第六屆的公費留美考試。

❽在何炳棣寫的《讀史閱世六十年》（廣西師範大學出版社，二〇〇五年七月，頁一三〇～一四七）裡，對第六屆公費留學歷史科考試，有詳細的描述。

❾唐先生留學考試的名次，也有不同的說法。一九八四年九月十六日，台灣《中國時報》的「人間副刊」登了一篇唐德剛口述，李世淳筆錄，叫〈從留學到我第一個口述歷史〉的文章，裡面說留學考試圖書管理共取七名，第一名是公費，其餘自費。唐先生考了第六。二〇〇九年秋，我整理唐先生的檔案，找到一篇紐約市大學生Mei-yi Lee一九九六年十月口述歷史的作業，訪問的對象正是唐先生。在這篇訪問裡，唐先生說留學考試圖書管理前三名是公費，他考了第四名。這和他告訴我的一樣。李世淳的筆錄有些錯誤的地方。比如李文說，「一九四八年，我（唐自稱）大學畢業兩年了……」唐先生是一九四三年在中央大學畢業的。本文採取唐先生考第四名的說法。

❿馬大任畢業於國立中央大學文學院外文系，一九四七年公費赴美留學，一九四八年獲威斯康辛大學新聞學碩士，

一九五八年獲哥倫比亞大學圖書館學碩士。他曾在哥倫比亞大學、康乃爾大學、史丹佛大學及荷蘭萊頓大學漢學院（University of Leyden, Sinological Institute）等校從事圖書館的實際管理以及相關的研究工作。近年致力於「贈書中國計劃」。

⓫董顯光（一八八七～一九七一），浙江寧波人，在一個基督教家庭長大，年幼時居住上海，並接受西式的教育。一九〇九年，在美國基督教長老會的幫助下赴美留學，獲得密蘇里大學新聞學院學士學位。一九一二年進入哥倫比亞大學Pulitzer新聞學院繼續深造，是中國第一位赴美國學習新聞專業並獲得學位的留學生。一九一三年回國，成為中國著名的報人、作家和外交家。

抗戰期間，董任國民政府軍事委員會第五部副部長、國民黨中宣部副部長，專門負責國際宣傳。他還創立重慶新聞學院和外文研習班，讓記者、編輯通過學習，提高外語和業務水平。

一九四九年，董隨國民政府遷往台灣，擔任中國廣播公司總經理兼《中央日報》董事長。一九五二至一九七〇年間，董歷任中華民國駐日本大使、駐美國大使、總統府資政等職位。一九七〇年，董移居美國，次年，病逝於紐約。

⓬曾憲昌是中國著名數學家曾昭安（一八九二～一九七八）的兒子。曾昭安是中國數學會的創建人，曾留學日本（一九一七）和美國（一九一九），是哥倫比亞的理工博士（D. Sc, 1925），回國後曾先後任武昌大學數學系教授，國立武昌中山大學教務委員會主席，武漢大學教務長、理學院院長、圖書館館長。

據唐先生說，曾憲昌和他同船到美國，曾在哥大讀數學，成績很好。曾憲昌一九四九年回中國後，曾任武漢大學數學系教授，計算機科學系系主任，中國計算機科學學會副會長，中國人工智能學會第一任副會長，中國人工智能學報主編。

⓭富蘭克林・羅斯福（Franklin D. Roosevelt, 1882-1945），一九三二年當選美國總統。這時正值經濟大衰退，羅斯福實施新政策，稱為New Deal。新政的一部分，是社會保險法案（The Social Security Act）。這法案規定，凡是在美國工作的人，都要在聯邦政府開設一個社會保險戶口（Social Security Account），戶口的號碼，叫社會保險號碼（Social Security Number）。政府從每人每次的工資扣除若干元，存入這人的社會保險戶口。工作的人在六十五歲後，每月可從聯邦政府領取生活費若干元，數目視乎他社會保險戶口存款的多少而定。

⓮關於一九四九年三十個在紐約的中國學生接受幫助的詳情，可參看唐先生譯注的《胡適口述自傳》（廣西師範大學出版社，二〇〇五年八月，頁五一～五二）。

⓯這個故事，唐先生在《胡適雜憶》（台北：遠流出版公司，二〇〇五年，第五五節，頁二二二～二二三）裡也提及，卻還是沒有說明「傳曰」的出處。當年沒有互聯網和搜索機器，唐先生要在浩如煙海的中國典籍中找尋這傳曰的四句話，自然十分困難。現在網上一索即得：

「執荒」四句：見於韓愈《琴操十首・越裳操》。原詩云：

雨之施物以孳，我何意於彼為。

自周之先，其艱其勤。以有疆宇，私我後人。

我祖在上，四方在下。厥臨孔威，敢戲以侮。

孰荒於門，孰治於田。四海既均，越裳是臣。

越裳，古南海國名。據《後漢書・南蠻傳》記載，周公輔成王制禮作樂，越裳氏獻白雉表示臣服。韓愈詩最後四句的意思是：有誰會任自己的門庭荒蕪，而去治理田園呢？只有把自己的國家治理好，外國才會臣服。四海，指中國；均，公平。

⓰關於白馬文藝社，可參看唐先生的《胡適雜憶》。（台北：遠流出版公司，二〇〇五年，頁一三八～一四一）

⓱吳開先（一八九八～一九九〇），上海市青浦縣練塘鎮人，上海法政大學畢業。一九二二年加入中國國民黨，一九二五年加入中國共產黨。一九二六年五月，吳開先與陳雲等人，參加上海工人為配合國民黨革命軍北伐而舉行的三次武裝起義。吳擔任國民黨上海市黨部執行委員，參與領導罷工罷市。一九二七至一九三六年間，他曾先後任國民黨青浦縣黨部監察委員、國民黨上海市黨部執委常委、組織部長、執委會常務主席、上海社會局長、勞工黨黨部委員、國民政府立法院立法委員、國民黨五屆全會中央執委會候補委員、國民黨中央執委等要職。一九四五年抗戰勝利後，他再當選為國民黨中央執委，任上海市社會局局長。一九四九年，他隨國民黨政府到台灣，著有《滬上往事細說從頭》一書。

吳開先的事蹟，也可參看唐先生寫的兩篇文章〈泰山頹矣〉和〈《滬上往事細說從頭》遲來的導論〉。（唐德剛，《書緣與人緣》，台北：遠流出版公司，二〇〇三年，頁一六〇～一八〇）

⓲唐先生和吳昭文女士的婚禮，在唐先生寫的〈陳立夫早年哥大口述回憶殘稿勾沉〉也有記述。文中說：「她（昭文）爸竟然請了立夫先生來做我們的『女方家長』。立公既來，則大紐約區的CC派老幼賢達，幾乎全部枉駕。」（見《陳立夫回憶錄討論會論文集》，蔣永敬主編，台北：國史館，一九九七年，頁一四）

據唐師母昭文女士告訴我說，唐先生上述的記憶有誤。在她和唐先生結婚前數月，她的妹妹也在紐約結婚，請來的「女方家長」，正好是陳立夫。所以到她自己結婚，就不敢再麻煩「陳伯伯」了。在她和唐先生的婚禮，「男方家長」是帶她到白馬社的秦小姐的父親秦先生，「女方家長」是她爸爸的朋友陳椿永先生。

胡適誇獎昭文女士的故事，可參看唐先生的《胡適雜憶》（台北：遠流出版公司，二〇〇五年，第二一節，頁一〇一）

⑲參看Columbia University, East Asian Institute Annual Report（July 14, 1961）by C. Martin Wilbur（P. 10）

⑳《胡適口述自傳》如何成了韋慕庭的「中國口述歷史學部」一個項目，可參看唐先生的《胡適雜憶》（台北：遠流出版公司，二〇〇五年，第七五節，頁二九二～二九六）

㉑參看The East Asian Institute of Columbia University, Report on The Chinese Oral History Project for the Academic Year 1960-1961（July 17, 1961）by C. Martin Wilbur and Franklin L. Ho.

㉒李宗仁槍斃廣東新會何縣長的故事，可參看唐先生的《李宗仁回憶錄》（台北：遠流出版公司，二〇〇九年，頁一〇五～一〇八）

㉓唐先生似乎沒有專文論述做口述歷史的方法和技巧，但他有關這方面的理論和實踐，散見下列文獻：

(1)Forward by Franklin L. Ho and C. Martin Wilbur（*The Memoirs of Li Tsung-jen*. Boulder, Colorado, Westview Press, 1979, 頁xv-xix）

(2)Preface by T. K. Tong（同上書，頁xxi-xxvii）

(3)〈撰寫《李宗仁回憶錄》的滄桑〉（唐德剛，《史學與紅學》，台北：遠流出版公司，二〇〇三年，頁一七九～二三八）

(4)〈陳立夫早年哥大口述回憶殘稿勾沉〉，唐德剛（《陳立夫回憶錄討論會論文集》，蔣永敬主編，台北：國史館，一九九七年，頁一～一九）

貳・難以忘卻的音容笑貌

深切懷念我的老友德剛兄

馬大任

不久前董鼎山兄在《世界日報》上寫了一篇懷念德剛兄的文章，篇名是「我的朋友唐德剛」。那篇文章寫得很好。那篇文章的名字尤其恰當，它說明鼎山兄和德剛兄有長期和深厚的友情。如果我要寫紀念德剛兄的文章，我也想用「我的朋友唐德剛」這個名字，因為我和德剛兄也有長期而且深厚的友情。

我同德剛兄的友情是從一九三九年開始的，到現在整整七十年。「人生七十古來稀」。七十年的友情更是稀。我們是同年、同學，又同行。我們都是一九二〇年生的。我們是兩度同學——中央大學和哥倫比亞大學。他負責哥大東亞圖書館中文部的時候，我是史丹佛大學胡佛研究院東亞圖書館的館長。我們而且相互繼承。我離開哥倫比亞大學到康乃爾大學的時候，他承繼了我在哥大附近的公寓，他不當旅美中央大學校友會的會長之後，我繼任當會長。

這樣長期而且深厚的友情，不僅使我有資格說「我的朋友唐德剛」，而且的確使我受益不淺。

德剛兄真是「博學多聞」、「學貫中西」。他的文采使你看了文章之後一定知道那是他寫的，因為沒有人會寫出那樣精彩的文章。他的談吐尤其內容豐富、妙語連篇。同他談一次，勝讀十本書。

一年前，一位記者特別從中國到紐約來找德剛兄，他問我唐德剛教授住在那裡，要去採訪他。我對這位記者說，唐教授住在離紐約很遠的地方，而且他住的地方很難找。我勸他不要去看算了。他說他到美國來最重要的目的之一就是要看唐教授，大有「生不願封萬戶侯，但願一見唐德剛」的意思。後來他真的坐計程車到新澤西州去找唐教授。居然給他找到了，不過花了他兩百多美金的車費。他說這車費非常值得。

我真想把德剛兄過去七十年來在學術上、事業上和生命上重要的事情都講給你們聽。不過今天來的德剛兄的朋友很多。而且他們都很有學問，我應該讓他們來講德剛兄的成就和貢獻。作為德剛兄最老的老朋友，我除了對他的家人表示親切的慰問之外，只想很簡單地講德剛兄的三件事情。

一九四九年以後，許多中國留學生在美國的經濟情況非常困難。德剛兄也不例外。那時候德剛兄在哥倫比亞大學有一位相當有錢的叔叔，他願意給德剛兄錢。但是德剛兄寧願自己打工，不願意接受他叔叔的援助。這種自立勤奮的精神是令人敬佩的。這是第一件事情。

第二件事情是他非常愛鄉、愛國。他把他自己收藏的一百二十四箱書送給他家鄉的安徽大學，使那個大學的師生們得到許多非常難得的好書，幫助提高他們的學術水平。

第三件事情是他不僅是一個史學家，而且是一個正確的史學家。

在「政治掛帥」的中國，史學家是很苦的。左派當政的時候他不能偏右。在右派得勢的時候他不能偏左。所寫的歷史往往有偏差。「史」字的篆書是上面一個「中」字，下面一隻手。以手執中才是正確的歷史。德剛兄利用他在海外不受政治干涉的環境寫出正確的歷史。使我們和我們的後代知道真正的歷史的教訓是什麼。這是遺芳萬世的功業。

歷史的教訓在中國比在西方要重要得多。因為西方國家的道德標準是宗教。中國的道德標準是歷史。中國人「以史為鑒」，「養天地正氣，法古今完人」。世上當然沒有「完人」。但是許多人的事業是非常重要的歷史教訓，可以作為我們的人生的指標。德剛兄研究了好幾個名人的生平，而且發表了他們的傳記。同時提倡口述歷史，記錄近代人物的功業，作為我們的參考。使我們知道中華民族走過的道路，也使我們了解我們的歷史任務。所以他不僅僅是一位非常成功的史學家，而且也是一盞燈，照明了中華民族的正氣和人類社會的前途。今天我們在這裡追思唐德剛教授的時候，我們不僅敬佩他在學術上的成就，而且要謝謝他讓我們記得我們的過去，讓我們了解我們的現在，讓我們看到我們的未來。

二〇〇九年十一月二十九日在法拉盛唐德剛教授追思會上

悼唐德剛先生：可讀可賞的文章

胡菊人

唐德剛先生不幸去世，最先是陳宏正兄在長途電話中告訴我的。隔了幾天，又有禤福煇先生來電，他似乎在紐約，是中大歷史系畢業的，我們並不認識，他亦如陳宏正兄一樣，請我寫篇悼念唐德剛先生的文章。最後，是《明報月刊》編輯葉國威先生來電並致信，囑我把與唐先生的交往寫下，以悼念這位為讀者尊敬的學者。

在我任《明報月刊》主編之前，已和唐先生認識了。我記得在我初到紐約的時候，那是二十世紀六〇年代，我特別到他家裡拜訪他，向他請益。以後我任《明報月刊》主編時，才約他的稿子。在六〇年代的時候，他和周策縱先生合辦了一個刊物，好像叫《海外論壇》，是一位在《大學生活》做編輯的小姐負責的。這個刊物旨在喚起中國留學生關心中國，負起中國人的責任。可惜，周先生和唐先生如今都先後去世了。

有一年卜少夫做大壽，賓客滿堂，唐先生也在那裡，我恰巧坐在他的鄰座。他為什麼在香港，我也不曾問他。這時，查良鏞先生走過來，和他握手，是以前認識或初次見面，我不知道，那時候我已編輯《明報月刊》了。這是一次難得的見面，因為人太多，所以沒有深談。不過，這是很值得紀念的，因為兩大高手相逢，相互傾慕，至為可貴。

《李宗仁回憶錄》是唐德剛先生重要著述之一，曾在《明報月刊》刊載，深為讀者喜愛。李宗仁是重要的人物，但是，他最後赴大陸是個錯誤的決定，並不為人稱許。可見他並不了解毛澤東的為人，亦未見毛澤東曾給他以任何恩惠，最後死在大陸。可能李宗仁以為毛會善待他，豈料不然。其實他和夫人留在美國，似乎更好。可惜他耐不住寂寞，輾轉秘密赴京，相信無人知其事，連唐先生也不知曉。李宗仁投靠毛澤東卻落得不明不白，何苦來哉！

唐德剛先生為文，除了李宗仁傳記因為要照李先生的口吻寫得平實之外，一般都是暢曉易讀的，不同於一般寫歷史的人的習慣。唐先生寫中國歷史或其他文章，都以幽默的筆調，亦莊亦諧來著墨，使人讀來猶如可愛的散文，一點都不感到枯燥，而覺興味盎然，這是很難得的修養。可惜如今不能再讀到他的新的文章了。但已出版的書籍依然可讀可賞，足以慰人們對他的思念，願唐德剛先生安息。

紀念唐公仙逝：結識唐公德剛半世紀拾零

朱永德

論輩分，唐公長德不到一輪，不能算是長一輩。他在國內大學畢業時，我已讀中學。我到哥大修讀博士學位時，他剛得博士未久。其時他也是我博士導師韋慕庭（C. Martin Wilbur）教授口述歷史項目中的得力助手。他曾參與李宗仁、陳立夫、顧維鈞、胡適之等民國時代大人物口述史資料之收集。但他在美國最初研究的課題是從中美關係入手，後以《李宗仁回憶錄》與有關晚清民國歷史等諸多著作，享譽學界。

記得初到哥大在韋慕庭中國近代史班上，講到辛亥革命後，將近二十年的軍閥混戰時期，唐公替韋教授解難，用兩小時把那段錯綜複雜內外各種政治和國際因素，有條不紊的整理得清清楚楚，攤明在聽眾眼前，令聞者欽佩不已。他的國學常識，也極淵博。有一學期我修狄百瑞（Wm. Theodore de Bary）教授的宋明思想史討論課，那學期討論課上的名教授，濟濟一堂，有房兆楹、陳榮捷，香港來的唐君毅，以及澳洲來的柳存仁，皆當時海外頂尖的一流專家、知名學者。班上的研究生，則每人分配一個研究題目，到學期終結時，每個學生向全班提出報告。我被派的題目是新儒學中的一個基本概念，「幾」。當我求教於唐公時，他即刻答道此詞出自《書經》，快查後人注解，並隨口引來「幾者動之微」。這是宋明理學家釋《大學》中之「正心，誠意」是如何啟動的。我整篇報告就因這幾句話有了方向和大綱。

唐公在美國社會，雖在其專業中已享有盛名，但未能在一流的名大學中佔應有的一席之地。這多少和他的合肥鄉音有些許關係。在未能熟悉其口音之前，即便華人聽他的普通話，也有些吃力。他在海外「江湖」雖廝混了幾十年，但他一開口就脫不了合肥「老母雞／老母子」的鄉音。他本應能在母校哥大留下的。洋教授老闆們都知道他學識淵博。由於怕洋學子有困難明白他的講課，使唐公一直受到委屈。他雖在哥大兼任過圖書館的中文分館主任，這究非他的志趣所在。故有一度曾經情願去紐約上州一所小的州立大學執教。那個短時期可以說是他一生事業的最低潮。但未久他又回到紐約市。

在六〇年代後期，由於越戰引發的美國社會革命，促進了少數民族的民權運動，推動了女權運動，和啟發了大學生「造反」革命。學生更是以紐約市和加州柏克萊為兩大造反中心。在這個大背景下，唐公因受紐約市立大學學生的愛戴，在群眾支持下，加上他的教育背景和學術成就，多重因素聚合之結果，在七〇年代初不但被聘為紐約市立大學亞洲研究系系主任，並獲永久教職。從此在紐約市立大學毫無阻礙的，直到退休。他這種經歷，只能說是吉人天相。

唐公在美東，特別是在紐約，一向被推為華裔學界的「龍頭」。他在華人社區當中，更是一名

攝於紐約市立大學辦公室

社會活動家，群眾運動的領袖。在九〇年代，對日索賠運動在華人社區中發展得轟轟烈烈之時，紐約市立大學就成了該運動的中心。記得有一年在紀念南京大屠殺的學術會議時，他又組織了遊行示威，並邀請了一隊華裔和尚來為南京被屠殺者超度亡魂。另一年，在聯合國召開年會之際，華裔群眾也在聯合國廣場示威演說，招待記者，要求日本政府道歉賠償。諸如此類，唐公總是身先士卒。

唐公也是一位詩人。不論新詩或舊詩，都能應付各種場合的需要。有關這一方面，例如他與白馬社的關係以及與華裔男女詩人的唱和，我只能讓其他「專家」來詳述細節了。至於唐公的散文小品、傳記史著，更是自成一格。其文字之巧妙，思想之靈活、詼諧有趣，令人百讀不厭。所以他的文章，傳遍兩岸三地，以及整個華人世界。經常閱讀華文報章雜誌的讀者，可以說是無人不曉唐公的大名。他的博學廣聞，從某一方面來看，可能因涉及領域極廣泛，或不易指出對某個專題有其「特出」的貢獻。或因此，他迄未被選為台灣中央研究院院士。他自己雖未有任何埋怨，但不少學人已為他不平。其實他所留下的文字，早已遠比院士頭銜來得響亮。

還有一件使我記憶尤深的事，是尼克森訪問北京之後，美國大批華裔學人有返鄉親眼一睹的經驗。他在七〇年代文革晚期，回到家鄉，一切印象都不錯。只是很多親人因「遠離家鄉工作」，沒能見到。所以返美後，一度對新中國尚有不少正面讚揚之詞。可是到了八〇年代初期，改革開放之後，再次回到家鄉，方知前次回鄉沒能見到的親人，都是在「大躍進」和「自然災害」年代中，活活餓死的，其中包括他的親兄弟和他一同長大的奶媽的兒子。這怎能不令他傷心?!此後，他對毛澤東時代的大陸，好話再也說不出口了。他的精力也大多投到了對日索賠運動上。

他的一生之所以能發揮其潛能，不得不歸功於唐夫人。夫人吳昭文女士，出自上海名門，或應該說是出自上海「豪門」，是見過各種大場面的現代女性。對唐公是萬分的支持、愛護、體貼。相夫教子外，也學有專業，工作直到退休，未有一日間斷，穩定了家中生活的一切基本需要。對唐公不但獨具慧眼，更是寵愛備至，無疑是唐公有如此成就之必要條件！

近年來他的行動逐漸緩慢了。聽覺越來越遲鈍了。記憶也不如以往了。可是他仍然捨不得放棄那座住了多年的老窩。那裡有他多年來的藏書和處處堆著的文稿。他那些快樂和親切的回憶，在生

1997年12月，與夫人吳昭文攝於台北許昌街YMCA住房外陽台。

命中的起伏，那老屋中的桌椅，房上的磚瓦，園中的一草一木，多帶著酸辣苦甜各種不同的回味。他的人生是豐富的，他也是生命中的戰勝者。但他不能違背自然規律，終於作了一個明智的選擇——搬到陽光明媚的加州，到那有名的近年發展高科技的「矽谷」。在兒女和孫輩圍繞中，安享晚年。

唐公不愧是中國文化傳統中，智者不惑，最佳的典範。他在人生的最終點，拒絕接受不能根治又會令家人心疼的洗腎治療法。在眾親人愛的環繞中，安安祥祥乾乾淨淨的進入了永世，圓滿地走完了福壽雙全的一生。

追思我所認識與懷念的T. K.

熊玠

我認識德剛兄始自一九六〇年代初。那時我們都在哥倫比亞大學。德剛已於一九五九年在歷史學系取得博士學位，因成績優異留校服務。旋即升任哥大東亞圖書館中文部主任。我於一九六一年到哥倫比亞大學，一邊在政治學系攻讀博士，一邊在東亞學系兼個小差。所以，我與德剛兄，可以勉強扯上一個短暫「同僚」的關係。東亞學系的辦公室座落Kent Hall二樓，正好在東亞圖書館的樓上；所以，我與他經常見面。由於那時美國同事與學生覺得德剛二字發音不便，故而大家都以他名字英文拼法（Te-Kong）的縮寫T. K.稱呼他。按照洋人規矩，這樣稱呼還帶有親昵感。所以我學孔老夫子的「吾從眾」，也稱他T. K.（下面我會交代他給我取的綽號）。雖然我學的不是歷史，但我們談起來很投機；也從此成了莫逆之交。縱使以後各自離開了哥大，我們仍維持了一個君子之交淡如水的永固友誼。

不過，因為以後我沒有參加T. K.領導或參與的很多活動（譬如抗日遊行、集會、演講），也

1992年9月，與胡昌度（左二）、熊玠（左一）兩教授合影。

沒有參加他所屬的史學會，因此，我並不見聞於跟他比較接近的史學同志或學子。但我對T. K.的認識與尊崇，自認並不次於任何人。而對他的懷念，也不次於任何人。我想先以一個不是歷史學家的眼光將我所敬仰的德剛兄作一個籠統的素描與界定，然後再就我與他交往與對他的觀察作片段的回憶，以伸懷念之意。

我所認識的T. K.

一般評論德剛的成就，很正確地歸納為兩點：即他對中國通史所創的「歷史三峽論」；與他在口述歷史上的不朽貢獻。關於這兩點，很多人已有很多論述，我不想重複。只想指出T. K.作為一個史學家有幾點奇特之處，值得我們特別注意與景仰。

首先，大多數人所知道德剛的成就，在於他對中國近代（口述）歷史的獻身與貢獻。但很少人討論他原先的學術訓練乃在西洋歷史。這從他在國內大學時代，即已開始。在哥大，他師從以寫《林肯傳》權威著作而享盛名的大衛・唐納德（David Donald）教授。（很湊巧的一點，德剛與這位老師雖是聞道有先後，但卻是同年出生於一九二〇年，也同年仙逝於二〇〇九年，老師僅比他先走五個月。）T. K.以後涉及西洋史的寫作雖並不多，但他在哥大專攻西洋史的嚴格訓練，使他獲得西方史學家治學嚴謹的真傳；以後用在他處理中國近代史的耕耘中，讓他有獨到之處。譬如治學須要科學化，要有整體觀，與注重比較方法論。兼之，他日後對口述歷史之注重與勤勞，也是得自其導師唐納德教授的啟發。當然，實際策劃、籌款與在哥大創辦中國近代口述歷史項目而讓T. K.有地盤與機會發揮的，仍是眾所周知的韋慕庭（C. Martin Wilbur）教授（也是我的老師；德剛稱他為「韋老闆」）。

另外一點，可說一部分是T. K.的天性，一部分也是得自唐納德教授的影響。即治學一定要「思人之未能思」之問題與「發掘人之未能知」之答案。茲就我所知，舉一實例，對此加以論證。很多研究中國歷史的學者，幾乎一般都是偏重思想史，而忽略了社會史。T. K.則不然，認為二者必須兼備。而且如果不注意社會史，僅是從字面去了解史料，則無法洞悉歷史的真正實況與意義。就是因為這個緣故，所以我們在哥大期間，凡有談起中國歷史時，T. K.一定不恥下問地徵詢我從社會科學的角度如何看某些歷史上的問題。譬如有一次他想到中國自古以來就是「國家大於社會」（

他的用語），他所困惑的是，思想史不能解釋。問我從政治學眼光有如何看法（我們在一起談的多半是像這樣嚴肅的問題）。我也同意如僅從思想史來看，這是無法找到答案的問題。儘管很多人（包括西方人與某些中國學者）普遍認為這問題當歸咎於儒家思想，可是如果不以意識形態為依歸，我們應該注意到孔夫子講王道，以仁治國。而孟子更露骨地推崇「民為重，社稷次之，君為輕」的看法。所以，我認為這答案恐怕還須要從科舉制度的後遺症中找尋。孰料T. K.急忙表示願聞其詳。以下就是我的答覆：

我繼續說：科舉制度之開科取士，由民間吸收精英為政府引進人才而任用，開文官制度之先河，固然有其貢獻，但也有它的後遺症，為一般人所忽略。那就是：由於科舉制度，國家（即政府）掌握了決定社會人才升遷的獨攬權。無形中，遂造成國家大於社會的現象。滿清末期在內憂外患走投無路之際，在一九〇五年廢除了科舉制度。本來的用意是要以新學替代傳統教育，以求挽救滿清於大廈之將傾。孰料，反為不出六年清廷就被辛亥革命推翻了。由此，我們可以更深一層了解科舉制度決定國家與社會關係的奧秘。科舉制度的功用，迫使天下知識分子（即真正有本事對政府制衡甚至帶頭奪權的階層）均須政府之垂顧提攜，故非得各安其分並委曲求全地接受政府的權威（或宰割）不可。可是一九〇五年科舉一旦廢除，那兢兢業業謹守十年寒窗的年輕人，轉瞬間前途希望全部幻滅。所以很多參加孫中山革命捐軀的就是這些人。科舉制度雖自此已廢，但近兩千年來「國家大於社會」的傳統，絕非短期之內能扭轉過來。

T. K.對此觀點，極表贊同。並附加一點創見與補充。即科舉制度在中國製造了一個one-career

society（這是他給的英文名稱；幾乎無法找到足以傳神的中文譯名）。即除了功名仕宦一條出路以外別無其他選擇。功名決定了社會上一切貴賤榮辱。從個人到家族的騰達，完全決定於個人的功名。功名又取決於科舉的考試。而考試與日後仕宦的考績升遷（甚至於祖蔭）均操之於政府之承認與掌控，所以身為社會頂背的知識分子（以及被他們所影響的整個社會）甘願接受政府絕對的權威。在任何其他社會，幾乎都可以說「有錢能使鬼推磨」。但在我們所說的這one-career society中，沒有功名的人單靠有錢，還不能「使鬼推磨」。商人有時必須求助於官宦中之甘願疏通者。故官商勾結的流弊，遂成為中國的傳統。也是科舉制度的後遺症。中國歷史上雖然改朝換代屢屢，但科舉制度自建立以來，每朝均延續同樣的制度。因此科舉的後遺症，不斷延續下去。

如是的看法，是將我與T. K.兩人的意見合在一起所得到的結論。所以，可說我們二人的意見，為中國何以「國家大於社會」這個歷史懸案，找到了一個合理的答案。雖然是一個小例，但可以說明為甚麼T. K.與我在學問剉磨上能有以上所說「莫逆之交」的原因。我們雖所學不同，但注重社會歷史（以及歷史社會）之想法完全相同。這證明歷史學與政治學之間還是有很多共同交叉點與共同相關之議題的。必須指出，T. K.的如此關切不同學術領域間的共同交叉與互補，不是很多史學家具有的美德。值得大書特書。

其次，大家都知道T. K.為人隨和詼諧。可是我想指出，他在治學上的嚴謹導致他對一般美國人研究中國的一知半解，常有不滿；甚至在學術會議上對他們常有疾言厲色的批評。由於他熱愛中國，所以他對美國外交上對中國表現之自大（由十九世紀以來一向如此），也更是直言不諱。雖然他用英文發表的書籍與文章並不多見，但他在一九六四年山座落西雅圖的華盛頓大學出版的《美國對華外交，一八四四～一八六〇》（*United States Diplomacy in China, 1844-1860*）一書中，對美國國務院的對華政策頗有微詞，即其一例。職此故，據我所知，很多美國學者對T. K.頗有芥蒂；有一種說不出來的排斥感。我知道儘管德剛在哥大掌管東亞圖書館中文部門並沒有發揮其長，甚至可說是大才小用，但事非得已。因為很多其他大學，對T. K.均有一種特殊的「小廟難容大菩薩」的感覺。據我記憶中，他在一九七一年應聘去紐約市立大學（CCNY）作首任的亞洲學系系主任一職，還有一段小插曲。學校成立了一個「招聘評審委員會」。成員除了該校教授以外，還有學生代表。在千篩百選之後，該委員會決定推薦校方延聘Te-Kong Tong教授，來為該校創辦這個全新的亞洲學系。孰料消息一經傳出，立即有該校教授因T. K.對美國人剛毅不阿的名聲而提出反對，並向校長施壓，阻擾其採納「招聘評審委員會」的決議。如此僵持相當時間後，惹起學生公憤，由數以百計華裔學生帶頭的遊行示威，演變成全校學生醞釀罷課運動，直到校長首肯正式下聘書延攬德剛去該校任教為止。

我不避諱公開憶述德剛如此的遭遇，有兩個原因。第一，在美國境外（包括中國）有很多人幾乎瘋狂地嚮往美國的學術自由與種族平等，甚至恨自己不活在美國。縱使在美國住了很多年的人，如不親身經歷，恐怕也無從知曉原來美國的學術（與言論）自由和學府政治（英文字politics比較更能表達此中人事詭詐之意）須分開。如華裔學者批評美國的「中國通」對中國了解有偏差，當然會有學術自由保障；但在學術界（特別是「中國通」的圈子）立足與自己在學界的名氣上，可能須付出代價。以德剛在學術上的競業與成就，雖是在華人圈得到高度讚賞與崇敬，但在美國學界、尤其是美國的「中國通」圈子裡，無庸諱言，他並沒有得到他應得的承認與賞識。說穿了，這個現象並非僅限於德剛個人。在美國學術界的「中國通」圈子，不但成幫，而且勢力的觸角散布各有名大學。以往他們常有因懼怕而排斥華人同行的現象（尤其是真有學術成就的華人）。譬如在一九七〇年代末與一九八〇年代初，某長春藤大學政治學系曾一度出缺一個教中國政治的教授名額。在猶豫了若干年後，寧可僱用一位韓裔學者，也不用華裔學者，正是這個現象的表現（當然，近年來，美國的名校風氣有所改變。但那是在德剛這一代退休以後的事；而且是因為中國興起了；再者，受惠者是新近由大陸直接來美而在美完成了博士教育的晚一輩華人學者）。第二，在相當的成分上，我個人也有同樣的遭遇與感觸。儘管多年來我選擇教授國際法與國際政治，刻意避免與美國的「中國通」交鋒競爭。但在我的著作方面（我出版了十九本英文書籍；目前正在完成第二十本），仍然難以避免談論中國問題。而在談中國問題時，常常須要就事論事地質疑甚至指出西方學者的一種迷思，即他們認為全世界的發展途徑除了追隨西方以外並無他途（我叫它作Unilinear view）。像這種直率批評西方主流思想，雖然贏得某些極少數美國人（再加很多東方人）的認同甚至喝采，但我心底知道美國的掌權「主流」學者圈（以及美國政府）對這種不依不屈向洋人當仁不讓的華裔學者，仍有相當戒心與防範。故在這方面，可說我與德剛有同病相憐之隱痛。因此，我對他被美國主流疑懼，非常敏感與為他打抱不平。

記述幾點有關德剛的往事

◆◇◆

德剛對學生極為愛顧。從哥大到紐約市立大學（CCNY），一律如此。尤以後者為然。以上我們已經看到該校學生為了要校方延攬T. K.去任教，曾發動示威遊行以及醞釀罷課。可見他在學生群中的號召力。T. K.到了市立大學任教以及擔任系主任一年，因校園「政治」原因（校長以為學生鬧事是T. K.從恿的），遽萌辭去行政工作、只保留純粹教書之念頭。校方因而須要向外招聘一位頂替他作系主任之人。孰知，我竟然是T. K.的第一選擇。因此，我也曾應邀去他們學校，與招聘委員會成員（包括學生代表）會面。隨後雖因種種原因（包括我任職的紐約大學不肯放人）我終於沒有離開現職，但德剛對我之器重與「知遇」之情，對我是銘心難忘之事。後來，市大聘用了翟文伯擔任下一任系主任。可是從他到任起到幾年後離開為止，學生鬧事從未間斷（甚至有一次他停在校園的座車，四個輪胎全被人惡意卸走）。我知道文伯兄向以隨和急智、為人有外交風範著稱。但還是不能贏取學生們同樣對德剛的擁戴。可見德剛在學生群中之聲望與跡近瘋狂的擁戴，確實難能可貴。

◆◇◆

德剛對我之「垂顧」，不止一次。在此以前，由於尼克森總統一九七二年訪華而產生的「中國熱」聲浪中，坐落紐約東城原先由路斯基金（Luce Fund）創立的華美協進社（The China Institute），邀請到德剛策劃主持一系列有關中國的演講。內容包括文化、歷史、政治、外交、經濟等等各個專業。因此須向外邀請專家主講每個題目。德剛交往廣闊，所以主持其事，得心應手。在政治與外交的課題，德剛特地情商邀我負責開講。我記得首次出席該論壇，先由德剛來一個慎重介紹。當著近百人的聽眾（也包括能懂中文的人），他介紹了我的履歷、著作、研究興趣與專長等等。孰料最後他卻以中文用他一向封給我的綽號介紹給大家：「小白臉」（還翻成英文Handsome Young Man）！本是相當認真嚴肅的場合，經他如此一來，弄得台下渴望求知的聽眾，有的目瞪口呆；有的前仰後合，樂不可支。德剛的天真無邪，表現無遺。

◆◇◆

T. K.的興趣很廣，包括對京戲的欣賞。三十多年前，我在週末經常參加紐約的一個票房。有機會也會吊吊嗓子，或拖個二胡。因我的關係，T. K.也偶爾來湊興。他看到胡琴（京、二胡）全有人包。以後帶來了一把特別從國內捎來而極為精緻的四胡。別人吊嗓子或排戲時，他也以自己的四胡在旁邊跟著拉，增加了文場的陣容。大家看到他神情自得，也都樂了。我以後跟向以手音清雅悅耳的胡琴聖手張伯玉老師練胡琴，特別注重手音與弓法。德剛也來參加了幾次，後因他須去中國（那時剛可以去大陸）而「撤學」，以後就因公務忙碌沒有再來。我想德剛能拉四胡，除了昭文嫂之外，很少有人知道。張老師也已走了多時，所以德剛還曾有這一段學琴的經驗，更不為人知了。

◆◇◆

去年（二〇〇九）十月底傳來德剛作古的噩耗，我在悲慟之餘擬就一副輓聯，並遠寄昭文嫂，聊舒殤痛並致慰問之忱。輓聯曰：

能詠能吟能文章仙島遽激名士去　從此學子無師表

亦和亦介亦豪爽清風時悵故人遙　今後士林乏良知

自認為這幾個字，足以刻劃我對德剛兄評價與追思之一般。經友人劉實（也是德剛的崇拜者）觀看後，立刻指出這輓聯未表達德剛獨特之幽默感。我承認我的遺漏。說來，幽默感不乏人有。可是德剛獨特的幽默感，實屬罕見。現在要用我所知的兩個小例子聊作印證。

◆◇◆

德剛常常拿自己開玩笑，期能搏人一粲。譬如他是安徽合肥人，而且說起話來常帶一口濃厚合肥鄉音。可是他常常拿合肥人的鄉音當作開玩笑的題材。說是有一桌吃筵席的合肥人。當席間上一小盆檸檬水傳給客人清洗手指時，這些客人很有禮貌地彼此相讓，大家推來推去的用合肥話說「你死（洗）」「你死（洗）」「你先死（洗）」……有一個人特別客氣，說「你們通通死（洗）過了，我再死（洗）」。最後，這水傳到另一個人面前，那知他說「我死（洗）過勒（了）」。

◆◇◆

有一次我與他聊起他對胡適的研究。他在回答我的問題以後，因他熟知我也常常說笑，突然冒出一句：「你知道胡適之應該對甚麼嗎」（指對句）？我說不知道。他很得意地說；「胡適之應該對孫行者」。咋一聽，覺得沒有道理。但他解釋：「孫對胡」、「行是動詞，對的適，也是動詞」、然後「之乎者也，者對之，不是對得很嚴密嗎」？原來，別人只知道德剛對胡適研究有獨到之處。誰會想到，他對胡適與孫悟空的關係，也弄得一清二楚。這是德剛的幽默感，也是他作學問面面顧到的一個表現。在這種氣氛下跟德剛相處，你會覺得讀書是大有樂在其中的趣事。所以，傳統的「書中自有黃金屋；書中自有顏如玉」的那句俗話，為了德剛，我認為可以改成「書中自有樂陶陶；書中自有笑呵呵」。謹以此作為紀念我深切懷念的T. K.德剛兄的結尾。

為紀念唐德剛教授專集而作

浩哉斯哲！敬悼唐德剛教授

叢甦

我們敬愛的良師益友唐德剛先生於二〇〇九年十月二十六日在加州家中安然逝世，享壽八十有九。

與先生結緣相識始於六〇年代，其時我為圖謀生之技，在哥倫比亞大學圖書館學系攻讀第二個碩士學位，並在校中「東亞圖書館」做「鐘點工」。當時唐先生主持館中中文部，經常走動館中，兩忙於「研究」與「監督」工作。其後由於紐約華人文人與學者組織的「三會」——先生皆為發起人與參與者——的聚會，與先生的認識與聆教機會日增。

會一：「海外華文作家筆會」。筆會前身為由先生主持的「紐約文藝中心」，而「紐文中心」又是四、五〇年代先生與胡適等學者詩人合組的「白馬詩社」的延續。七〇年代末至八〇年代初我為台灣與海外報章埋頭寫文及專欄，單挑獨行。先生乃邀我參加「紐文中心」後，在九〇年代初，在先生的鼓勵與同仁的合作下將這文友聚會的組織與「國際筆會」（International PEN）掛鉤（

我自一九七八年即為「國際筆會」會員），易名為「海外華文作家筆會」（Chinese Writers Abroad Center）。

會二：「對日索賠同胞會」。八〇年代末先生與諸歷史學者在紐約市大學辦抗戰五十周年國際學術研討會後，與歷史學家吳天威教授等發起「對日索賠同胞會」，追究日本侵華暴行責任。在先生的督促與鼓勵下，我勉為其難擔任首屆會長。在諸同仁與我主事的五年內，我們雖然未能向日本索回分文半毫，但是在升提歷史意識與「責任認知」上倒激起一定波瀾。「始作俑者」，「其有後乎」？自從我們「石破天驚」地敲響索賠頭鐘後，大陸各地民間索賠行動（慰安婦、南京大屠殺倖存者、花崗奴工案、日本化毒受害者等等）都陸續展開，向日本追究歷史罪行責任。而由「索賠會」日後發展而來的「亞太事務研究中心」——由「索賠會」昔日主要幹將陳憲中先生創辦——及「南京大屠殺紀念會」等，皆感受於唐先生的精神楷模而持續努力關注中日關係與歷史。

會三：「中國近代口述史學會」。在九〇年代初由先生等發起，這是先生的「最愛」。先生邀數位史學朋友與我參加，並邀我任首屆會長。我以「吾乃一介文人，史學之門外女」婉拒，但先生以「文史不分家」回應。在先生的督導及現任會長禤福煇先生的有力領導下，十數年來「史學會」成果碩然。「史學會」中諸位史家如吳章銓博士、傅運籌及夏沛然先生等目前仍繼續從事先生畢生致力的口述歷史研究工作，此可告慰先生在天之靈。

由於「三會」因緣，吾輩有幸親聆積極參與會務的先生的教誨。「三會」主旨雖高，但是文人與史家原是眾行業中「赤貧雖非如洗，立椎卻也蒼涼」之輩，會無定址，聚無常所。聚會多在中餐館一隅，商討會務之餘，在碗筷聲中細品拓落人生，在塵囂層上喟嘆千古滄桑。但是滿口安徽鄉音不改的先生卻談笑風生，妙語如珠，掌故典故連綿不絕。唐夫人婉約溫良，也積極參與聚會，偶發一語，有畫龍點睛之妙。

八、九〇年代美好的時光就這樣。我們曾為「索賠」示威、遊行、展覽、寫文、演講、在《紐約時報》刊登廣告；我們曾為「口述史」與國內學府合作採訪計劃，出版《抗戰勝利五十周年國際研討會論文集》的巨著；我們曾為「筆會」舉辦演講會、詩詠會等。在二十多年的聚會中，先生都積極參與，也是我們明智的導師與顧問。進入二十一世紀後，先生年歲已高，但仍參加活動，直至數年前中風後體衰而止。我們曾至他在新澤西州的家中去拜望他，當時他雖虛弱寡言，但是喜見後輩同仁相聚之情洋溢於色。今年夏末我們同仁曾在新州為唐夫人餞行，其時唐師已先遷往加州，以近子女。月前我曾與夫人通話，她說先生復健尚佳。言猶在耳，噩耗頓至，生命之無常令人欷歔。

先生著書立論，橫覽中西，學縱古今，文筆銳利雋遂，詼諧幽默。先生以史家之遠矚，仁者之胸襟，借古諷今，採古喻今。寓諷於論，議而不謗；寓諫於諷，責而不傷；寓訶於諢，謔而不嬉；哭笑哀樂，落筆成章；「唐氏文格」，溢揚紙上。每憶及先生，我就想起法國「存在主義」大師沙特（Jean Paul Satre, 1905-1980）對「知識分子」（Intellectuals）的定義：L'homme engage（涉身的人）。先生為史學家、作家、詩人、小說家，著作等身，但絕非「象牙塔裡」的伏案書生。他以大愛悲憫之心，關懷面廣；真是所謂「風聲，雨聲，眾生聲，聲聲入耳；家事，國事，人間事，事事關心」。他滿懷中國士子亙古綿長的憂患意識，是沙特筆下典型的具有社會良知與歷史責任感的知識分子。在過去的活動中，先生曾多次與我們晚輩一起街頭抗議演講，散發傳單。正如哲人沙特，以古稀之年上街做反戰示威遊行，不知「老」為何物。

如今先生走過絢爛人生，高壽終年。吾輩有幸，曾親聆教誨；吾輩不幸，今天人永隔。哲人已逝，浩哉斯哲！悠悠哀思，遙寄雲漢！

二〇〇九年十一月一日初稿，十二月四日定稿

文學的唐德剛

王渝

唐德剛先生是著名的史學家，而我和唐先生的接觸則多是他文學的一面。我們常說「文史不分家」。曹聚仁先生更說「文學和歷史，在中國是孿生姊妹」，認為學藝出於史學。他舉出自司馬遷〈項羽本紀〉的戲曲「霸王別姬」作為力證。

胡菊人先生也說，唐德剛和太史公一樣是史學家亦是文學家。他說，從寫小說的角度看，唐先生善寫人物，非常生動。他舉〈我的女上司〉為例。周策縱先生稱唐先生的散文「如行雲流水，明珠走盤」。文學評論家夏志清先生則說他是「當代中國別樹一幟的散文家」，稱讚他古文根底深厚、天性詼諧、氣勢極盛和妙趣橫生。夏先生還說，他的《胡適雜憶》之所以比《李宗仁回憶錄》好，是因為不受口述的約束，得以發揮文學的才華。

唐先生對於文學是始終未曾忘情。當他登上赴美的洋船，在船上就發出了「旅美通訊」，第一篇是〈一條梯子的距離〉。後來他的詩作、散文和短篇小說不斷發表於北美的刊物：林太乙主編的

《天風》，留學生創辦的《海外論壇》和華文報紙的副刊。八〇年代後期，他甚至完成一部長篇小說《戰爭與愛情》。至於他的〈梅蘭芳傳稿〉和《胡適雜憶》都曾轟動一時，至今仍為讀者津津樂道。

與夏志清交惡筆戰之後言歸於好

唐先生也一直活躍於紐約的文學社團，前有「白馬社」，後來則有「海外華文作家筆會」。後者主要是由他奠基創辦的，至今每五六個星期都會舉辦一次文學活動，並且多年前已加入「世界筆會」，成為它的一個分會，現任正副會長為蔡可風和陳金蘭。

上世紀九〇年代初，上海文藝出版社出了一套留學生文學，我主編其中關於小說的一卷，第一篇就選了唐先生那篇沾滿眼淚而又詼諧的〈我的女上司〉。

在紐約的一次散文座談會上，散

文名家王鼎鈞先生推崇唐先生的散文。他說，唐德剛應該給大家講講寫作的秘訣，但是他沒講。可是沒關係，他的這個寫作秘訣，我們可以找到答案。那就是好好的讀唐德剛的作品，秘訣都在其中。

兩個星期前，在懷念唐先生的座談會上，散文家陳安盛讚唐先生文采斐然，認為最能讓大家領略的方式，應該就是唐先生自己的文字，於是他讀了《胡適雜憶》中的一小段。我覺得王鼎鈞和陳安二位先生都說得極對。所以下面我引一小段文字和一首小詩作為結束。

這一段文字出自《五十年代底塵埃》的序言，是他剛登上赴美洋船的寫照：

> 餐後稍息，又去洗了個極其痛快的美國熱水淋浴，再穿上上海新買的睡衣，在搖擺不停的水手吊床之上，聽著船舷之外有節奏的水聲……。我在想，想到我玄武湖上的朋友，想到船下向我不停地招手的表弟，想到那沿著一條木梯、在兩國之間跑上跑下的「紅帽子」……我和他們之間已經有顯然的中美之別了。「別」得像一頭洋狗和一條祖國江南稻田裡的水牛。這兩個不同動物所居住的不同的世界，其間實際的距離，不過是上海和祥碼頭上的一條木梯罷了。

再引一首短詩。我所以選這首短詩，因為它是唐先生夫子自道，文風又非常的唐德剛。題目是〈題自畫像〉。

若是留在大陸，五關何能飛渡？
假如去了台灣，綠島必然長住。
生個右派嘴巴，加上白專肚腸；
黃巢殺人千萬，怎能不在其數？
歷史原有偶然，命運實難自算。
作了天朝棄民，竟能苟延殘喘。
豈是歪打正著？還是別有天意？
所幸夕陽還在，慢慢寫他則個。

二〇〇九年十一月二十九日，紐約中國近代口述史學會主辦唐德剛先生追思會上的發言

唐德剛教授和他的史學

吳章銓

紐約中國近代口述史學會，是唐德剛教授創導，現在將出版紀念他的專集。筆者忝為會員，雖然不夠資格做唐先生的學生，不揣冒昧，介紹他的史學，希望拋磚引玉，引起史學界先進們共同探討唐先生史學上的貢獻，切磋他的史學和史觀，也希望喜歡讀史的人對中國近現代史有多一層的了解。

一位歷史學家的產生有他的時代背景，加上個人的稟賦與素養，才能寫出好的史學著作。

唐德剛教授是安徽省合肥縣西鄉人（現在肥西縣），一九二〇年八月二十三日生。唐家是當地淮軍四大家族之一，家中藏書很多，唐先生從小受過很好的傳統私塾教育，國學根底深厚，文史兼長，並對於淮軍掌故很感興趣。

唐先生家的長輩為了讓他接受新式教育，送他到縣城插班讀新式小學五年級。初中畢業以後，到南京讀高中。因此，他在幼年就對中國的農村和城市都有接觸。在高中，唐先生和其他的學生一樣，接受軍訓，準備投入抗戰。

抗戰經歷

抗戰開始，唐先生於一九三八年離開家鄉，跟隨老師同學奔赴後方，成為當時千千萬萬的流亡學生之一，隨學校大半步行、小半坐船西遷。經過武漢、千山萬水，到達湘西，繼續在國立安徽中學（後來改為國立第八中學）讀書。

一九三九年，他從湘西到重慶去讀中央大學。穿著草鞋，從芷江、瀘溪、乾州、永綏、秀山、彭水，步行到涪州（涪陵），搭乘民生公司小輪船西上重慶。

唐先生在中大就讀歷史系，老師中有著名近代史專家郭廷以教授，秦漢史、南北朝史賀昌群教授，宋遼金史金毓黻教授，商周史顧頡剛教授❶，西洋史沈剛伯教授。

一九四三年畢業後，他回到安徽，先在中學任教，繼在省立安徽學院（今安徽大學前身）歷史系講授西洋通史。

求學階段的艱苦過程，是對他最有影響的經歷。那時，中華兒女誓死抵抗日本侵略，民族精神達到最高昂的巔峰。在那被迫大遷移的洪流中，唐先生體認了中國近代面臨的內憂外患，以及全民抗戰生死存亡關頭的深重苦難，感受到中華民族的宏偉氣概和堅韌精神。從此對中華民族始終抱著信心。

抗戰期間，儘管物質生活極端艱苦，但是各級學校正規開課，老師認真教學，學生勤奮讀書，是中國教育發展的時期，培養了中國戰後的各方面人才。唐先生即是其中之一。

在抗戰中讀書成長的唐先生，縱覽古今歷史，感受到民族興亡、變亂興衰這些大問題。他認真思考，開始產生了中國近代史是中國整個文化、社會、政治大轉變的歷史觀念。艱苦犧牲的抗戰，是大轉變中的一個環節。這是他後來宏觀歷史觀的萌芽期。

在大學期間，沒有家庭接濟，唐先生勤於寫稿，經常投登各種報刊，為的是賺取微薄的稿費，購買牙膏肥皂等生活必需品。這個經歷養成他一生勤於寫作和投稿的習慣，並且磨練出一枝恢弘兼詼諧的健筆。

負笈哥大

抗戰勝利後，唐先生考取自費留美，一九四八年進入美國哥倫比亞大學。那時候，哥大歷史系名教授雲集。唐先生的畢業論文*US Diplomacy in China, 1844-1860*（美國對華外交，一八四四～一八六〇），指導教授是大衛・唐納德（David Donald）。

一九五九年獲得博士學位，在哥大開授中國史籍學，兼任哥大典藏豐富的東亞圖書館中文部主任，大量收集珍貴圖書，所以他對中國古今史料典籍（包括紅衛兵資料）極為熟悉。

一九七二年，唐先生轉到紐約市立大學（CUNY）城市學院（The City College）教授中國近代史和亞洲史，主要開的課是中國近現代史。曾經兩度任亞洲研究系系主任，直到一九九一年退休。在這期間，他接受邀請，擔任印度德里大學中國研究的顧問和中國南京大學、山東大學、西北大學的訪問教授。

唐先生在哥大研讀美國史，對西方史學方法、史學理論、以及戰後在美國新興的參考社會科學理論解釋歷史的研究方法，有深入研究。他後來著作中的見解，往往以社會發展的觀點解釋中國近代的「現代化過程」。

地理環境的影響

在唐先生的經歷中，可以看出地理環境是使他有成就的一個重要因素。唐先生出身在中國深層文化土壤的農村，受過良好的私塾教育，然後進城讀新式小學，讀中學，抗戰期間到重慶讀大學，戰後出國到美國讀美國史。所以他行萬里路，讀萬卷書，學識兼通中西。廣泛走過中國和世界各地，體驗到時代和人文精神，體認大時代的變遷，培養了他的史識。

唐先生在紐約的時候，正好哥倫比亞大學是戰後提倡口述史的重鎮❷，而民國的風雲人物流落在紐約的很多，唐先生有機會認識他們，並訪問了其中幾位要人，使他獲得不見於文獻的當事人親身感受的獨家史料，並且從和當事人的長時間來往中，對民國史和近代史有了深入的了解。

更重要的是，他擁有身在美國的研究機會和著作環境。一九四九年以後的中國大陸，不適合研

1993年偕夫人與陳立夫先生合攝於友人趙寶熙家

究歷史，台灣也有顧忌。自古及今，受人欽敬的敢言史家，誰不曾受過迫害甚至犧牲了性命？連司馬遷也是隱忍苟活，在殺皇后、殺太子、殺大臣的漢武帝身邊，不敢為李陵辯一詞。如果唐教授留在大陸，絕不可能完成他的諸多著作。他生活在學術自由的美國，能夠常常訪問兩岸三地，與各方不同見解的人士結交切磋，同時仍保持客觀觀察，獨立思考，依照自己的看法，秉筆直書，無所忌諱，發揮他忠於歷史的精神。

例如，唐先生在哥大口述史計劃中訪問了陳立夫先生，發現他以養雞賣醬菜為生，生活簡樸，心境平和，無怨無尤，就寫文章說陳家絕不是貪污腐化的富有家庭。毛澤東在大陸比神還更不能碰，唐先生也敢稱他為「獨夫」。

個人素養

唐先生具備所有優秀歷史學家共有的優點：非常用功，博覽群書，有過人的理解力；並且過目不忘，記憶力特強，古籍典故，如數家珍。

在這史才之外，唐先生還有勤學苦練出來的文學功力。他的文學著作，無論長篇短篇，都膾炙人口❸。他的文字流暢華麗，夾敘夾議，氣勢磅礡，自成一體。他把自己的英文原著翻譯為中文，成為經典的口述史著作《李宗仁回憶錄》和《胡適口述自傳》。如果是別人翻譯，結果一定大不相同。他能夠「以文載史，以文傳史」。他對佛學也有研究，還長期打坐，很有心得，雖然他並不「信」宗教。這是中國式文人的修養，其人其文其史，都有關係。

唐先生個性豪爽慷慨，沒有政治偏見，結交朋友，容易得到別人的信任，因此同接受他訪問的人建立長期友誼，從而獲得珍貴史料。這一特長使他能夠淋漓盡致地發揮口述史的特點。他常常說，某某事是某人親自告訴他的。

他心胸開朗，平易近人，無論老中青，都成朋友，有他視為老師的胡適之風。這種性格，反映在他的文風上，娓娓道來，詼諧親近，令人愛看。

唐教授的史學

在史學上，唐教授有兩方面的重要貢獻：一是口述史，二是關於中國近代演變的「歷史三峽」說。

一、口述史

唐教授在一九五〇年代參與了哥大關於中國口述史訪問計劃，先後長期訪問了幾位最重要的國民政府人物，包括卓越的軍事家李宗仁（《李宗仁回憶錄》至今是中國近代口述史中的經典著作）、卓越的外交家顧維鈞、新文化運動的胡適、「陳家的黨」二陳之一的陳立夫等。他的口述史著作奠定了他在史學界的地位。

從來研究歷史是上天下地找資料，有資料就能夠寫論文。資料最好莫過於找到原始檔案、個人日記等。利用錄音機，直接訪問歷史事件當事人，取得獨一無二的第一手口述資料，是一種新方法。口述資料是活的，要慢慢談，慢慢問，補充改正，❹往往比文字史料更珍貴。

唐教授始終堅持，寫口述史的人根據口述資料寫歷史，和根據書面史料寫歷史的人，同樣是歷史工作者，都要對歷史負責。口述史在一般史學的著述程序之外，還要加上運用當事人有關鍵性的「口述」材料，作為核心材料，並且視口述者的觀點為重要的史料，這也是口述史應當保留的意義

1990年與張學良討論文稿

。對口述者的材料，也不能盲目採用，必須把所說的材料，加以核實、整理、補充。以史學工作者應有的懷疑態度和客觀態度，做客觀研究、取捨和陳述。❺這樣產生的口述史，不是「我說你寫」（張學良語）的那種筆錄記錄，不是口述者的自傳，也不是為口述者樹碑立傳，而是歷史研究者寫的歷史著作。

唐教授認為，口述史不僅僅是錄音機的工作。口述史工作者除了需要有一個研究計劃外，還須要有足夠的參考書、助手。大型的計劃涉及的重要人物，一生經歷可能牽涉非常廣泛，學者獨自以訪問口述方式追蹤他所要探究的問題，工程浩大。❻最好還要有專家組織的顧問和襄贊委員會。❼當然還要有基金支持。唐先生當時就是在哥大的口述史計劃中工作。

唐教授在九〇年代初，邀集朋友和學生組成「中國近代口述史學會」，訪問曾經經歷過抗戰時期的老百姓，保存那個大時代一般國民經歷的第一手史料。這是他對推廣口述史研究的貢獻之一。

《晚清七十年》提出的「歷史三峽論」，明顯地呈現唐德剛對中國近代變遷的解釋，成為一種宏觀理論，受到重視。

二、歷史三峽說

唐教授在史學上的又一貢獻，是他關於中國近代史的「歷史三峽論」。

早在一九六一年，唐教授便已經發表文章，討論探索中國近代文化的大轉型；當時他思考近代中國知識分子最關注的課題：「現代化」。[8]他的「歷史轉型」說，似乎最早出現在一九九一年。那年，他在台北紀念胡適的討論會上，提出兩個大轉型和三個基礎制度改變的概念，基本框架已經具備。[9]一九九四年前後，講得更多。[10]一九九五年十二月九日，他在波士頓區中華文化協會演講〈中國現代轉型史：宏觀微觀雜談〉，[11]首次把這個觀念作為專題提出。一九九六年七月在芝加哥孫中山思想與當代世界研討會上，他發表〈中國國家轉型論提綱〉，把這個近代的大轉型，試名之曰「歷史三峽」。借用「驚濤駭浪」「死人如麻」的地理景觀，描述歷史演變「極其痛苦」的過程。[12]三峽的「三」，有歷史地理兩個層面的意義。

在集合他近著三十八篇成為《晚清七十年》一書中[13]，這個觀點就明顯地呈現他對中國近代變遷的解釋，成為一種宏觀理論，受到重視。[14]

唐教授認為，中國全部歷史可以分為三個階段，兩次轉型。第一次轉型的核心轉變，可以綜合為三個基本制度的轉變，即：政治：廢封建，立郡縣；經濟：廢井田，開阡陌；思想：罷黜百家，獨崇儒術。從戰國時期到秦漢帝國，大約經過三百年[15]，完成轉型，建立了延續兩千年的中華大帝國制度。[16]

唐教授認為，一八四〇年後中國的基本走向，就是要從大帝國的文化，轉變為一個現代文化的國家。這是第二次大轉型。他認為，這次轉型，與兩千年前第一個大轉型將有同樣的三個方面的轉變：一，政治方面：帝國轉變為共和（又稱「化君權為民權」）；二，經濟方面：農業經濟轉變為工商業經濟；三，思想方面：從控制思想（獨尊一家）轉變為開放思想。[17]中國近現代各種波濤洶湧的變化，都是為追求和阻止這三種轉變的力量的反覆衝擊。這就是歷史意義的「三峽」，是「歷史三峽論」的主要意義。

這第二次政治、社會、經濟大轉型是在西方帝國主義欺逼之下，在多種外力的不斷干涉和武力侵略中進行，是突發的、被動的，劇烈的民族救亡運動，所以特別困難。中國付出了空前慘烈的代價，死人如麻，文化與社會經濟幾次遭受毀滅性的摧殘。這是一個極為痛苦的過程，就像通過地理三峽的險灘。

在這個過程中，中國從「中古型態」的種種制度、思想轉入「現代型態」，錯綜複雜，遭遇許多挫折與反撲，各種問題必然是逐次解決，不可能一蹴而就。唐教授說，英雄豪傑想要一步到位是不可能的。「『時勢造英雄』。『時勢』是客觀形成的『歷史三峽』中的驚濤駭浪，『英雄』則只是一些隨波逐流的艄公、舵手、和弄潮水手。」⑱

因此，唐教授很早就提出一種「階段」說，後來並常常論及，每十年就是一個變遷階梯。⑲這些階梯或階段，既然是在歷史三峽中必然的過渡，便沒有永恆或長時期存在的屬性，但有推動江水滾滾東流的貢獻，成為引發和推動次一階段發展的基因，同時被後一個更大的巨浪埋入江底。這種帶有明顯階段性的變遷，一個一個地向前推移，最終會將歷史推到「最後階段」。⑳

關於「十年一變」的說法，究竟是那些階段，唐教授前後的說法稍有不同。一九九三年他提出：一八四二年鴉片戰爭後，十年（一八五〇年）便出了一個洪秀全（外來宗教向中華傳統挑戰）。「歷時十四年的太平天国只是近兩千年來，中國社會第二次大轉型中的第一階段。㉑」又十年（一八六一年）產生總理衙門（改變傳統的對外關係，洋務運動開始），李鴻章建立新式海軍（一八八八年，改革傳統軍制），一八九八年戊戌變法和君主立憲（改革政治制度），一九〇〇年義和團扶清滅洋（傳統的反撲），一九一一年建立民國（推翻帝制，建立民國），一九一九年的五四運動（文化上西化，否定傳統），一九二七年的北伐和內戰（為建立民國體制內部調整的掙扎），一九三七年的全面抗戰（全民覺醒反侵略），一九四九年共產黨建政（轉向全盤引用蘇俄的模式），一九五九年大躍進（經濟上的盲目躍進），一九六六年文革（政治／經濟／文化全面鏟除傳統的東西），一九七九年回頭摸索西方模式。㉒唐教授還將一九四九年至一九七九年時期，合稱為「帝制傳統的迴光返照」㉓。

「各個階段都有其特定的主題。這些主題的形成，不是理想家們坐在皮椅上幻想出來的，它們是因為國際形勢變幻，國內政治、社會、經濟、文化發展，逐漸鑄造出來的。換言之，它們是客觀機運參以主觀智慧逐漸融會貫通的。」㉔

他舉出階段性的實例之一：戊戌維新是中國近代第一次政治改革的嘗試，但是，當時不具備各種條件，不論是從宏觀認知，或從微觀探索，戊戌變法都是注定要失敗。在討論西太后的時候，他指出，個人或一黨專政的政體，不能適應現代文明㉕。孫中山「驅除韃虜，建立民國」的革命，雖然在一九一一年推翻了帝制，但是「民國初年的中國絕無搞議會政治的可能性。」㉖孫中山無法建立一個民主的制度，也無法把當時中國的軍隊歸屬於國家而不歸屬於將領。

帝國時期，不僅帝王有君臨天下的思想，同時臣民有忠君的思想。從上到下，從下到上，是一整套思想，一整套制度。以軍隊為例：每一個朝代的開國之君都是馬上得天下，他的軍隊是專屬於他，軍人自覺屬於皇帝，世世代代效忠皇室。這種思想，民國以後雖然曾經嘗試改革，但是一直到現在，大陸上軍隊依然不屬於國家，影響現代史上許許多多重大事情的變化。中國還在歷史的三峽中。

在帝國時代，國家大於社會；在現代多元社會，社會大於國家。「國家」和「社會」實際上就是政府與人民，具體地說，就是官員與老百姓。只有當老百姓真正有了主人的權力，而官員是公僕的時候，才是走出了三峽。

唐教授說，歷史上的「必然」，往往又為「偶然」所左右。因為歷史的時間、空間、全面和局部、程序和方向、方式和影響，在在都決定於偶然因素。這些「偶然」有時候也就「必然」地成為下一階段歷史發展的「基因」。例如政治上的「戊戌變法」是歷史的必然，康梁領軍則是偶然，其失敗便激起下一階段的變法。[27]

唐教授深信，不論時間長短，「歷史三峽」終必有通過之一日。從此「揚帆直下，隨大江東去，進入海闊天空的太平之洋。」[28]出於他對中國這個國家和民族的焦急關心和迫切期望，他期望這第二次轉型，只要兩百年。[29]「自一八四〇年開始，能在二〇四〇年通過三峽，就算是很幸運了。」[30]

至於未來出三峽後的定型制度是什麼模式，唐教授坦然說，「吾不能確知也。」但是他肯定那將是以全民的智慧、經驗和血淚，慢慢磨練出來的。[31]不可能是少數人的安排。

後語

唐教授的這個宏觀史觀，是他一生窮究古今之變的見解，立足於中國本國自古及今的歷史，本國制度、本國人物，平實而客觀。歷史三峽指最重要的三方面基本制度的演進，並採用本國地理景觀來做比喻。交互作用，十分貼切，令人容易產生感性的理解。利用他的三峽論，可以分析、解釋許多歷史問題。因此可以說，他建立了「一家之言」。

唐教授一心一意想寫一部民國史，可惜二〇〇一年的一次小中風，使他不能夠繼續有系統地思考、執筆、或口述。是他最大的遺憾。民國史中他最重視的部分，是他親身經歷，並且訪問過許多曾經參與前線、後方、內政、外交的重要人物，研究最有心得的抗戰史。他於二〇〇九年十月二十六日故世，齎志以歿。

讀歷史的人，往往會想：從過去的歷史是不是能夠窺出未來的發展？分析和了解過去，是不是有助於開創更好的未來？歷史的種種是不是可做前車之鑒？唐教授非常關心中國未來的演變，即什麼時候走出「歷史三峽」：政治民權化，經濟現代化，思想開放化。雖然他沒有寫出民國史，卻對一九四九年後的發展，從史家宏觀角度觀察，寫了不少文章，提出對中國近現代「轉型」中最近階段的若干看法。這些文章，先後收集在《中國之惑》和《毛澤東專政始末》（大陸非正式版名《新中國三十年》）兩書中。他認為，一九四九到一九七九年，是中國在歷史三峽中掙扎的逆流時期。那三十年的變化極為錯綜複雜，但是脈絡很分明：政治、經濟、思想各方面都和歷史三峽應該奔流的方向相反，唐先生一針見血，稱之為「帝制迴光返照」。他的民國史導論《晚清七十年》有五本之多；這兩本書不妨視為是他剛剛動筆的民國史的長跋。

附錄

唐德剛教授主要中英文專著目錄（單篇不備載）：

1. *US Diplomacy in China, 1844-1860*. Seattle: University of Washington Press, 1964.

2. *The Memoirs of V. K. Wellington Koo*, Published in Microfiche by the New York Times, Inc., 1977. Partly interviewed by Julie How and others on the childhood and retired periods. 中文版《顧維鈞回憶錄》（十三冊），一九八〇年北京中國社會科學院近代史研究所翻譯，一九八三年中華書局出版。

3. *The Memoirs of Hu Shih*, Published in Microfiche by the New York Times, Inc., 1977.

4. *The Memoirs of Li Tsung-jen*. Boulder, Colorado: Westview Press, 1979; Dawson Folkstone, England, 1979.

5. 《李宗仁回憶錄》，上下冊，一九八〇年，廣西政協文史資料研究會；二〇〇九年，台北：遠流出版公司。兩岸有其他十幾種授權版和盜版。

6. *The Third Americans: A Select Bibliography on Asians in America with Annotations*. Oak Park, Illinois, CHCUS, Inc., 1980.

7. 《胡適口述自傳》，唐德剛自譯註本，一九八一年，台北：傳記文學雜誌社。另有一九八〇年，上海：華東師範大學出版社；二〇〇五年，台北：遠流出版公司及其他版本多種。

8. 《美國史講座》，一九八二年，山東大學歷史系。

9. 《胡適雜憶》，一九七九年，台北：傳記文學雜誌社；二〇〇五年；台北：遠流出版公司及其他版本多種。

10.《戰爭與愛情》（原名「昨夜夢魂中」，在紐約《北美日報》一九八五年六月起連載兩年），上下冊，一九八八年，台北：遠流出版公司（二〇〇九年改版）；一九九一年，北京：人民文學出版社；一九九九年，上海：華東師範大學出版社。

11.《書緣與人緣》，一九九一年，台北：傳記文學出版社；二〇〇三年，台北：遠流出版公司。另有大陸版。

12.《史學與紅學》，一九九一年，台北：傳記文學出版社；二〇〇三年，台北：遠流出版公司。另有大陸版。

13.《中國之惑》，一九九一年，香港：百姓文化事業社。

14.《五十年代底塵埃》，一九八一年，台北：傳記文學雜誌社；二〇〇三年，台北：遠流出版公司。

15.《中國之惑》，一九九三年，台北：日知堂。

16.《晚清七十年》，游奇惠主編：《唐德剛作品集：民國通史：晚清導論篇》。五冊（中國社會文化轉型綜論；太平天国；甲午戰爭與戊戌變法；義和團與八國聯軍；袁世凱、孫文與辛亥革命），一九九八年，台北：遠流出版公司。節本名為《晚清七十年》，一冊，一九九九年，湖南長沙：岳麓書社；二〇〇〇年再版後，即被列為禁書。

17.《袁氏當國》，游奇惠主編：《唐德剛作品集：民國通史：北京政府篇》，二〇〇二年，台北：遠流出版公司。

18.〈唐德剛詩作〉，載於心笛、周策縱合編，《紐約樓客：白馬社新詩選》，二〇〇四年，台北：漢藝色研文化事業公司。（註：有部分作品曾經胡適先生親自評閱。）

19.《毛澤東專政始末：一九四九～一九七六》，游奇惠主編：《唐德剛作品集：民國通史：人民政府篇》，二〇〇五年，台北：遠流出版公司。大陸版名《新中國三十年》。

20.《張學良口述歷史》，二〇〇七年，北京：中國檔案出版社；二〇〇九年，台北：遠流出版公司（遠流版書名前加上標題「一部未完成的回憶錄」，表示這是一部未完成的作品）。

注釋：

❶學期論文〈中國郡縣起源考〉，一九四四年發表在安徽學院院刊《世界月刊》第一期，一九七一年再度發表在台北中國文化學院《史學彙刊》第三期。文中解釋「縣」原意是戰國時征服或收回直轄的地方，意思是「懸」。這是他對古代史大變遷的最初研究。

❷古今中外都有口述史，見唐教授〈文學與口述歷史〉，《傳記文學》第四十五卷第四期。收入《史學與紅學》。

❸《戰爭與愛情》是根據真實歷史事實寫的小說，最初在紐約《北美日報》連載，名為「昨夜夢魂中」。他說，小說也是歷史。見〈也是口述歷史——長篇小說《戰爭與愛情》代序〉（《傳記文學》第五十二卷第四期，一九八九年）。收入《史學與紅學》，遠流版，第八一～八四頁）。他的短篇〈梅蘭芳傳稿〉乃是經典之作，見《五十年代底塵埃》。

❹〈文學與口述歷史〉，《傳記文學》第四十五卷第四期，後編入《史學與紅學》，遠流版，第四七～六一頁。

❺《傳記文學》，第八十二卷第四期（二〇〇一年四月），第九頁〈張學良自述的是是非非〉。後來是《張學良口述歷史》的代序。唐教授後來沒有繼續做張學良口述史訪問的原因，見同文。

❻唐教授訪問的幾位人物，對每一個人都是用好幾年的時間做了無數次訪問。海外另一本重要的口述史巨著，是吳相湘教授的《晏陽初傳》，前後訪問二百多次，參考了晏陽初自己收集的大量檔案和相關材料，寫成《晏陽初傳——為全球鄉村改造奮鬥六十年》（一九八一年，台北：時報文化出版企業有限公司）。大陸有岳麓書社二〇〇一年版。

❼同上。台灣中央研究院近代史研究所郭廷以先生創立並主持一個龐大的口述史計劃，成績斐然。他以口述史訪問作為培養年輕研究生的基本練習，培養出一批優秀史學家。

❽《晚清七十年》，第一冊，〈中國現代化運動的各階段〉，原載《海外論壇》，一九六一年一月、二月。

❾〈胡適的大方向和小框框——為紀念胡適之先生百齡足歲冥誕而作〉（一九九一年十月十六日，台北講）。

❿一九九四年三月在二十世紀中華史學會英文演講，「Chinese State: Its Historical Development and Present Status」。《晚清七十年》，第三冊，第一四頁。〈甲午戰爭百年祭〉，原文載《傳記文學》第六十五卷第二期（一九九四）。

⓫家藏未刊手稿綱要。一九九六年一月，在舊金山據兩岸問題演講。沒有提三峽。

⓬刊登於同年《傳記文學》第六十九卷第三期。

⓭見附錄專著目錄。

⓮例如：洪健榮、范純武、吳美鳳：《晚清七十年》新書評介，便討論了唐先生的「中國社會文化轉型論」（《近

代中國史研究通訊》第二十九期，二〇〇〇年三月，第一一八～一一九頁。）

⓯「廢井田，開阡陌」是商鞅變法的一個重要內容，時在西元前三五〇年。「廢封建，立郡縣」是秦始皇時期李斯的建議，在西元前二一三年。「罷黜百家，獨尊儒術」是漢武帝時期董仲舒的建議，在西元前一三三年。每一個制度的轉變都是經過長時期的反覆嘗試才完成。

⓰《晚清七十年》，第一冊，第二四三～二四四頁。

⓱《晚清七十年》，第一冊，第二四五～二四六頁。

⓲《晚清七十年》，第一冊，第二九六頁。

⓳《晚清七十年》，第一冊，第二一三～二一四頁。

⓴《晚清七十年》，第一冊，第三二一～三二二頁。原為歐陽哲生《自由主義之累——胡適思想的現代闡釋》的「代序」（一九九三年，上海人民出版社）。

㉑《晚清七十年》，第二冊，第七六頁。

㉒《晚清七十年》，第一冊，第二二三～二二四頁。

㉓《毛澤東專政始末：一九四九～一九七六》（二〇〇五年，遠流出版公司），第一篇篇名。原載《傳記文學》第七十五卷第四期，一九九九年。大陸版名為《新中國三十年》。

㉔《晚清七十年》，第五冊，第一二八頁。

㉕《晚清七十年》，第五冊，第一一二頁。

㉖《晚清七十年》，第五冊，第一四五頁。原載《孫中山和他的時代——孫中山研究國際學術討論會文集》（一九

八九），〈論孫文思想發展的階段性〉。

㉗《晚清七十年》，第三冊，第二四二頁。

㉘《晚清七十年》，第一冊，第三六頁。

㉙〈近代中國轉型運動將於四十年內大功告成〉，北美二十世紀中華史學會二〇〇〇年年會閉會主題演講（中文）。英文見《近代中國史研究通訊》第三十一期（二〇〇一年三月）。

㉚《晚清七十年》，第一冊，第三六頁。

㉛《晚清七十年》，第三冊，第一四頁。

唐德剛先生的中國情懷

歐陽哲生

十月二十九日上午，當我正在北大英傑交流中心出席會議時，安徽大學歷史系陸發春教授從合肥打來電話，告訴我唐德剛先生於二十六日晚在美國舊金山家中因腎衰竭去世，聞後心頭一怔。下午我趕快擬一唁電傳真給唐先生的家屬，表示深切的哀悼和慰問。接著，媒體記者的電話紛至沓來，或採訪，或約稿，請我談談對唐先生去世的感想。海外朋友亦通過電話或電郵傳遞消息，報告相關訊息。唐先生去世的消息迅速在網上、報上各種媒體傳開。

大概在大學時代，我已聞唐先生的大名，並拜讀了他的《李宗仁回憶錄》等著作。攻讀碩士學位期間，因研究胡適早期政治思想，唐先生的《胡適口述自傳》、《胡適雜憶》，自然成了我案頭的常備著作。

與唐先生謀面遲至一九九一年十月在香港舉辦的「胡適與現代中國文化轉型」的學術研討會。那次會議，海內外胡適研究專家會聚一堂，共同就胡適研究這一專題做一探討。在出席會議的人員中，我是年齡最小的一位，但會議破例安排第一位發言。第一次面對名家雲集的現場，心裡面不免打鼓。唐先生是出席會議的海外學者中年齡最長的一位，但他絲毫沒有倚老賣老的架子，會上發言幽默風趣、妙語連珠，令與會者忍俊不禁；會下與人交流隨和，顯示了一位大家的風範。

1991年10月25日，於香港中文大學「胡適與現代中國文化轉型」學術研討會上。左起：歐陽哲生、唐德剛、劉紹唐。

出席一場「海外胡適研究現狀」的報告會

從那以後，在有關胡適的學術研討會上，我們都能看到唐先生的身影。一九九二年夏天在北京舉行的胡適學術座談會、一九九三年五月在青島舉行的「中國近代學術史上的胡適」學術研討會、一九九五年五月在上海華東師大舉行的「胡適與中國新文化」學術研討會，唐先生從美國飛來，親臨會議，給這些會議的確增添了不少光彩。

一九九六年十二月中旬，唐先生訪問北京期間，在北大住了一週，我特請他在北大做一講座，這也許是他老人家在北大唯一的一次講座。聞訊前來的師生擠滿了會議室，大家爭睹這位口述史學大師的風采。離京後，恰逢辭舊迎新之際，唐先生特來信致賀：

哲生教授和夫人：

月前在北京把賢伉儷忙壞了，心實不安，也叩感不盡……

近日閱中文報，說山東大學已將全套《四庫全書》輸入電腦，如此則台灣的《廿四史》就是小巫了。兄如能查出《四庫》何時發售，我也想買一套也。請查查看。這是件驚人的文化大事……

貴系貴院諸領導和老友，敬請代為致意道謝；近史所諸老友亦煩便中致意。上次吃飯時太匆忙，找不到空座，未能陪諸老友多談談，心中尤不安也。匆上

敬賀

春節快樂！

德剛　九七・一・七

一九九九年五月北京大學主辦紀念五四運動八十周年國際學術研討會，我參與會議籌備，自然也忘不了邀請唐先生大駕光臨。那次會議，中外專家會聚燕園，研討五四，這是一次高層次、高水準的國際學術研討會。安排在大會最後一場發言的四位中外學者分別為王元化、唐先生、張豈之和林毓生，均為學林高手，他們將會議推向高潮。唐先生提交論文的題目是「論五四後文學轉型中新詩的嘗試、流變、僵化和再出發」，他的發言幽默詼諧、鏗鏘有力，博得了與會者熱烈掌聲。

唐先生身體不佳的消息，我早已

1999年5月，與歐陽哲生（右一）於北京大學參加紀念五四運動八十周年國際學術研討會上。

耳聞。二〇〇二年二月二十日，我乘途經紐約時，約W君前往唐先生家看望他老人家，這是我與唐先生的最後一次見面。關於此行，我的日記中有簡略記載：

下午一時多到達唐家。看得出唐先生身體虛弱，去年十一月中旬他因中風住院，幾失去記憶，現在仍不能吃東西，身體頗弱，走路須借助推輪。與我兩年前相見時判若兩人。

日記中所指兩年前與唐先生相見，係指二〇〇〇年十月我第一次赴紐約參加「華族對美國的貢獻」學術研討會，會後與唐先生會見之事。當時，唐先生已屆八十高齡，仍能自己駕車。他主動請纓帶我去參觀西點軍校。從紐約到紐約州的西點軍校，小車需行兩個半小時，我擔心他的身體受不了如此長的行駛，但老人家興致很高，硬說沒有問題，於是兩人結伴前去。當時我感覺唐先生開車有兜風的感覺，一路健談，毫無倦意。下午從西點軍校回來後又將我送回紐約，並陪我一起與李又寧教授吃了晚飯，才偕夫人回家。其精力之旺盛，令我極為敬佩。

從那以後，我與唐先生再未見面。二〇〇二年聖誕節時，唐先生大病初癒，他偕夫人吳昭文寄來一新年賀信，因此信頗能見出唐氏寫作風格，故照錄如下：

歐陽哲生教授和夫人：新年快樂！

時已一載，弟臥病經年，承好友不遺在遠，紛辱函電慰問，甚或駕臨敝廬，並匱賜各種禮品，隆情厚誼，弟闔家均叩感不盡。誠惶誠恐，愧不敢當，日月如梭，一年已逝，每念盛情，時縈魂夢。上次生病，曾住院兩次，稍癒後，又去加州兒女處，作較長期休養，然終因年高體弱，只能帶病延年，迄今仍不能開車，不能久坐，年逾八旬，本該如此，夫復何言？然弟身體素無疾病，自覺粗健，初不意偶一發病，竟狼狽若此，實出個人意外，然病後細思，頗覺罪有應得。蓋平時自信，身強力壯，起居飲食，素不謹慎，更無條理，一旦發病，認識已晚。如今自慶，未翹辮子，還能與諸兄姊，通信拜年，實為始料所不及，然亦願以個人生病經驗，為諸兄嫂報告，我國固有，與洋人新倡的，養生之道，都頗有足學者。年高老友各必注重健康，飲食起居，都應特別注意，才是長保福祿之道。我　兄嫂健康極佳，令弟羨慕之極，至盼百尺竿頭，更進一步，則期頤之祝，可預賀也，敬祝闔府健康！

聖誕快樂，新年如意！

唐德剛　吳昭文　敬賀　二〇〇二年

PS：北京老友相遇於途，或相逢於會場，至盼代候起居。弟因疾病纏身，就無能力拜年了。兄來紐約，因病未能招待，尤感心疚，乞恕為感。

二〇〇四年二月，我前往舊金山加州大學柏克萊分校參加一學術研討會時，給先生打了一個電話，表示問候，另給他寄了一筆稿費。同年九月前往紐約參加「哥大與中國」學術研討會時，再次與唐先生通了一個電話。本來那次會議邀請唐先生參加，但他因病重不便外出，未能遂願。在電話中，唐先生以嘶啞的安徽口音表示，因病不能與會同朋友們見面，甚感歉意。我感到老人家是一個仁厚長者。真是人之將老，其言也哀！

唐先生一生治史主要有三項成就：

一、中美關係史。他的博士論文《中美外交史，一八四四～一八六〇》（英文版）、《中美外交百年史，一七八四～一九一一》（中、英文版）是這方面的代表作。

二、口述歷史。一九五七年初哥倫比亞大學東亞研究所中國口述歷史部成立，主持這項工作的是韋慕庭教授（Clarence Martin Wilbur），下屬工作人員為夏連蔭（蓮英，英文名Julie How）和唐先生。在中國口述歷史部，唐先生承擔《胡適口述自傳》（作於一九五七年）、《李宗仁回憶錄》（作於一九五八年九月至一九六五年六月）、《顧維鈞回憶錄》（一九六〇～一九六二年，參與其中部分工作）等人物的口述自傳撰寫工作。張學良晚年

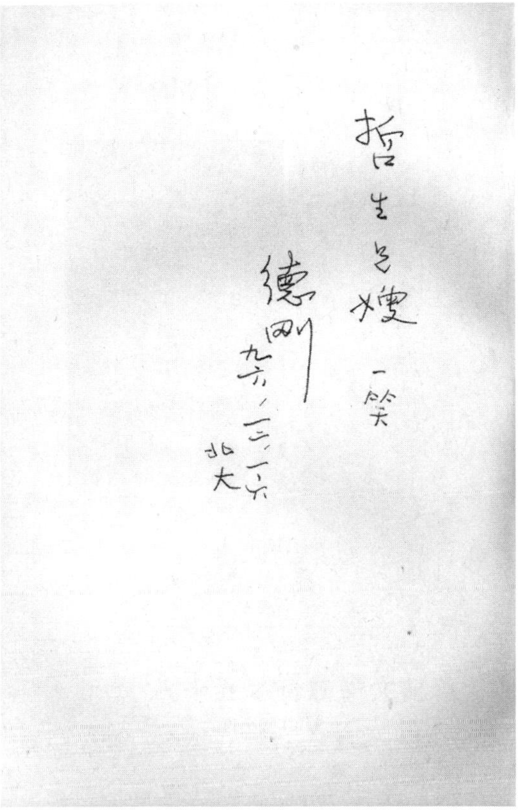

唐德剛的贈書簽名，別具一格。

獲自由後，重出江湖，唐先生又曾重拾這一工作，有志於作一部《張學良口述歷史》，經劉紹唐先生撮合，一九九〇年一月至五月間在台北北投張學良寓所和亞都飯店採訪張學良，先後錄下十一盒錄音帶，惜這一工作因故中輟。如今這些著作在海峽兩岸均已出版，且重印多次，在史學圈內和廣大讀者中產生極大反響，佳評如潮，被視為口述史學的典範。唐德剛因此得享「中國現代口述歷史的開拓人」、「口述歷史大師」的盛名。除自己身體力行外，唐先生在海外還創建中國近代口述史學會，帶領更多的年輕學者投入這項工作。唐先生之所以熱衷這項工作，是以為這是一項搶救史料的工作。

三、中國近代史研究。一九七二年唐先生從哥大圖書館中文部主任轉往紐約市立大學亞洲學系教授，其工作重心遂轉向歷史教學與研究。據他自述，他在紐大上過「世界文化史」、「亞洲史」、「中國通史」、「中國近代現代當代史」等十餘門課程，可謂上下五千年、縱橫三千里無所不講、無所不通，中西歷史冶於一爐。一九九四年他從紐大退休，專事撰寫「中國近代史」工作，已成《晚清七十年》（五冊）、民國史第一冊《袁氏當國》，這是一部極具個人風格的中國近代史著作，堪稱「空前絕後」之作。民國史部分因病未能完成，這是他給我們留下的一個無法彌補的遺憾。

在從事歷史教學、研究之外，唐先生還撰有長篇小說《戰爭與愛情》、自傳體回憶錄《五十年代底塵埃》，胡適研究著作《胡適雜憶》、《史學與紅學》、《書緣與人緣》等。唐先生擅長演講，他講話帶有濃厚的安徽老家口音，引經據典、縱橫捭闔、隨意所至、無所不談、毫無拘束。

唐先生是一個性情中人，結交朋友似也是如此。與他相交，你會感到這是一位可敬可愛的老頑

與吳健雄（右）、袁家騮（中）伉儷攝於萬壽宮

童，給人以強烈的親和力、磁性力，毫無老氣橫秋之做作，難怪他頗得人緣，在海峽兩岸、大洋彼岸有不少各界的朋友。一九九二年夏天他來北京開會，「失蹤」兩天，吳健雄特從美國打電話到北京來尋找，在朋友中被傳為笑談。

唐先生身處異邦，卻有著一顆不泯的中國心。他自述：「筆者不敏，學無專長，加以流落異域數十年，打工啖飯，顛沛流離，一言難盡。然正因身體歷艱難而倖免於浩劫，對祖國這一迷團，終未忘情，總是對所見與亡，有所領悟。愚者千慮，必有一得，因對數十年之所學，與殫精竭慮之思考，亦不敢過分妄自菲薄。」從早年投身撰寫中國口述歷史工作，為中國現代史搶救「活的歷史」；到晚年撰寫《晚清七十年》，以大手筆勾勒中國歷史從傳統向現代的轉型。從其在海外大力推動抗日戰爭史研究，發起民間對日索賠、尋訪慰安婦活動，到他臨終前將其藏書捐給母校安徽大學，表達對故鄉的一片依戀之情，我們都能感受到他內心的中國情懷。

唐先生為人處世，若如其名，德剛並濟；作文言談，又如其人，活潑可親。唐氏幽默係天性養成，還是後天修煉，或是受那位幽默大師林語堂的影響和私傳，這是一個值得文史專家探討的問題。像他這樣既深具中國古典文學的底蘊，又有長期西方文化熏陶的經驗，在海內外史家中恐已不可復得。他遺囑將其骨灰撒向大海，可見其心懷之寬廣！一生得以結識這樣一位老友，畢竟是吾輩之緣、之幸！

二〇〇九年十一月三日深夜於北京海淀藍旗營

「棄民身世兩心知」：懷念唐德剛教授

汪榮祖

唐德剛教授久病仙逝，聞之仍不勝欷歔。猶憶新世紀之第　年，唐教授身體仍然清健，自紐約寄示〈路邊枯柳再見綠意〉七律一首。他在新澤西家門前的路邊，有三株枯柳；每當歲暮，好像不堪嚴冬，將要枯萎。然而每年春天到來時，又再現綠意。據唐教授的考據，美洲原無柳樹，哥倫布發現新大陸後，偶然棄置柳條筐於海岸，後來居然蔚然成林，唐教授戲稱之為柳屬的第一代移民，而他自己則是他們唐家的第一代移民，至今已有三代，枝葉茂盛。唐教授與棄柳相伴三十年後，不禁喟然有感，與之互訴衷曲，自覺是「棄民」，因有「棄民身世兩心知」之句。全詩是：

傴僂同悲老更痴，憶從破笈委泥沙；
詎憐故土無根莽，化作新洲第一枝；
飛絮凭君隨處歇，棄民身世兩心知；

卅年道左成良友，最愛無聲語片時。

詩可感人，因能感同身受，流寓北美之同文雖多插隊入籍，畢竟都是華人，除少數強顏認同異類外，莫不有故國之思，棄民之嘆，作為詩人的唐德剛感慨尤深。他能詩，不僅幼承家學，且有詩才，出語自然而清新可喜。

一九七九年北京與華府建交，海外遊子得以重履故

路边枯柳再见绿意

[序] 门前路边有枯柳三株. 久踣泥沙. 疑其不堪严冬, 而每岁春来皆有绿意. 美洲原无柳树, 哥伦布初访时, 舟人偶弃一破柳条筐于海岸, 後竟蔚然成林, 是为新大陆柳属之第一代移民云. 卅年相伴, 喟然有感.

伛偻同悲老更痴, 忆从破筴委沙泥.
讵怜故土无根荞, 化作新洲第一枝.
飞絮凭君随处歇, 弃民身世两心知.
卅年道左成良友, 最爱无声语片时.

雪夜偶抄旧诗词有感 (2000-001)

断笺残椟久斑斓, 雪夜摩挲感百端.
不为儿孙留汉简, 闲来聊寄故人看.

荣翁伉俪 正之：

人人皆说蔡中郎，古今上下皆看汪荣祖！承寄大著论钱老学究。古人，十九世纪老学究，不足议也。是论甚是。拙诗信口打油，不敢引玉。自信所作，略佳于老学究也。此翁无诗才，俗不可耐也。如何？

弟德刚上
5/9/01

唐德剛致汪榮祖函

土，我與唐德剛不約而同於一九八一年返抵大陸訪問。他寫了西湖即事二十四首，初到湖濱的所感是：「山掩垂楊映碧波，風前白髮感磋跎；卅年寰宇歸來後，許爾明珠第一顆。」正是我初見西湖的感覺。按說吾輩飄泊天涯，所見名山大川不知凡幾，然今見西湖，必然「許爾明珠第一顆」者，不僅是由於非凡的秀麗景色，更出於特殊的思古情懷所致。在微雨濛濛中，繞湖而行，遠山近樹，蘇堤橫斜，及雨霽天晴，落日西下，煙雨景色更饒有風緻，我們兩人亦有同感，我有句曰：「蘇堤樹外夕陽來，倩影雙雙依水偎；最愛人間此一刻，願隨西子住蓬萊。」我雖不善詩，偶爾亦忍不住鸚鵡學舌，與之唱和，他居然以「詩翁」相稱，足資談笑。我們深知五四以後，舊詩詞已漸被棄如敝屣，但如唐德剛所說，「舊詩詞甚可愛，我輩不妨玩弄之，就像是玩古董的嗜好一樣，可惜今日能遊戲者亦已不多」。我就這樣成了他的玩伴。

唐德剛於抗戰勝利後赴美留學，然沒有多久神州變色，有家難歸，唯有自求生計，於求學期間亦曾備嘗艱苦。他於閒聊時，曾提到當年在中國餐館當跑堂，先學用粵語背菜單。第一天去上班，客人要芥蘭牛肉，他學用廣東話向廚房傳話，沒有反應，於是他大聲再喊一遍，仍然沒有反應，於是他更大聲喊一遍，正尋思廚師是否聽得懂他的廣東話，忽見廚師端出三盤芥蘭牛肉，結果被老闆炒了魷魚。他在笑聲中回憶往事，心底未免沒有淚痕。

唐德剛獲得哥倫比亞大學史學博士學位後，有相當長的時間主管哥大東亞圖書館，大才小用，自然鬱鬱不得志。然至一九七〇年代初，因緣際會，在美國「學運」中不僅出任紐約市立大學教職，並榮任亞洲學系系主任，直到退休。他長住紐約最大的機緣，莫過於認識了許多民國要人，諸如胡適、李宗仁、顧維鈞、陳立夫等等，並參與為口述歷史工作，也使他放棄原來的中美外交史專業，轉而成為民國史名家，文筆輕鬆活潑又兼帶風趣，膾炙人口。

他除了詩文寫得好之外，還會畫漫畫。有一次在新澤西魯格斯大學開會，我坐在他身旁，看到他速寫一張眼前與會學者的頭像，我大為驚奇，收為己有，保存至今。

胡適於一九五〇年代寄居紐約時，對其鄉晚輩唐德剛尤青眼獨具，不僅登堂入室，而且常常品嚐到胡夫人的家鄉菜，唐也以再傳弟子自稱。也許因為太接近

除了詩文寫得好，唐德剛還會畫漫畫。

了，胡適是人，自不免有人性的弱點在唐德剛面前暴露，故於讚佩之餘，也未「隱惡」，引起最大的爭議就是胡適的博士問題。他從來沒有說過胡的博士是假的，但是胡於一九一七年回國時確沒有獲得博士學位，因為考試未過。唐在電話裡告訴我，他決不是信口亂道，而是看到哥大的檔案，可惜後來規定未經胡氏家族同意，不能閱覽該檔，以致於仍有人說胡適於一九一七年通過考試，只是未印論文而遲至一九二七年才拿到學位。崇胡、愛胡的蘇雪林更寫了一本小冊子《猶大之吻》來罵唐德剛，然而蘇女士也承認，她上胡適課時所用《中國哲學史》初版本，封面上確印有「胡適博士著」字樣。

今日追思唐德剛，最值得一提的「事功」應是他創議設立「北美中華民國史學會」（Historical Society for Research on Republican China in North America）的經過。他在一九八〇年五月十六日給我的信中提到，「弟明年度將休假一年，擬乘機將二十餘年治民國史之積稿，整理出版，並收集點史料，作秉筆直書之言。弟並口頭邀約李又寧、陳福霖、葉嘉熾、吳章銓諸同文分工合作，組織一『中華民國史研究小組』作第三中心之研究，不知兄亦有意入伙否？鄙意治民國史，美國為最好基地，吾人應加利用也。」

同年六月九日，住在紐約的朋友在李又寧家晚餐，正式提出研究小組的組織章程和成員，席間李又寧要唐德剛「先來個章程」。同年八月七日唐函又謂：「一定要把我們的小組搞一下。我們寫歷史得天獨厚，台灣、大陸哪能同我們比？我們一定要利用此天時、地利、人和來寫一部民國史，如何？」

同年十二月二十日即寄來他所擬的組織要點：

1.緣起：由於大陸與台灣史學界已正式組成機構專修中華民國史（一九一二～一九四九），我旅美史學界之專治民國史者，擬組成團體，分工合作，與祖國史學界相呼應，共同努力，異中求同，以完成民國信史之撰修。

2.宗旨：促進治民國史同文之分工合作，有互助而無競爭，以中英雙語研治民國史實而秉筆直書。以合作修史方式，研擬共同研究計劃，共同申請資金補助，集體旅行、訪問，召開研討會，共同出版期刊，通史、專史，以及專題論文。

3.會員：凡具備下列各條件者，有會員二人介紹，大會全體通過，當由本會執行委員會，具函邀請之。會員條件擬訂如下：（a）專業學者；（b）治民國史階段專題者；（c）已在或有意在北美定居者；（d）有專門著述者；（e）能以中英雙語作文、會話者。

4.會期：本會每年至少開全體會員大會一次，商討會務，選舉執行委員會。

5.組織：本會不設會長，由大會推舉一三人執行會管理庶務及通信事宜，並綜合會員意見擬訂研究方案。

6.會費：每會員暫繳年費十元。

7.發起人名單：李又寧、吳應騑、陳福霖、葉嘉熾、徐迺力、汪榮祖、吳章銓、鄧元忠、朱永德、唐德剛、楊覺勇、吳天威、高宗魯。

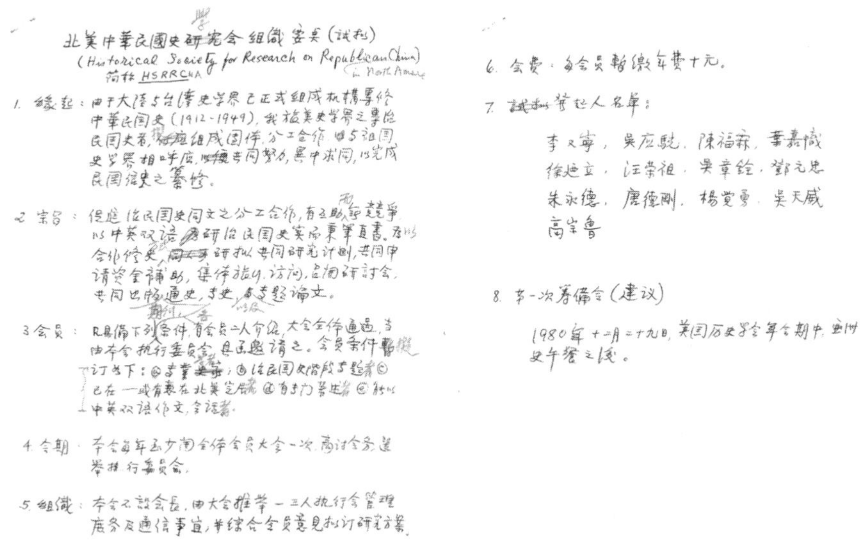
北美中華民國史研究会組織要点（试拟）
(Historical Society for Research on Republican China in North America)
简称 HSRRCNA

1. 緣起：由于大陸与台灣史学界已正式組成机構專修中華民国史（1912-1949），我旅美史学界之專治民国史者，亦应组成团体，分工合作，與兩地同史学界相呼应，共同努力，異中求同，以完成民国信史之纂修。

2. 宗旨：促進治民国史同文之分工合作，有互助而無競爭，以中英双語研治民国史实而秉筆直書。合作修史，研拟共同研究计划，共同申请资金補助，集体旅行、访问，召開研討会，共同出版通史、专史、专题论文。

3. 会员：凡具備下列条件，有会员二人介绍，大会全体通過，由本会执行委员会具函邀请之。会员条件暫訂如下：①专業史学；②治民国史階段专题者；③已在或有意在北美定居者；④有专门著述者；⑤能以中英双語作文、会話者。

4. 会期：本会每年至少開全体会员大会一次，商讨会务，選举执行委员会。

5. 組織：本会不設会長，由大会推举一三人执行会管理庶务及通信事宜，並综合会员意見拟订研究方案。

6. 会费：每会员暫繳年费十元。

7. 發起人名单：

李又寧，吳应駪，陳福霖，葉嘉熾
徐廸立，汪榮祖，吳章銓，鄧元忠
朱永德，唐德剛，楊覺勇，吳天威
高宗魯

8. 第一次籌備会（建议）

1980年十二月二十九日，美国历史学会年会期中，亞洲史午餐之後。

唐德剛親筆撰寫的「北美中華民國史學會」組織要點文件

8.第一次籌備會：建議在一九八○年十二月二十九日，美國歷史學會年會期中，亞洲史午餐之後。

初步談話會在一九八○年年底美國歷史學會在華府召開時舉行，由陳福霖、葉嘉熾、唐德剛、余秉權四人出席，談話時朱永德和楊覺勇曾打長途電話來表示熱烈支持，隨後又有吳章銓和汪榮祖分別打電話和寫信來，作同樣表示。初步談話會之後，公推陳福霖與葉嘉熾起草簡章，分寄大家作書信或電話討論，並計劃在翌年春季全美亞洲學會開年會時，將學會正式組織起來。

唐德剛繼續積極推行此事，一九八二年亞洲學會在芝加哥舉行，他要我們大家前來，三月二十二日唐函有謂：「四月二日台灣協調處請客，弟意我們乘機圍坐一桌，談個半夜，弄出個小結果來才好。兄我皆雙訪大陸、台灣。搞民國史，似責在我輩也，面談不宣。」這次聚會大家盡興而返。一九八三年八月終於有了小結果，名稱改為「北美二十世紀民國史學會」，由李又寧出任首屆會長。

唐德剛原意要大家合寫一部「民國史」，搞一個民國史研究的第三勢力。他有鑒於當時中國大陸與台灣研究民國史都不免受到政治的干擾，所以認為我們得天時、地利、人和之便，然而搞大型研究亟需的是資金與資源，我們流寓北美的這些散兵游勇，在資金與資源上如何能與一國匹敵？唐德剛說劉紹唐以一人敵一國，獎飾之外，亦心嚮往之而不能至也。

左起汪榮祖、唐德剛、劉紹唐、陶英惠、李敖。

在美國做研究當然也可以申請資助，我與唐教授都曾相互推薦過彼此的研究計劃，但能夠申請到的研究計劃多半是專題研究，通史性質的民國史研究很難獲得青眼。我從美國科學院美中交流協會所獲的一年獎助，就是章太炎專題研究，僅僅是民國史的一小部分。最後我們的學會也定名為「北美二十世紀中國史學會」，放棄了「民國史」三個字。此會延續了多年，每年改選會長，但性質漸變，實同無疾而終。回首往事，不敢忘也。

唐德剛教授自紐約市大退休後，每年我們仍然互寄賀年卡。他在一九九五年的年卡中說，「近來學佛打坐，仙佛愈來愈遠。思想搞不通，神仙學不成，卻寫了老僧之偈不少，抄一二博賢伉儷一笑也」：

小智小知為本分，不知不識是聰明；
窗前麻雀安知我，我欲知天枉費心；
九竅三關原是幻，真丹原自幻中求；
最難俯仰皆無愧，仙佛原來第二流。
一砂之內小修行，砂外恆你信口論；
無識無知才是我，妄言神佛假聰明；
茫茫昧昧何深淺，總總零零未足論；
忘我同參天地化，千家祖佛是前生。

未料多年後，有一日他晨起取讀《世界日報》，竟然一字不識，真的成為「無識無知」。身體略微好轉後，在電話中仍不失幽默地說：「一字不識倒也乾淨」。前年打電話給他，他必須戴上特製的耳機，才能通話，因而除了寒暄之外，不能深談。

我想他若抱憾而去，主要有兩件事：一是張學良口述史未成正果，其中原因郭冠英言之已詳，否則可與唐撰《李宗仁回憶錄》成為口述歷史的一對瑰璧；一是他心目中的民國史也未能修成正果，想要搞的「第三勢力」無疾而終。不過，以他坦蕩的胸懷，早已做好「老夫去矣」（俞樾臨終語）的準備。他將平生收藏的圖書一百多箱，全數捐給安徽大學，於此也可見他素重鄉誼的情意。他那枝生動活潑的彩筆，所留下可讀性極高的文章，將永遠是華語世界的人文財富。

唐公長我二十歲，待我極厚，鼓勵尤多，可稱忘年交。我們雖同住美東，路途仍然遙遠，相見並不容易，多半在美國歷史學年會或全美亞洲學會上匆匆相聚。他於一九八〇年四月十日來信有云：

> 華府聆教甚樂，惜為時太短，嘈嘈雜雜，未能暢敘，至以為憾。我輩同行者不多，而可談者更少。同行而可談者，每年偶一晤，實苦其太匆匆也。《中國時報・人間副刊》有一「庸椽樓主」，似是我輩同行，他說黃山在他的故鄉，亦徽州人也。貴族為徽州大戶，弟心儀其人，每疑為吾兄筆名，是耶？非耶？弟已成老朽，青年學者所識不多，如非吾兄，兄當知其人也。便中乞代致鄉學弟景慕之忱。

當我告知承「人間副刊」高信疆之邀，以庸椽樓主筆名寫「學林漫步」專欄，他於五月十六日回信，高興得更大加獎飾：

> 兄文筆超群，見解尤為卓越。為學，學易而識難，古今中外一理。兄雖信手拈來，而意深辭簡，弟每一讀再讀，心儀不盡，果然所猜不訛，敬重作者之外，亦自慶尚有閱讀能

力也，一笑。

被「當代中國別樹一幟的散文家」（夏志清語）讚賞文章寫得好，雖樂不可支，然當時我已過不惑之年，未嘗得意忘形也。三十年後重睹舊箋，感愧殊深；緬懷故友，借絕句唁之：

述傳恨未璧成雙，國史三編不敢忘：
萬卷藏書回故里，人間彩筆本歸唐。

二〇〇九年十一月十八日寫於林口未來書齋

白馬社詩人唐德剛教授

浦麗琳

離開了家，漂流到最遠的地方，就回到老家。——唐德剛

在寂寂寫新詩的道路上，我曾幸運地遇到幾位給予我極大鼓勵的貴人。胡適先生是第一位貴人，「白馬社」的唐德剛教授是第二位。我沒曾也不知如何把深深的感謝表達。

胡適先生在致舊金山《少年中國晨報》編者的信中，曾誇獎了一位青年留學生用「心笛」筆名發表在該報的新詩。那是二十世紀五〇年代。

唐德剛先生在他的《胡適雜憶》一書中，第五章，〈「新詩老祖宗」與「第三文藝中心」〉裡，把那筆名叫心笛的學生在「白馬社」時期寫的兩首詩作，選刊於書中。出書前唐先生的文章曾先在台北的《傳記文學》上發表。那是二十世紀七〇年代。

那個學生到了中年，住在美國，想在台灣結個詩集，請唐德剛先生寫個序。唐先生以史學家的

情懷，文學家的創新，洋洋灑灑寫了十六首新詩賜她為序，寫得別開生面，不同凡響，充滿了溢美之詞。他這詩序，在一九八〇年六月十六日那年的詩人節，被人版幅發表在台灣《中國時報》的「人間」副刊上，題目是〈她，才是一首詩——送給心笛的十六首詩〉。那是二十世紀八〇年代。那是多大的鼓勵啊！

那時兩岸關係還在緊張對峙時期，心笛出詩集的事，曾有過一個插曲，那也反映出了那一個特別的時代。當台灣出版社編者聽說唐教授曾去了大陸，寫信給心笛要求把唐教授寫的序刪掉方能在台出版。心笛回信去說，她了解編者和出版社的立場，但她也有自己做人的原則，不能為了要出自己的書而將唐教授寫的序刪掉。唐教授得知後，氣量很大，豁達地極力叫心笛刪他的序以便出書。心笛沒肯，於是出書的事就停頓下來。那是件無奈的事，在台灣那時的情況下，設身處地誰也能了解編者的顧慮和出版社的立場，一點也不怪編者和出版社。

巧的是後來有一天，「人間」副刊主編高信疆先生突然到美國，無意中從心笛談話中知道了這件出詩集停頓的事，高先生竟不加猶豫地說，這詩集可由《中國時報》的時報文化出版公司來出。心笛詩集《貝殼》後來在一九八一年由時報出版問世，這也是託了唐德剛教授的福澤。

那個學生，那個心笛，就是往昔的我。

當十月底友人打電話告訴我唐教授故世的消息時，我非常震驚，震驚之後是深深的痛惜哀傷。怎麼會呢？怎麼會這樣突然呢？兩月前我還接得唐夫人吳昭文女士的電話，通知我他們為了靠近子女，不久前搬到北加州住的消息。唐夫人好幾年前就想搬到子女住的北加州，而唐教授一直不想搬。這次唐教授首肯了，唐夫人馬上訂了飛機票，夫妻倆一同飛到北加州，然後昭文夫人又馬上飛回新澤西，同兒女幫忙整理搬家賣屋。

那天我和唐夫人通了電話，電話上聽她聲音覺得她還很堅強。但一連多日，我禁不住惦念著昭文夫人，希望她能保持健康堅強。多年來，她一個人照顧著病後的唐教授的生活起居，非常辛苦，常常失眠，兩年前她才找了個人幫忙一起照顧唐教授。有一晚，在駕車歸家時，我的思緒又飛到近年來和唐夫人通電話的內容，和唐教授夫婦交往的片段，想著點點滴滴的往事，想到唐教授今已遠去，一時竟忘了該向左拐，而險險錯過了高速公路的入口。

上世紀五〇年代，當我在新英格蘭的學院讀書還沒搬到紐約市前，胡適先生曾寫信給舊金山的《少年中國晨報》編者，誇獎了我的新詩，編者把胡適的信刊載於這份免費送留學生的報上，並特為來信叫我拜胡適為老師，這曾給予我意外的驚喜與極大的鼓勵。我搬到紐約市後，被幾位博學之士邀組白馬文藝社，想必與胡適先生的誇獎和鼓勵有關。

那是個苦難的時代，動蕩的時代，風雨飄搖的時代，留學生最失落淒寂的時代，那是二十世紀中葉，紐約市的白馬文藝社成立時，我和唐德剛初次相識。顧獻樑、唐德剛、何靈琰、林振述（筆名：艾山）、馬仰蘭和我，幾個住在紐約市的白馬社開社元老，不時在週末相聚，談文說藝。那時，唐德剛是個清瘦的哥倫比亞大學的博士研究生。顧獻樑是領頭的白馬社社長，他妻子馬仰蘭寫小說。林振述在完成他的博士學位。何靈琰的京戲演唱得十分出色，和我同在一個百老匯地址機構內不同單位工作。白馬社早期，就只有我們幾個人聚會，有時麻省的黃克蓀也來參加。

往後參加白馬社聚會的，有耶魯大學教授黃伯飛，哈佛的周策縱，紐約的陳其寬等。白馬社裡的社友，多數是由大陸或香港，約於一九四八年到美國進研究院的留學生，個個學識豐富，足當我師。我那時是唯一來自台灣到美國讀大學的。漸漸地，參加白馬社聚會的人越來越多，變得很熱鬧，我都沒法記住參加者的名字，我去參加開會的次數往後也漸漸減少。

與周策縱（中）、劉紹唐（左）合影。

在白馬社寫新詩的圈子裡，顧憲樑和艾山兩位，都曾叫我把我所寫的新詩全部拿去給他們閱看，他們各自單獨約了我討論我的作品。顧憲樑曾建議我改兩三個字，艾山則要我改兩三首詩句的長短或先後，他們長我二十來歲，閱歷多，學識豐，亦師亦友地善意建議。艾山曾將我的十數首小詩寄給香港胡菊人編的《人生》雜誌發表。周策縱有時也自麻省來白馬社的聚會。那時唐德剛也從事詩的寫作，他很謙虛，沒像艾山那樣老氣橫秋要修改別人的詩句。只記得他常常帶了答錄機來白馬社，叫我們各自朗誦作品，由他錄音下來，有時還把所錄下的朗誦，播放給我們聽幾段。

在唐德剛教授七〇年代所著的《胡適雜憶》一書中，錄有我在白馬社時寫的兩首舊作，這對業餘寫新詩的我是一個強心針般的鼓勵。二十年後，還會有人記下我的當年的稚作，印在書中，是何其感人啊！

那是一九七七年秋，先母浦陸佩玉女士在美國南加州故世，先父應台北王雲五先生的邀請，在一九七八年初回台出任商務印書館總編輯。郵局轉來台北寄給父親的《傳記文學》刊物，我無意中打開信手一翻，真似有鬼神之助，竟讀到刊有我早年詩作的唐德剛教授之文〈「新詩老祖宗」與「第三文藝中心」〉。

那時，唐教授和我自白馬社散別後已二十年沒曾聯繫了。他在《胡適雜憶》中印出的那兩首小詩下面，還注明了年月日，到底是史學家！在白馬社時期，他大概已在從事口述歷史工作，故多次帶了答錄機來聚會，錄了我們作品的朗誦，而留有作品日期。我自己對自己寫的小詩沒曾重視，都沒曾記下寫作日期。

若是沒有唐教授把白馬社寫入《胡適雜憶》一書中，白馬社也許早就被大家淡忘，連我自己在內。若是沒有他寫出白馬社人員那時寫的新詩，並把艾山，他自己的詩和我的詩放在《胡適雜憶》一書中，我的筆可能早漸漸淡出了。唐教授用他的大筆，留載了當年易被人遺忘的史實，把白馬社寫進歷史，把上世紀五〇年代紐約留學生群像刻在史書上，他是整個白馬社的貴人啊！

愛詩寫詩的唐德剛在《胡適雜憶》中曾形容白馬詩人群：

這些白馬詩人中有稚態可掬的青年女詩人心笛（浦麗琳）；有老氣橫秋的老革命艾山（林振述）；有四平八穩「胡適之體」的黃伯飛；也有雄偉深刻而俏皮的周策縱。……

我確是稚氣重，艾山確是老氣橫秋。艾山自信自己的詩能與任何名詩人相比。他曾對我說：「我們的詩寫得不比任何人差，T. S. Eliot，Robert Frost，我們都比得上。」我驚異他竟有如是的豪語與自信！

讀了〈「新詩老祖宗」與「第三文藝中心」〉後，我很感觸，後來和唐教授慢慢才通信聯繫。他給我的第一封信，一開頭就詼諧：

心笛夫人：

別來已二十多年了。我的兩頭小犬現在居然都是哥大的學生了。

當我讀到「兩頭小犬」時，正奇怪「小犬」兩字的出現，為何一開頭就提起家中的「犬」呢？再讀下去才知他特用「老式的」的客氣稱呼稱子女為「小犬」，詼諧得令我笑起來。

信中還說了極其鼓勵和過獎與溢美之言：

我覺得老胡適還是眼光比人高一等。你的新詩，可以傳之後世，別有一種自然的風格，這或許是我的偏見，我覺得你的詩比當今相當出名的一些詩人……等人要高出一格，他們都是為做詩人而作詩的人，往往有些令人受不了的「詩人氣」。沒有你的詩那樣出諸自然。我說你的詩像迪根生，我就喜歡安摩萊的「自然」「不做作」。這或許是我個人的偏見，但也是個誠實的偏見罷。

我的詩，怎能和那些出名詩人相比呢？這是他溢美的鼓勵與偏見。我的新詩，如果可以傳之後世，那是託了《胡適雜憶》一書之福了。

一九八八年，我去紐約開會，抵達紐約市後，打了個電話去唐府，說如有機會很想去看望他們，並說也希望能看到聞名已久「紐約八大景之一」的夏志清教授。德剛教授夫婦熱情地請吃午飯，親自駕車接了夏志清夫婦後來接我，去中國城一家極好的館子「上海樓」叫了一桌講究的酒席，並請了白馬社社友何靈琰、黃庚夫婦，王方宇夫婦，劉教授等人，真是太厚待我了。在開車去中國城的路上，唐教授夫婦笑容滿面地把孫兒的相片拿給我看，顯示出他們當了祖父母的喜悅，與對兒孫的愛之深。午飯後，昭文夫人去參加一個抗日愛國的會議，我們大夥去何靈琰、黃庚家坐談，德剛教授照了許多相片。散後，德剛教授夫婦和我三人又在中國城吃了晚飯，才把我送回開會的旅館。那是白馬社分散了三十年後我和社友們的第一次重逢，真是個令我珍惜難忘的一天。德剛教授夫婦對白馬社老朋友的真誠熱心和慷慨，由此可見。想來他們也是非常珍惜和懷念那時純真的白馬社。

德剛教授一向身體健康，為人達觀寬厚。二〇〇一年小中風後，起初康復得很快。那年我正開始從周策縱教授處取得他早年想出《海外新詩鈔》時收集的舊黃稿件，要重新整理查添。周策縱建

右起唐德剛、王方宇、夏夫人王洞、何靈琰、夏志清、心笛（浦麗琳）、劉教授，1988年於紐約何靈琰府上。

議把唐教授寫給我的十六首詩的詩序放進去，不必麻煩病後的唐教授去向他要詩稿。但到最後決定先編《白馬社新詩選》，要增多白馬社詩人的作品時，我才向唐教授索取更多詩稿，他馬上用電腦打字將詩稿打好。後來周教授要把李經（盧飛白）的詩放入《白馬社新詩選》中，說李經曾來白馬社參加過幾次聚會，我打電話問德剛教授的意見，德剛教授說我們當年白馬社沒定任何規定，也不用繳會費，來參加的都可算是社員，他同意把李經的詩放入。

二〇〇三年我去電話請他為《白馬社新詩選——紐約樓客》寫序，他沒答應，唐夫人也說不寫了，周教授就寫了篇序。後來唐教授寄詩稿給我時附了一篇短短的後語，我自作主張，拿來當序。故在二〇〇四年由台北漢藝色研出版社出版的《白馬社新詩選——紐約樓客》一書中，有德剛教授的序文和新詩。他的新詩，是以著史之筆寫的。序文中他提到以前曾寫了許多新詩，交給去台灣的顧憲樑出詩集，後來不知去向地遺失了，真是可惜。

《白馬社新詩選——紐約樓客》出版後，名詩人鍾鼎文先生親自自台灣賜信給我，盛讚說：「新詩六駿……『白馬非馬』，非凡馬也。」鍾先生和德剛教授等均曾有交往，我深感謝鍾先生給予的鼓勵。台北《秋水詩刊》主編涂靜怡女士電話上說：「出這《白馬社新詩選——紐約樓客》一書，為中國的新詩史填補了一塊空白，比擁有一座新大廈還更寶貴。」真的，多少年來，寫海外華文寫作的文章，有意無意，都沒記載過白馬社的詩文與人物。黃伯飛先生生前曾對我表示，這種遺漏白馬社的現象使他心中很感到不平。

唐教授一九九九年在信中告訴我，他雖不公開發表新詩寫作，但還在暗自不斷的寫詩，他打算用數百首新詩，連綴起來，成為一本用新詩寫的自傳。《白馬社新詩選——紐約樓客》一書中他的詩，有一部分是他的新詩小傳，但是不全。不知他遺下的電腦盤上，有沒有留存下更多還沒發表過的新詩小傳與詩篇？

德剛教授和周策縱教授通信時常討論詩。他們兩位，新舊詩都寫。在一封信裡，德剛教授曾談到寫新舊詩的兩項大忌（這信我也有一份），認為「寫新詩搞絕端自由，更成為懶漢的藉口」：

現在人寫新舊詩，都犯了走極端的兩項大忌。寫新詩的都在搞惠特曼、郭沫若師徒，所倡導得「絕端自由」。幹任何事搞絕端自由，都不如不自由的好。寫新詩搞絕端自由，更成為懶漢的藉口。而寫舊詩的人，想在卻還抱著一部《佩文韻府》來打滾，我覺得也是過份了……我認為……現在應該押「通韻」才好，「廣韻」的限制，應該廢除了。但是詩詞的平仄不能廢。因為廢掉了平仄，就沒有所謂「詠吟」了。

他另有一篇洋洋灑灑的詩論：〈論五四後文學轉型中新詩的嘗試、流變、僵化和再出發〉。此篇長文，顯出德剛教授對中西兩詩的研究與深入。

在他寫給我的信中，曾有如下的議論：

你是個無意作「詩人」的詩人。他們是有意作「詩人」或自稱「詩人」的詩人，他們的有「人工」，有「斧鑿之痕」，心笛的詩是自然的流露。

表示出他喜愛自然風格的詩。推而進之，我認為德剛教授寫詩寫文，也是他自然個性的流露。他不喜雕琢，只寫他自己的寫法。以生龍活虎之筆，書寫歷史。他的書曾啟發了許多讀者對歷史的興趣進而走上研讀歷史之路，他以宏大的歷史觀講解歷史，推廣了一般人讀史與研究歷史的興趣，這也是他對社會、對史學的莫大貢獻。他的「歷史三峽論」給予我們中國人對中國的前途以美好的希望。許多讀了他書著的人，敬佩之極，說德剛教授是他們心目中的高山和大師。

細算算，著作等身的唐德剛教授，有賢慧夫人和出色的子女兒孫，有無數愛戴他的讀者分布於兩岸三地，以八九高齡而仙逝，可算是福壽全歸的了。可是，他的離去，總令人感到悲傷，因為他還有書著沒能完成，還有詩集沒有出版。認識他與不認識他的許多讀者都為之嘆息哀悼。過去兩三年來，都只是唐夫人和我在電話上相互講話問候。唐教授的聲音，早已久違了。如今將永聽不到了。但是他書中的聲音，將永遠響亮如鐘鼓。

二〇〇七年白馬社的周策縱教授故世，二〇〇八年白馬社的黃伯飛教授仙逝，二〇〇九年初周策縱夫人離去，都曾使我震驚難受。如今當年白馬社的大將，繼胡適先生之後，曾給予我寫新詩極大鼓勵的唐德剛詩友，也突然逝世。又一位舊時白馬社的駿馬飛天了。他們的遠離，令我一次又一次地感傷，驚覺生命的有限與無常。尤其唐教授的離去，更使人間變得冷寂。白馬社的時代與人物，此時整個在我眼前沉滅下去了。

唐教授匆匆地走了。走得瀟灑。走得叫人神傷震驚哀思。他的骨灰已溶入太平洋，流向他出生的故土，在三峽長江的水浪波濤裡起伏，嘩啦嘩啦，壯聲地，如唐德剛響亮的名字，走入歷史。

附上一九九五年十二月於合肥，唐德剛教授所寫〈還鄉〉詩的初稿手稿原跡：

一、飛越北極：

原來向北飛，愈飛愈遠，飛到了南方！

二、飛入祖國：

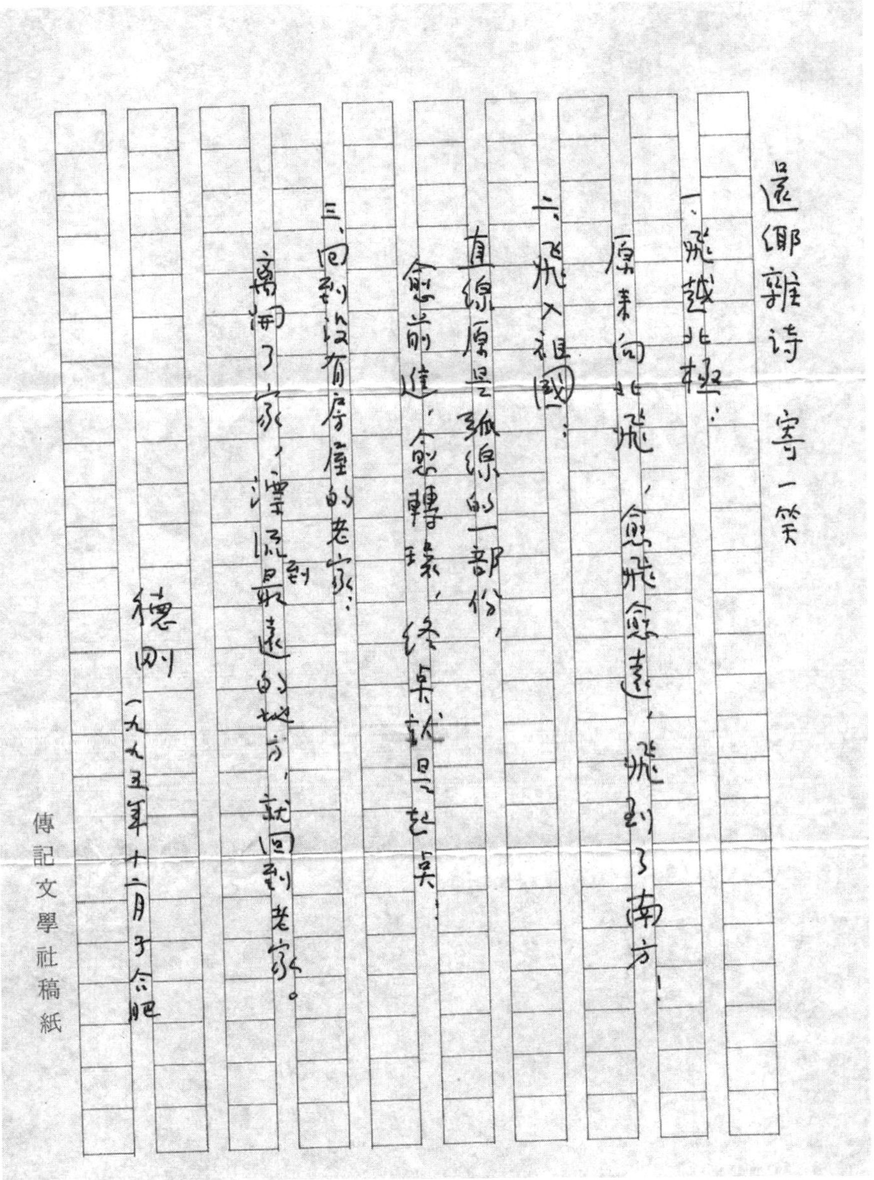

還鄉雜詩　寄一笑

一、飛越北極：

原來向北飛，愈飛愈遠，飛到了南方！

二、飛入祖國：

直線原是弧線的一部份，

愈前進，愈轉彎，

終点就是起点；

三、回到沒有房屋的老家：

離開了家，漂流到最遠的地方，就回到老家。

德剛

一九九五年十二月于合肥

傳記文學社稿紙

唐德剛〈還鄉〉雜詩手稿

直線原是弧線的一部份，
愈前進，愈轉環，終點就是起點！

三、回到沒有房屋的老家：

離開了家，漂流到最遠的地方，就回到老家。

懷念唐德剛先生

張玉法

不自高的人

唐德剛先生多年未來台灣了，我也多年不見唐先生，但常常覺得身邊有唐先生的影子；聽到他辭世的消息，他在我身邊的影子更濃了。最後一次看到唐先生是二〇〇五年去紐約參加哥倫比亞大學紀念建校二百五十周年召開的學術研討會時，夥同李又寧、吳章銓等人到新澤西州唐先生的寓所去拜望他。

我與唐先生結識是一九六八年十月的事。當時我去哥倫比亞大學歷史系進修，選修了唐先生的「近代中國史料導論」課程。在課堂上，他是我的老師；在課堂外，他像我的朋友，更是一位照顧我的長輩。唐先生在哥大開的課被列為最高等的課程，龐大的近代中國史料，對外國學生來說，非

1993年4月與張玉法合攝於曲阜孔聖墓前

常難以掌握，所以唐先生講課是中英雙語，忽而中文，忽而英文，忽而引經據典，忽而風趣幽默，常逗得大家哄堂大笑。

我在哥大期間，唐先生主持東亞圖書館中文部，我常跑東亞圖書館，時有機會向唐先生請教問題。一提到近代中國史料，唐先生如數家珍，有時他親自陪我到書庫找書，有時他也把一些不能出借的珍本書親自翻給我看，他小心翼翼地翻著那些將碎的書頁，十分珍惜。哥大的東亞圖書館館藏豐富，特別是在近現代史方面。日後每到紐約，都會到館裡看書，有一次我發現中文部的樓層很髒，架上的圖書也很零亂，而日、韓部門卻整潔有序，我即去向館方抗議，主管其事的人說：「日本、韓國的人對本館都有捐助，而中國和台灣卻沒有。」我聽了很生氣，對他說：「哥倫比亞大學是屬於中國和台灣的嗎？」當時唐先生已轉到紐約大學任教，哥大東亞圖書館中文部已不若往昔。

在年歲上，唐先生是我的前輩，但在師承上，我們卻是同門，唐先生於一九三〇年代在重慶的中央大學讀書，師承郭廷以先生，而我於一九五〇年代在台灣師範大學也師承郭廷以先生，唐先生常戲稱我是他的同學。唐先生和晚輩每成忘年之交，皆因他是一個不自高的人。在紐約，凡是唐先生認得的學者或學生從台灣來，他都會去接機，也會去送機。我和李雲漢先生、蔣永敬先生都是在那一段時間蒙他照顧的。

半生在美，心懷中國

唐先生在哥大修習西洋史，博士論文寫中美關係。畢業後想在哥大教西洋史，人家說他研究「中」美關係，特別強調「中」字，表明他是研究中國史的；他想教中國史，人家又說他研究「美」中關係，特別強調「美」字，表明他是研究美國史的。有人說唐先生太傾向中國，當時中國還在反美國帝國主義，所以有人躲著唐先生，怕被貼上標籤。但到一九七〇年代，美國學生受到文革潮流的影響，紐約市立大學研究東亞的學生集體歡迎唐先生去教導他們，唐先生轉去紐約大學任教，遂得一展長才。

唐先生雖然半生在美國，但他心中所關懷的還是中國，對中國貧下中農尤為同情。大約在一九八〇年代初，唐先生去大陸訪問，他不享受大陸對外賓的特殊待遇，他要去和貧下中農一起擠火車。車到站了，唐先生奮力地擠上去，但擠在裡面卻動彈不得，站在那裡滿身大汗，沒有水喝，也無處方便，實在撐不下去了，他才找到機會向隨車的服務人員求助，服務人員知道了他是海外歸僑，即帶他穿過重圍，在一個有冷氣的車廂找到了一個座位。唐先生敘述這段經歷時，說了一聲：「乖乖！貧下中農的日子真不好過！」

在美國過中產階級的生活習慣了，貧下中農的生活的確過不來，與他們共苦不是辦法，能幫助他們才有用處，我跟唐先生說：「你是安徽人，安徽的經濟發展較差，許多人出外幫傭，甚至行乞，你何不呼籲大陸的領導發展安徽的經濟呢？」唐先生回答說：「誰會聽書生說話呢？」唐先生無力救安徽，但對出身安徽的胡適卻非常崇拜。唐先生為胡適做了一部口述歷史，因此成了胡適的朋友。前些年，安徽績溪胡適故居管理單位想聯合中央研究院胡適紀念館出版《胡適全集》，當時胡適紀念館館長陶英惠先生希望能將北京大學、中國社會科學院近代史研究所所藏資料一併納入，由四個單位共同合編，但安徽方面與北京方面始終有些成見無法化解，事情拖了很久，適唐德剛先生到台北來，陶館長乘劉紹唐先生與他接風之便，請唐先生協調，唐先生說：「大陸早年批胡，而今肯出他的全集，趕緊出版，以免夜長夢多。」陶館長便不好再堅持求全之見。

以通俗筆法寫史

唐先生關心中國大陸，也關心台灣，他說：「回到台灣，看到中華民國的國旗就很興奮。」唐先生雖然沒有在台灣讀過書、做過事，但他的中文著作，都在台灣出版，在台灣有廣大的讀者，也有許多朋友。每次他來台北演講，總是座無虛席，人滿為患。唐先生的演講廣徵博引，深入淺出，幽默風趣，能吸引聽眾聚精會神，也常使人捧腹大笑。

唐先生早年曾為胡適、李宗仁、顧維鈞、陳立夫等名人做過口述歷史，使他成為口述歷史名家。二十多年前，唐先生想出版胡適的口述歷史，就為該書寫序，沒想到下筆如泉湧，一寫就寫了二十萬字，最後將書題名《胡適雜憶》出版。《胡適雜憶》可以說是胡適口述歷史的縮版，書中有胡適的陽光面，也有胡適的陰暗面，連胡適回北大任教時還沒有完成博士論文的事都寫出來。唐先生文筆輕鬆，一些學院派的學者認為對胡適不夠尊重，但學院派的學者所寫的胡適傳記，有幾個人愛讀呢？

唐先生不僅是一位史學家，他也寫詩、寫散文及小說。唐先生治史，不屬學院派，他長於以通俗的筆法寫史。他的著作中，篇幅最大、讀者最多的是《晚清七十年》，從太平天國寫到辛亥革命，以專題形式，講完整的故事，縱論古今，評品中外，雖然有五冊，一千兩百頁，但不知不覺就讀完了，這不一定是歷史迷人，而是唐先生的文筆迷人。

與唐先生交往的人，不論交往的次數多少，都會覺得唐先生的音容常在身邊，芸芸眾生，有人雖生猶死，有人雖死猶生。唐先生是一位雖死猶生的人，聽到他辭世的消息，覺得難過心酸，但他似乎仍在我們身邊。

悼唐德剛先生：願「唐派史學」後起有人

楊天石

唐先生知識淵博，因此，他的歷史著作常常上天下地，融中外古今歷史於一爐而共治。起承轉合，信手拈來。這是唐先生獨有的風格。美國學者夏志清稱唐先生的散文為「唐派散文」，我以為，唐先生的史學著作堪稱「唐派史學」。

唐德剛先生去世了。幾家採訪的記者都問我，你和唐先生第一次見面是在什麼時候？我想來想去，不記得了。我和唐先生多次見面，在大陸，在台灣，在美國，見過許多次。一九九〇年我到美國哥倫比亞大學訪問，有三個多月住在紐約。那時，唐先生住在紐約近旁的新澤西州。自然，見面的機會比較多。唐先生平易近人，知道許多民國掌故，又健談，一談起來，議論風生，我們很快熟起來。紐約的華人學者之間常有餐會，記得我好多次赴會，都是坐唐先生開的車。

不過，我認識唐先生，首先還是通過他的口述史著作——《李宗仁回憶錄》。一九八〇年，政協廣西壯族自治區委員會文史資料委員會輾轉從海外得到原稿，內部發行。那時，我剛剛轉入民國史研究不久，對該書史料的豐富和文筆的流暢頗為折服。後來逐漸知道該書的真正著者是唐先生，對唐先生便多了一分敬意。再後來讀唐先生參加編撰的《顧維鈞回憶錄》，敬意愈增。顧維鈞是近代中國的老資格的外交家。他的日記、文件珍藏於美國哥倫比亞大學珍本和手稿圖書館，共約十萬件，是該館僅次於杜魯門檔案的第二大檔。唐先生深入研究這些檔案，又經過和顧維鈞的多次訪談，才完成回憶錄的寫作。共十三冊，六百餘萬字，堪稱巨著。

口述史是一門新興的史學體裁。它是歷史當事人和史學家合作的產物。過去，歷史當事人常常寫回憶錄，但是，回憶常常有訛誤，記錯時間、地點、人物關係的情況很多；歷史家的著作呢？大多依靠文獻檔案等死材料寫作，缺乏新鮮、生動的活材料。口述史的優點就在於可以彌補上述兩種體裁的局限，將死材料和活材料結合起來。一方面，它可以保存歷史當事人的記憶，這些記憶往往不見於文獻檔案，而且，其中不少是秘密，只有當事者才知道的秘密，不通過口述史就可能永遠消失；另一方面，由於有歷史家的參與，它可以糾正歷史當事人的記憶錯誤，深入挖掘、記述關鍵事件和關鍵秘密，使口述史更準確、更有價值。上一世紀五〇年代，美國哥倫比亞大學開展口述史研究，主其事者為美國人韋慕庭教授，而其中的「苦力」正是唐德剛教授。今天，哥大還保存著幾十個中國近代名人的口述自傳和檔案資料，其中都滲透著唐先生的辛勤勞動。可以說，沒有唐德剛，就沒有哥倫比亞大學的口述史項目，也就沒有《胡適口述自傳》、《李宗仁回憶錄》、《顧維鈞回憶錄》等煌煌巨著。唐德剛先生是當之無愧的口述史開創者，是這一領域的大家、巨匠。

唐先生的幾部口述史著作我都讀過，是我研究民國史的不可缺少的參考資料。它們幫助我解決了許多難以解決的問題。例如，蔣介石、張學良和一九三一年「不抵抗主義」的關係。正是通過唐先生的訪問，張學良向世人宣布，「不抵抗」的命令是張學良本人下的，和蔣介石沒有關係。儘管文獻已經證明，九月十八日晚上，蔣介石並不知道瀋陽已經發生的事變，沒有給張學良下過「不抵抗」的命令，但是，過去流傳過一份所謂當年八月十六日的「銑電」，其中有蔣介石勸張學良「萬勿逞一時之憤，置國家民族於不顧」等語，成為蔣介石早就下令「不抵抗」的重要證據。我研究這一問題時，一時拿不定主意，「銑電」，有耶？無耶？後來，讀到唐先生曾在《張學良口述歷史》中以「銑電」中的關鍵詞語詢問張學良，張明確否定回答。這樣，我的主意就拿定了。

除了口述史之外，唐先生還寫過《晚清七十年》、《袁氏當國》等許多歷史著作，唐先生知識淵博，因此，他的歷史著作常常上天下地，融中外古今歷史於一爐而共冶。例如，他明明談的是晚清，然而筆鋒一轉，卻突然談到了古希臘，談到了秦、漢、魏、晉，起承轉合，信手拈來，非常自然巧妙，毫無牽強附會之感。而且，唐先生性格幽默，談吐詼諧。他的史學著作明白如話，這是唐先生獨有的風格，別人，至少我學不來，也學不會。美國學者夏志清稱唐先生的散文為「唐派散文」，我以為，唐先生的史學著作堪稱「唐派史學」。唐先生去世了，「唐派史學」會不會因此成為絕響呢？

我和唐先生見面時，大多數時間是聽他講，我不需要插話。從唐先生的談話中，我得知，唐先生早年即富於愛國熱情。他是安徽人。抗戰爆發，唐先生曾率領一批年輕人千里跋涉，流亡內地。但唐先生和我談的最多的還是他的口述史。如他和張學良如何見面，如何訪談，如何因故中止等等

1990年1月3日，與張學良首晤於台北來來飯店。

。有一次，他寫過一篇文章，標題是：「花花公子、軍閥、愛國者」（大意）（編按：該文標題為「論三位一體的張學良將軍——序傅虹霖女士著《張學良的政治生涯》」，原載於台北《傳記文學》第五十四卷第一期），張學良閱後，表示該篇是所有寫張學良文章中，最準確地寫出了自己性格特徵的好文章。唐先生的話給了我很多啓發。我們寫張學良，往往為了政治需要而強調、突出其某一面、掩蓋或否認其另一面。魯迅曾經提倡，寫人要寫「全人」：「倘有取捨，即非全人，再加抑揚，更離真實」。唐先生寫張學良，寫的是「全人」，所以才得到張學良本人的欣賞和肯定。

我和唐先生最後一面是在美國新

澤西州。二〇〇二年夏天，我從波士頓到新澤西，住在鄒魯先生公子鄒達先生家裡。聽說唐先生中風，想去看望。鄒達先生說不要緊，已經康復了。他為我安排過幾次餐會，每次，唐先生夫婦都來。唐先生告訴我：中風初癒，拿起報紙，一片模糊，什麼字也不認得了；幸而，逐漸恢復，閱讀沒有什麼障礙了。我見唐先生記憶如故，健談如故，除了略顯清臞，走路多了一根拐杖之外，別無他變。我很替他慶幸。沒有想到，此後唐先生即遷居舊金山，更沒有想到，他此後即得了尿毒症，終至因停止洗腎而辭世。

唐先生辭世，是中國史學界的大損失。但願，「唐派史學」後起有人。

二〇〇九年十一月一日匆草於北京

特稿

協和舊事：曹瓊華女士訪談

曹瓊華口述
孔強生執筆

按：曹瓊華女士原籍廣東台山，一九一四年在廣州出生。幼居香港，後就讀廣州真光小學、真光中學、嶺南大學，一九三五年入讀北京協和醫學院（Peking Union Medical College，簡稱PUMC）護士學校，一九三八年至一九四二年初在協和醫學院附屬的協和醫院工作。北京協和醫學院以小而精、質量高聞名❶，由美國洛克菲勒基金會（Rockefeller Foundation）長期資助❷，經費充裕，體制完善，教學嚴謹，人材濟濟，對中國現代醫學和抗戰貢獻巨大❸。其護校為當時中國唯一的高級護理學校，自一九二〇年創立至一九五三年停辦，歷居畢業生共計僅二百六十三人❹。曹女士丈夫盧觀全醫生（一九一一～一九九四），廣東中山人，一九三七年畢業於協和醫學院，曾獲文海獎學金❺，任協和醫院外科住院總醫師❻，一九四二年初協和被日軍侵佔後，被迫離院。約一九五〇年末移居香港，為胸腔外科名醫，晚年捐款資助現協和醫生赴美進修，回饋母校。曹女士的這篇口述回憶，彌足珍貴。

本稿據二〇〇七年六月、二〇〇九年二月、二〇一〇年五月在港的數次訪問整理，已經曹女士審閱，如有錯誤，由整理者負責。文內小標題和附注均為整理者所加，圖片由曹女士提供，此表謝意。感謝盧光庭先生幫忙聯繫，感謝馮盈、任熹同學協助整理部分錄音。

我的家庭

我叫曹瓊華，英文名叫Barbara。我是廣東台山人，在廣州出生，我先生是中山人❼，兩個「山」。

我爺爺原來很窮的，賣過豆腐花。有人帶他去南洋，後來在緬甸做生意發了達。我們家在緬甸有個大醬園，出產醬油很有名的，還有米鋪，很多房子，在香港永樂街也有店鋪。

我爸爸在北京讀過書。後來我爺爺在緬甸生意很大，需要我爸爸去幫忙，我父母都去了緬甸，以後一直在那裡。我有一個哥哥，一個妹妹，也跟著去了。我爸爸在緬甸做過校董，還做過中文報館的編輯，他英文也很好。

我父母去緬甸的時候，我剛好是讀書年齡，我姑姊在香港，說在緬甸讀書不是很好，留下我在香港讀小學，那時候我才幾歲。我姑姊的小孩和我很好，從小一起玩，一起讀書，像親姊妹一樣。

我從來沒去過緬甸，因為我姑姊不喜歡我去。後來我只見過我爸爸兩次，只有兩次而已。一次好像是我讀初一，他回來過。初三畢業的時候我有個叔叔去緬甸，我說我也想去，我姑姊說你不要去啊，我又不知道寫信讓爸爸叫我去，所以我很後悔我以前不懂事。抗戰勝利後在廣州又見過他一次。

小時候開始讀的那些「卜卜齋」[8]，我都不記得了。我在香港讀小學，到小學六年班的時候，剛好很多人說寄宿吧，我就上廣州真光小學寄宿了，一直離開家，放假才回香港。我在boarding school（寄宿學校）長大的。

眞光中學

中學我也在廣州真光中學讀[9]。廣州真光是基督教的學校，校址在白鶴洞，離當時市區很遠，那時候去要坐電船才能到達[10]。學校周圍一片空地，只有一間神學院[11]，人很少，很幽靜。校舍是外國式的房子，都很漂亮[12]。我們有壘球場、網球場打球，有地方給學生種花種樹，很開心的。也有自己的medical infirmary（醫務室）。那時我們是六三三制：小學六年，初中三年，高中三年。一個年級大約三四十人，不分AB班。課堂很大，自修室也是。

那時候我們的真光辦得很好，辦學嚴謹，管理嚴格，很有規矩。每天一定時間吃飯，一定時間自修，一定時間睡覺。七點鐘起床，吃完早餐就做早禱，然後上課；十二點一吃完午飯，個個都要去宿舍睡半個小時，不准說話；五點打球，打到六點鐘吃飯；吃完飯可以去琴房練琴，七點到九點都去自修室，溫習功課，十點熄燈睡覺。我現在整天關燈，家裡的人說你怎麼這麼節省，我說我習慣了。真光校規很嚴，裙子不准太短，又不准燙頭髮。我們住宿舍，一年才可以申請回家三次，禮拜六走，禮拜日晚上回來。但是如果你有什麼被罰了，就不准回家，所以個個都不敢犯錯。

真光女子中學高中生軍裝慶祝遊行（三〇年代初攝於廣州）

有些學校只是死讀書，真光不是，德智體群都要。真光精神就是大家要有愛，要互助，教學生要敬老，要有禮貌。我們那時候很獨立，什麼都要自己做，床要自己整理，被子要自己疊起來，有傷風咳嗽、打球手腳扭了，自己去醫務室。有學生會，有班會，自己選學生會長、班長。教會在外邊鄉下開了間平民學校，到高中一就全班輪流每天放學後去教鄉下小孩唸書。我們有歌詩班，又演戲。有體育課，五點一放學就去打球，打壘球，打籃球，我以前打女子壘球很厲害的。真光的壘球以前很出名⓭，其他學校沒有這麼大的壘球場。還有軍訓課，拿枝竹子當做槍。運動好，空氣又好，所以真光個個學生都很胖。「真光豬，嶺南牛，培正馬騮頭」[14]，我們那時叫「真光豬」，一隻豬的「豬」。「嶺南牛」，嶺南打球也很厲害[15]。「培正馬騮頭」，說他們調皮些[16]。

我們一日三餐都在學校吃，菜都算不錯。早上菜就只有一條臘腸，飯就隨便你吃。我們有個同學呢，她能一條臘腸吃三碗飯，醬油倒下去，一下就一碗，舔一下臘腸第二碗，再第三碗。家庭富有的禮拜六會派傭人坐船來，拿很多吃的東西放在飯堂，大家都去飯堂吃東西。我姑姊遠在香港，就只能看別人吃。有一次我們給了一個同班同學的傭人錢，請她帶了六隻雞，六個人，一人就吃掉一隻。宿舍規定不准放吃的，老師還檢查，檢查得很細，我們頑皮，就把小吃卷在竹帘裡，也不是吃不飽，主要是貪玩。

外國傳教士帶來了他們的文化，肯自我犧牲，還捐錢給我們，給了我們很多東西。當時中國幾家有名的好大學，如燕京、金陵、嶺南、滬江，都是傳教士辦的，不可以完全說傳教士是外國侵佔[17]。

報讀協和

真光多數同學中學畢業就不讀了，很多結婚嫁人，有些出來做事。只有十個八個讀大學，幾個去了滬江[18]，幾個去燕京[19]，金陵也有，我去了嶺南[20]。

大學讀什麼好呢？一九三一年我曾得了傷寒，我一個叔叔（曹汝匡教授）回廣州，在中山大學教書[21]，安排我住進了當時廣州最大的中山醫院[22]，住古應芬剛住過的最好的病房[23]。我覺得當時醫院的那些護士好差，態度很惡劣，想如果有機會我就去學護士。我高三那一年，北京協和醫學院護士學校的一個美國人校長，Ms. Hodgman[24]，曾來真光演講，介紹護校的情況，說協和是遠東第一間高級護理學校，希望多些人去就讀，我就決定讀護理。

協和的護理是全中國最好的。普通的護士學校十來歲初中畢業就可以入讀，但我們協和的要求高一些，要求在大學pre-nursing（護理預科）讀兩年，然後在協和醫院讀兩年半，拿個護理證書，再回來大學半年，拿個大學文憑。不過那時在打仗，我就沒回嶺南，就拿了個證書，沒有拿那個大學文憑。

入協和不需要考試，是由我們學校升上去的。有幾間大學是協和承認的，嶺南、燕京、金陵、東吳，在大學讀生物、心理學，還有些科目是一定要的，讀完二年級就可以升上去。

嶺南大學

我進嶺南時要考試的，不過考試很簡單。嶺南的校舍也很漂亮[25]。我們以前在真光樣樣都是按規矩做，嶺南比較散，各有各好。進去嶺南就自由了，那時候十八、十九歲，覺得很開心。我們在課堂上課，一個大課堂，沒人點名，喜歡的你就聽，不喜歡教授來了學生就走的也有，那些大學生逃課也沒有人知道，考試考到及格就行了。

進嶺南後不久有個mid-term（期中考），我怕我考不及格要留級，和一個同班同學偷偷地跑下來香港一家醫院考護士，醫院只問「你為什麼要喜歡做護士？」我們寫了一篇文章，就被錄取了，但怎知道嶺南期中考及格了，就沒有去。

我知道我用了我爸爸多少錢。真光交給學校的學費一年要三百元，其中包括食宿，一九二幾年時候的三百元。我一年就寫封信去家裡，家裡就寄給我三百元，就這樣一封信，平時不寫，他們也沒有信給我。真光共讀了六年，三六一十八，一千八百元。嶺南兩年護理預科，我記得六百元一年，兩年一千二。一共是三千元。讀協和幾乎不用花錢。

初到協和

我是一九三五年進協和的。我們那屆進去協和後篩走了很多，到畢業大概有十五個學生吧。其中嶺南兩個，鄭元華是大學畢業教了一年書才去的，另一個是我，其他多數都是燕京大學和金陵女子大學的。左漢顏也是嶺南的，比我早三屆㉖。

剛進協和的時候不會講普通話。國語我們中學也有學，一個禮拜只有一節半課時間，老師是個老太太，國語講得很好，上課她講我們學，問你一句你就回答她一句，光聽先生講，沒機會用，沒學好。老師姓蘇，我們說廣東話唸歪一點就是國語，她不在的時候就叫她騷老師，小時候調皮啊。

她說你們千萬不要叫我騷老師啊，我叫騷老師讓她聽到了，差點記大過。

去協和讀書的廣東人有很多，我們班有四五個。還有很多四川、湖北同學，那些話都很難聽懂。「天不怕，地不怕，就怕廣東人講普通話」，我們那時鬧了很多笑話：我們廣東人說罵人是「鬧人」，所以我們把鬧鐘講成「罵鐘」，說「你的『罵鐘』罵醒我了」；有一個同學，有人問她有沒有「雜誌」，她回答：「你不可以吃『炸雞』」，「雜誌」變「炸雞」；還有「煲粥」就講成「煲足」。我們做護士時和病人談話，問他有沒有孫子的時候不會說「孫子」，只好問他：「你有沒有兒子？」他說：「有！」再問：「你的兒子有沒有兒了？」魏秀靈，廣州衛戍司令魏邦平的女兒，真光和我同班的，在燕京讀書㉗。她來協和住院，早上起來說：「我的『孩子』不見了！」你明明是學生，一個人來住院，哪有「孩子」啊？其實她是說「鞋子」。我們有時講話都不敢講，我剛上去北京的時候不敢開口，好幾個星期都沒怎麼講話。到畢業就好很多，國語進步很大。朱寶鈿和我同班㉘，第一年還和我宿舍同房，她是廣東人，但在北京長大，能說純粹的北京話。陳少春和我是真光同學，在大學多讀了一年才進協和，所以比我低一班㉙。

協和教學用英文，老師用英文教，上課全部都是用英文。

協和學習

Pre-nurse（護理預科）就是讀大學，都是大學的科目，不過你一定要選生物、心理學等規定科目，但是進去護士學校後，學的就全部是護理的東西了。要讀書，讀公共衛生、解剖學、細菌學等等；又要學怎麼有禮貌，怎麼照顧病人，打針、量血壓，換藥要怎麼換，協助醫生做手術等等。

我們一進去協和先試讀六個禮拜。試讀就在課室，不碰病人的，看老師做什麼，你就學。譬如先示範要怎麼幫病人洗身體，學完就自己做，給些假公仔讓你洗[30]；學打針，給個假的打；有些什麼特別的事、很特別的病人，我們的instructor（教員）就帶我們全班上病房教我們看。六個禮拜之後見你身體、行為都適合做護士了，那麼就被錄取，不行的話就趕你走。行為上講究，就是看見你做事一直不小心啊，或者看你喜歡跳舞、貪玩，好打扮啊，將來不像真的會做護士的。我們試讀時是暑假，開始有二十幾個人，被篩走了很多，那麼她們就再回到大學讀書。

六個禮拜試讀完了，就開始教你，要去醫院病房真的實習。開始是較簡單的，教你給藥、換藥、打針、量血壓，跟病人怎麼翻身、怎麼洗澡，什麼都要做。很有規矩，教員看著你有沒有做全，知道你小心不小心。現在香港醫院肺氣腫打針應該在左邊護士她打了右邊，屍體不見了的也有[31]，其實這些是要很小心的，很簡單，就是要很小心。比如我們那時候給藥要檢查三趟：首先病房有個藥箱，從藥箱拿藥時檢查一下；每個病人那裡有病史，再看病史檢查一下；然後再問病人叫什麼名字，檢查三次。

第一年是這樣，到第二年，就真的要慢慢做助護士了，真的是自己上去病房，要寫報告了，病人有什麼事也問你。

我們平時都在醫院工作，但有一科叫公共衛生，是必修課，那時我們就要到處去，要穿長衫，

護校學生在校時合照（前排右一為曹瓊華，正中為朱寶鈿，第三排右一為郭煥煒，四排右一為鄭元華，五排右一為盧惠清，末排左一為護校校長Ms. Hodgman）

按：協和護校學生制服為短袖藍衫，白裙白鞋，白領白帽。畢業後護士制服改短袖藍衫為長袖白衫，其他依舊。

去別人家裡探訪。我們做簡單的家庭教學，比如說有一家人有ＴＢ（肺結核），我們要教他們如何消毒，如何不傳染出去，好像ＴＢ有痰，就把痰吐在報紙上，把報紙燒掉。當時北方有些人真的很艱苦，我們讀公共衛生，見過一家人睡一張磚頭的炕，撿些乾的牛糞豬糞燒炕。家裡甚麼都沒有，只有一個爐子，幾個碗，蓋一張被，真的只有一套棉襖，誰起來上街就穿那一套棉襖出去，很慘。

做學生時我們每一科都去實習過。畢業後我被分派在兒科病房，任assistant head nurse

（助理護士長），一年後升任head nurse（護士長）。兒科病房有一個supervisor（督導員），一個護士長，一個助理護士長，一些護士，三十張病床。每個科都是一個督導員，以前多數是外國人，後來慢慢由中國人升任，兒科是劉靜和[32]，比我高幾班，內科是左漢顏。協和的普通護士是外面請的。

協和護校的畢業生很少，我們那一屆有十五個算多的了。畢業大多是留院任護士長，要麼就是出去教書或去其他醫院，郭煥煒後來去了美國[33]。

護士長要知道病房裡每個病人的情況，要寫報告，做病房管理，還有教juniors（資淺護士）。護士有三班，七點到三點，三到十一點，十一到七點，要安排她們的上班和放假時間、做什麼工作。護士長一般上七點到三點。上病房，那個護士長一定很早，譬如七點上班，六點半她就去病房，要查昨晚有什麼事情發生，有什麼新的藥還沒有用。這些護士，所有的職員，五十分的時候就來了。有個簡報會，護士長負責講昨晚有什麼發生，這些藥是有什麼用，再分派工作，講完了就去上班。

每一次教授來ward round（巡房）呢，醫生、護士長當然是要跟著，教授有問題要問你的。那些教授看到驗尿驗不好或者有什麼不好就罵，罵醫生、罵護士，都罵的，很兇的，不客氣的。我還記得給一個人罵，那個很有名的關醫生（關頌韜）[34]。一個病人割了腦[35]，他一來：「那小孩子怎麼這麼臭的啊？你們又不跟他換藥！」其實手術完很臭，換完藥沒多久又有味道，到他下次來有味道，又大罵了一頓，罵得醫生護士都站在那裡。

協和醫科

那些讀醫科的預科比我們多讀一年[36]，其實大都認識的，以前的大學同學嘛。所以我們很合作的，知道哪個教授好兇的告訴他：「這個教授在巡房的時候罵到你傻啊！」我小姑（盧惠清女士）和吳階平在燕京預科的時候是同一班的[37]，我和徐慶豐也是嶺南大學同班[38]，醫學院又同一個病房工作。

協和醫科讀書很緊張，工作也是緊張的。制度是這樣的：畢業前就做實習醫師，到每個部門去實習，耳鼻喉、骨科、胸科、普通外科、泌尿科、兒科、產科等。以前香港這裡沒有實習，醫學院一畢業就是所謂「全科醫生」，協和他們真是每一科都去實習過，這樣才能畢業。全部去過以後，就選你做resident（住院醫師），每個人都爭得很厲害。做完resident以後，就可以升做assistant professor（助理教授）、professor（教授），和美國的制度相似。

協和的intern（實習醫師）很好，很勤奮，都好忙好忙，很辛苦。所有的實習醫生都二十四小時on call（隨叫隨到），差不多出去只是剪個髮就要回來，有時一兩天不睡覺。病人任何時間有甚麼事叫醫生，我們護士叫他們來，他們一定要來的，如果不來我們就報告上去，幾次他們就要被趕走了。不過幸好大家是同學，就儘量幫忙。

協和的實習醫生甚麼都要做，每一個病人來到要thorough examination（全面檢查），驗尿、驗

聶毓禪（左）和曹瓊華在北京合影及題字

血，全部都醫生自己做。那時協和的醫生真的很好。

協和老師

協和的老師甚麼都懂，很嚴格，但很有耐性。肯教人，對工作和對病人的態度，甚麼都講，教你不可以偷懶，不可以不誠實，不可以欺騙，這都要學到。

那時護校校長是Ms. Hodgman，是美國人。後來是Ms. Nieh（聶毓禪）[39]，中國人，我們護校畢業的。大家都很尊敬她的，她文革時受了很多罪啊。我們的supervisors（導師）很多都是西人。現在廣州醫學院院長鍾南山，他媽媽（廖月琴女士）是我們的講師[40]，帶我們上病房。她人很好，很細心，教你，又不罵你。文革的時候她做醫院院長，說她不掛毛澤東的像，逼得她在沙面跳河死了。現在鍾南山做得很好，很出名[41]。有個Dr. Loucks（婁克斯醫生）是我先生的主任[42]，後來去美國了。內科的朱憲彝先生真的是第一好醫生[43]，學問又好，又好細心教你，對學生就好像對兒女一樣。他們都人很好。

在護校我們叫老師叫Ms.，學生也叫我們Ms.。平時在醫院，病人和工友全叫我們護士「先生」，比如「曹先生」，不叫「姑娘」的。

協和制度

協和辦得很好，是全亞洲第一，當時有些醫生經常去美國考察，美國醫院的制度也沒有協和發展得這麼好，很多醫院都不及它。協和有煤油大王的洛克菲勒基金會資助，很有錢，北京當時

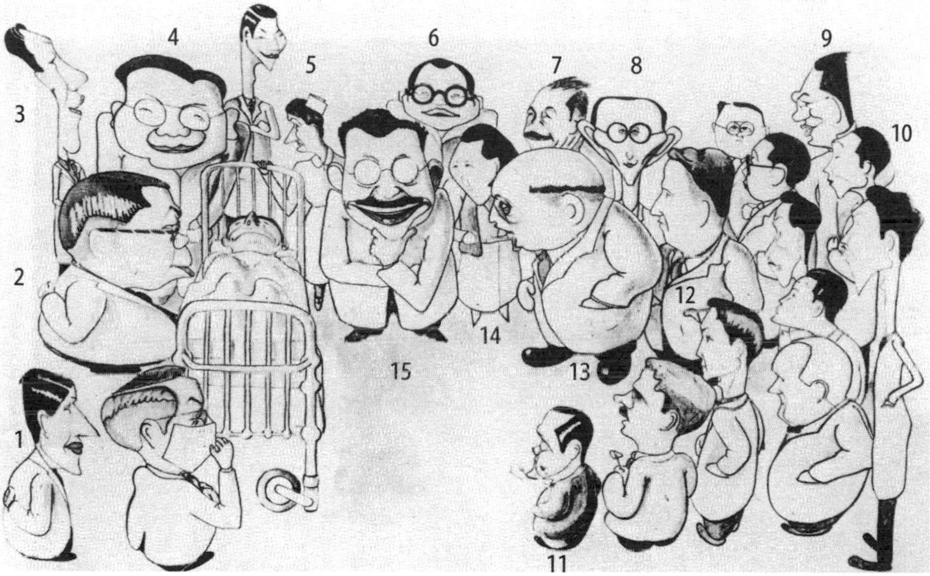

協和內科G-3病房大巡診〔1940年林俊卿畫。圖中部分人物：1-朱憲彝，2-鍾惠瀾，3-張光璧，4-劉士豪，5-美籍護士長，6-秦光煜，7-魏毓麟，8-諸福棠，9-謝志光，10-黃禎祥，11-許雨階，12-Irvine McQuarrie（麥考里），13-Isidore Snapper（斯乃博），14-郁采蘩，15- Chester N. Frazier（傅瑞思）〕

按：協和內科每週三上午有一次大巡診，本科全部醫生和部分其他科醫生出席，討論有特點的病例，圖中其他人物姓名可參考鄧家棟〈內科大巡診雜憶〉（《回憶老協和》，頁34）。林俊卿，廈門人，1940年畢業於協和，後改習聲樂，長期任上海聲樂研究所所長，已故。林還善畫，曹女士稱讚此幅作品人物神情惟妙惟肖。

工資和物價又便宜。一九三五年我們剛到協和做學生，老師請我們吃飯，二十多人，十五元就請完了，好便宜。有時我們去公園，喝杯茶、吃點什麼，一毛錢。我們坐洋車，一元可以換好多個仙[44]，用仙坐的。

整個協和醫院，醫護工作人員大約有三百個。門診很忙的，除了ＯＰＤ（門診部），有差不多三百張病床。協和不加床的，我猜或者以前沒有這麼多人看西醫吧。以前的人不喜歡住醫院的，覺得住院是一件很大的事了，不過兒科那裡的小孩子呢，進來了就捨不得出院，因為醫院好吃好玩。兒科病人吃飯，凡是能走路的那些，就在地上圍個桌子讓他們吃，吃得又好又衛生，又有遊戲給他玩，所以那些小孩子很開心，不喜歡出院。

協和真的好乾淨。入院是這樣的：協和有個emergency（急診）入院的地方，入院必定經過急診。你所有的衣服不准穿，全換掉，消完毒拿袋子裝著，寫好名字，到你出院的時候還回你。頭髮也弄乾淨。

我們的病房很乾淨，每樣東西都消毒過，病人的bedpan（便盆）每次都消毒、沖過煮過，每一個茶杯都煮過[45]。我們到病房必須帶口罩，必須穿護士服。病人睡在床上，你們來探病也必須戴口罩說話，穿白袍，不准你摸病人。每天病人都有morning care（晨間護理）和evening care（晚間護理）。不准帶東西進去吃，很嚴格。現在的醫院可以帶東西進去吃，連鍋碗瓢盆都有。

協和生活

我們做護士學校學生的時候，兩個人住一間房，畢了業就一個人一間。在病房你忙得一分鐘都不能停，在宿舍裡就完全不用你做事，像住五星級酒店一樣。在病房不准坐的，沒有護士坐的，如果你真的有空閑，就和小孩子聊天啊，或者跟他剪指甲啊，沒有休息的。但在宿舍，起來了床不用收拾，我們醫院的制服、白鞋扔在門口，有人會跟你鋪好床，制服洗好，鞋刷好。宿舍有暖氣，二十四小時有冷熱水，燕京校園很漂亮，但設施不如協和，燕京的一些廣東同學，冬天常來我們這裡洗澡。

我們吃的很夠很好，營養很夠，東西也很好吃。正餐都有四個菜，你吃完哪樣隨便再叫，譬如說有碟雞你喜歡，可以吃完再叫。除三餐外，還有茶點。醫生的餐食也極豐富，牛奶任喝，雪糕和餅乾任吃。我們醫院還有個diet kitchen（特別飲食廚房），專為糖尿病、內分泌失調等特殊病人而設。

我們每星期有一天休息，有假期。大概每一個月左右，醫院就組織我們這些高級護士去頤和園或者天壇休息半天。以前頤和園很漂亮很安靜，我們就在草地上鋪上白布，大家唱歌。

曹壞華女士珍藏之協和護校畢業校徽

我上北京讀書，只帶了四百元，讀完兩年多，還有錢剩下。我們讀護士學校都不用花錢的，食宿和在醫院做事所需的東西，如制服、鞋襪啊，都免費給你，就是畢業時買了個護校校徽，上面有「勤慎警護」四字校訓，足金的，花了一百元。我買校徽又買皮大衣，還借錢給同學，都花不完。

盧觀全醫生

我老爺以前在日本做生意的㊻，有十一個小孩，我先生排第十，男孩子裡排第五，他們都是在日本出生的。現在我們還有親戚在那裡，還有通信。我先生九歲老爺就去世了，留下了一些錢，但他大哥他們不大會管錢，兄弟姊妹個個都要讀書，我先生讀中學的時候家裡還不錯，到讀大學的時候就沒錢了，PUMC是考到獎學金才讀完的。所以我先生很感謝協和，畢業後給協和做了很多事。我先生最大的大哥（盧觀偉教授）在嶺南教書㊼，我知道陳序經㊽、鍾榮光、李應林之後的嶺南校長，是他的好朋友。馬友友的媽媽是他二哥的女兒。我先生培正中學畢業後，先考了滬江，在滬江讀了一年，再轉去了燕京，由燕京進了PUMC。

我和我先生的妹妹（盧惠清女士）小時候是同班同學㊾，真光小學六年級同班，一直到中學畢業。讀到大學，她去燕京我去嶺南，到讀護士學校又是同班，又在一起。我們進協和的時候，我先生在讀第五年做實習，是他妹妹介紹的。我先生實習時很忙，他妹妹看得我很緊，如果我同其他的男生上街，她就說：「快點讀書！不要這麼懶！」就這樣罵了。小時候我常去廣州她家裡玩，我先

1937年部分協和醫科畢業生合照（正中為該年文海獎學金獲得者盧觀全，其右為當時燕京大學校務長司徒雷登，右三為燕京校長陸志韋，照片左一為文忠傑）

按：據曹女士回憶，協和學生頗多曾在燕京就讀預科，因此協和畢業典禮燕京校長和一些教授每年必到。

生調皮得要死，經常欺負我。

我先生英文名叫Morgan Lu，他們叫他See All，「觀全」嘛，是nickname（綽號）。他生活很簡單，吃東西也很清淡。喜歡什麼呢？就是喜歡聽音樂，喜歡看球，自己也喜歡打網球。他足球很好，在燕京是中鋒，和清華比賽，踢贏清華了，那些同學就抬他回去學校，很好玩。

我先生的字很醜，他寫字斜的，又難看。教授一看：「Lu, you read it!

（盧，你來唸！）」不想看。我們護士真是怕他，都不知道他寫些什麼。他寫的prescription（處方），藥房那些人說：「這個老伯伯有多老啊，字這麼難看？」其實那時候他很年輕。放暑假回香港時他跟我通信，我家裡人笑我：「怎麼你朋友這麼沒有規矩啊？哪裡有人寫情信打字的啊？」我說要打的，他手寫的我看不懂。

協和的醫生不是很有錢，他們當醫生也不是為錢，我們穿衣服都很隨便的，或者是以前社會好點，現在誘惑太多吧。不過他們個個都很勤奮，競爭很厲害。文忠傑和我先生同班[50]，也是外科的，搶過住院醫師的位置。我先生也很勤奮，也做得好辛苦，後來也肯教人，每個人都很喜歡他。他們人人都這樣，協和整個氣氛都很好，很值得回憶。

因為我工作他也工作，大家都很忙，我年齡很大才結婚，好像是一九四〇年吧。又好幾年才有小孩。

日人侵佔

協和真的好可惜。珍珠港被襲的那天，我們還去派對，開完派對回來，發現好像有些不同了，都還不知道發生甚麼事。到了第二天進醫院，發現門口守著日本兵。過了一兩個月左右，不是很久，就要我們清空醫院交給日本人，日本兵守著各個出入的門口，不准帶東西。

我們在協和，除了你自己有幾件個人的衣服外，住宿、床鋪等所有東西都是提供的。到日本仔趕我們走的時候，我們就很慘，變得無家可歸，甚麼都沒有了。我們要出來租房子住，冬天還沒有棉被。我們知道要走了，就偷運東西出來。手不能拿東西，但個個都穿得很腫出去，衣服裡面都是東西。我們把棉被捲在身上，再穿件大衣。有些偷床上用品、廚房用具、藥物等，左漢顏偷thermometers（體溫計），一不小心，「乒零啪啦」，全從衣服裡跌了下來。醫生怎麼辦呢？有一個叫Stephen Chang（張光璧）[51]，他出去自己開業，診所裡又有microscope（顯微鏡），又有凳子，又有病床，甚麼都有，你猜他怎麼偷運的？我們有個煤房，有很多煤，給發電廠用[52]。有個機器運煤，他把東西藏在裡面，用煤蓋住，從後牆運出醫院，幸好沒有給日本人發現。

我記得最後離開協和的那一天，我們排著隊，手裡拎著點東西，一個個從門診門口那裡離開了協和醫院。

當時北京只有幾家大醫院，也很少私人醫生。協和關門，大家就全部失業了。在崇文門有間同仁醫院[53]，是基督教的醫院，院長是外國人。我先生僥倖地被請了去當外科主任，月薪三百元，我在眼科當護士長，薪水一百。我用那一百元租了兩間房[54]，一間我們住，一間給何天琪、凌炯明[55]，我先生從協和帶到同仁的兩個助手住。吃飯就在同仁醫院飯堂吃，吃那些穀殼飯，如果加個雞蛋已經算很好的菜了。

張光璧

盧觀全（右）畢業前和張光璧醫生在協和合影

張光璧醫生是內科名醫，福建人，父親是神父。他人很好，品德良善，很肯幫人。他有很多各省各地來的協和醫科學生，都無家可歸，就找了五六個學生，出去開業謀生，收費很低。又找了我先生幫忙兼職，如果是內科就張醫生他們看，如果有小手術，我先生就去他診所幫他做。

張醫生**pipe organ**（管風琴）彈得很好。協和有個小教堂，很漂亮，做禮拜和行畢業禮都在那裡。教堂裡面有個管風琴，他常常去練習。有個日軍高級軍官很喜歡音樂，就認識了他。

當時燕京好多學生想去內地，要入城內辦手續[56]，在城內沒有地方住，就帶著同學去張醫生在城裡的診所歇腳，不知道怎樣被日本人知道了，這個地方為何整天這麼多人來往往呢？有一天，張醫生生日，很多朋友都去賀壽，日本仔說張醫生是「共產黨」，把我們都抓了起來。北京四合院中間有個很大的天井，我們和很多外國教授，幾十個人都坐在那裡。我們打電話叫雞鋪送隻雞過來，卻沒人回去，所有的夥計一個個全來了，連老闆都來了，進來了就不能回去。後來日本仔放了我們這些客人，張醫生和其他幾個醫生，就被抓進監牢。那個日本軍官知道了，就和張醫生說：「我保你出去」，張醫生說：「不行！除非你保所有的人出去。」他很有義氣，一直坐牢，坐到身上生虱，全身骯髒不堪。

張光璧醫生比我先生高兩班，和我先生很好，親如手足。有一年，我先生還在實習，他、我們護士學校的一個教員、燕京的一個教授都得了typhus，斑疹傷寒，死了兩個。我先生也病得很厲害，發燒發到一百零幾度，張醫生正好是他那個病房的住院醫師，在他床邊日夜照顧，我先生才康復。張醫生人聰明能幹，口才很好，英文也很好，寫字很漂亮，會繡花，又會燒菜，琴彈得不知道有多好。但是他很正直，你有不對也直接說你，不給你面子。

開灤煤礦

後來我們就去了KMA，Kai-luan Mining Area，唐山的開灤煤礦[57]。開灤煤礦有間醫院[58]，當時院長是賈世清，北方人，香港大學畢業。他們想搞好醫院，就找協和醫院的人。先請了朱憲彝，協和非常好、很出名的的醫生，又讓朱醫生介紹幾個人。朱憲彝很喜歡我先生，說「你來吧，我們一起去」，就介紹了我先生，一起去了唐山。

開灤的制度很「帝國主義」，分高級職員、中級、低級、礦工四級。那些高級職員待遇很好，還有鄉間俱樂部。開灤另外有個小樓醫院，很小，只有幾個病房，只看高級職員，所有護士都是西人。開灤醫院什麼人都看，礦工也看，醫生甚麼都要做。我先生是外科醫生，thoracic surgeon（胸外科醫生），但在開灤他甚麼都看，耳鼻喉科、泌尿科、婦科都做，成了全科。

在開灤我們每個月薪水一千六百元，又給一大包麵粉、七十噸煤，到那裡只需要買菜錢，其他甚麼都不用準備。住得很好，很漂亮的的一棟屋，三層樓連傢俱。有一次有個日本仔敲門，把我們嚇得要死，他一直叫「Nanking Marmite」（南京砂鍋），也不知道是什麼意思，好像是要花生。我們當時有很多花生，就給他了。沒過多久，他又敲門了，送個香皂還我們。

當時我們也想進內地，但我懷了孕，就沒有去。我們在唐山做了一年左右，抗戰勝利前回到了北京。北京西城有一間中央醫院[59]，也是有很多PUMC的畢業生在那裡做事，我先生去了那裡工作[60]，同時在德國醫院兼任外科主任[61]。德國醫院在東城，中央醫院在西城，要天天東城西城來回走，後來楊靜波回北京，就把德國醫院的工作讓給了他[62]。

抗戰勝利後

一九四八年那我先生獲得了British Council（英國文化協會）的獎學金，要去英國考察一年。那時我大兒子很小，又已經再懷孕，我們在北京沒有親戚，但在廣州有很多親戚，可以幫忙照顧，我先生說「不如你就回廣州」，我就回廣州了。

當時李廷安醫生在廣州辦嶺南大學醫學院[63]，找了好多協和的人，謝志光是X光的[64]，司徒展是外科的[65]，鍾世藩的太太（廖月琴女士）做護士學校的校長，還有好多協和的[66]，嶺南醫學院那時的教授基本上都是協和的。另外抗戰時在西南開了間中央醫院，都是PUMC的人在那裡，勝利後遷到廣州[67]，李廷安醫生任院長，鍾世藩在兒科[68]，李廷安醫生很想找個外科醫生，就請我先生回來廣州。

一九四九年我先生去英國考察之後，本來可以在香港工作，但他說：「沒有見過一個政府像國民黨這樣腐敗的，共產黨不可能更差。我不去香港，一定要回廣州。」他回國後在中央醫院做外科主任，同時去嶺南醫學院兼職教書，一直做得不錯。

到了抗美援朝那時候[69]，好大的運動，嶺南學生、職員大遊行，外國教授都不敢出行。中央醫院的兒科、婦科主任都被調往嶺南大學醫學院，離開了中央醫院。剛好楊靜波從香港寄信來，說香港需要外科醫生。我先生當時身體不好，人很瘦，兩個小孩又小，我怕他被派去朝鮮戰場工作，回不來怎麼辦？日夜勸服他，他才接受了香港的邀請。

到香港後，我先生先在九龍醫院，不久再到瑪麗醫院工作，在香港大學兼職任教。

注釋：

❶北京協和醫學院原由倫敦會（London Missionary Society）於一九〇六年創辦，初名協和醫學堂，後其他教會加入合辦。一九一五年洛克菲勒基金會接辦，費資約七百五十萬美元在東單三條胡同豫王府舊址興建新校，倣美國

約翰•霍普金斯醫學院大規模改制，教學質量為當時亞洲第一，可參考*Addresses & Papers, Dedication ceremonies and Medical Conference, Peking Union Medical College*, Concord: Rumford Press, 1922、John Z. Bowers, *Western Medicine in a Chinese Palace*, Philadelphia: Josiah Macy Jr. Foundation, 1972, pp30-60等。日偷襲珍珠港後，一九四二年初被日軍侵佔，被迫關閉，一九四八年始復校。一九五〇年韓戰爆發後，十二月底大陸政府發布《關於處理接受美國津貼的文化教育救濟機關及宗教團體的方針的決定》，規定其或由政府接收，或由國人自辦。協和一九五一年初被衛生部接管，一九五七年與原中央衛生實驗院改建的中央衛生研究院合併為中國醫學研究院。一九五九年復校，改名中國醫科大學，文革時停辦，一九七九年再改為首都醫科大學，一九八五年復名為中國協和醫科大學。

❷洛克菲勒基金會由當時美國首富約翰・洛克菲勒（John D. Rockefeller, 1839-1937）設立，一九一三年正式在紐約創辦。

❸雖然蘆溝橋事變後不久，協和所在的北京即告淪陷，但協和師生在抗戰中貢獻至多。如協和醫學院院長劉瑞恒（J. Heng Liu）全面抗戰前即兼衛生署署長、軍醫署署長等多職，一九三七年八月任新成立的軍事委員會衛生勤務部部長（下轄衛生署和軍醫署），掌戰時醫政。一九三八年八月顏福慶（曾任協和醫學院副院長）接任衛生署署長，盧致德（一九二九年協和畢業）一九三七年任軍事委員會後方勤務部衛生處處長，一九四〇年兼任軍醫署署長。曾任協和生理系主任的林可勝（Robert K. S. Lim）一九三七年末組織中國紅十字會救護總隊，下轄九大隊百餘小隊，先後前往各戰區。一九三八年林先生在長沙創辦戰時衛生人員訓練所，後數遷至貴陽，並在各地設立分所，前後培訓軍隊衛生人員數萬人。救護總隊和衛訓所的主要工作人員多為協和畢業生。可參考張朋園訪問、羅

久蓉記錄《周美玉先生訪問記錄》（台北：中央研究院近代史研究所，一九九二年）、汪凱熙〈記協和同學參加抗戰之貢獻〉（《回憶老協和》，政協北京市委員會文史資料研究委員會編，北京：中國文史出版社，一九八七年，頁四五一～四五五）。部分協和前美籍教師也在美組織美國醫藥助華會（American Bureau for Medical Aid to China，簡稱ABMAC），為抗戰募捐，見John Z. Bowers, *Western Medicine in a Chinese Palace*, pp157-158。

❹協和醫學院護士學校創辦於一九二〇年，一九四二年初被迫關閉。一九四三年在成都復校，一九四六年遷回北京，一九五三年正式停辦。一九五〇年八月在北京召開的第一次全國衛生工作會議除確定「面向工農兵、預防為主、中西醫團結」為衛生工作三大原則外，還決定全中國護校限為中專，協和護校停辦，當時護校校長聶毓禪女士後回憶到：「對取消全國唯一的高級護理教育，我百思不解，深感痛心。」（《回憶老協和》，頁二〇四）。一九八五年協和復設護理系，一九九六年改護理學院。護校校訓為「勤慎警護」。

❺文海獎學金（Wenham Prize），為紀念一九一四年病逝於北京的倫敦會傳教士醫生Herbert V. Wenham而設，為協和畢業生最高榮譽獎，得獎資格為在校本科五年全部考試成績的總分數最高，每年得主僅一人。

❻協和醫學院當時學制為三年預科，五年本科，本科最後一年在協和醫院實習。優秀者畢業後可留院任第一年助理醫師，再擇優逐年晉升為第二年助理醫師、第一助理醫師、住院總醫師，競爭激烈，淘汰率極高，住院總醫師僅設外科、內科、婦科各一人，被稱為「寶塔尖」。可參考董炳琨主編《協和育才之路》第五章對協和住院醫師制度的簡述（北京：中國協和醫科大學出版社，二〇〇一年，頁二二六～二四二）、吳英愷醫生〈我怎樣由實習醫師成為外科住院總醫師〉（《回憶老協和》，頁六一～六六）等回憶。盧醫生為協和被日軍侵佔前最後一任外科住院總醫師。

❼據盧氏宗譜，盧觀全醫生和孫中山原配夫人盧慕貞同族。

❽即廣東當時私塾。

❾同治十一年（一八七二）美國北長老會傳教士那夏理女士（Harriet Newell Noyes, 1844-1924，生於俄亥俄州，一八六八年來華）在廣州沙基創辦真光書院。一九一二年，改名為真光女子中學，一九一七年遷往廣州芳村白鶴洞。廣州真光中學抗戰時曾遷香港，勝利後遷回。一九五四年被改為廣州市第二十二中學，兼收男女生，一九八四年復名為廣州真光中學。現香港真光中學和九龍真光中學則分別創立於一九四七和一九四九年。真光校訓為「爾乃世之光」（Thou art the light of the world，出《新約》「馬太福音」第五章十四節，現中文和合本譯為「你們是世上的光」）。按長老會（Presbyterian Church）屬基督教加爾文派，曾來華傳教的有美國、英國、加拿大等地各宗派。美長老會因對奴隸制立場等原因，一八六一年起分裂為北長老會和南長老會，美長老會十九世紀後期來華教士著名者有丁韙良（William A. P. Martin, 1827-1916）、倪維思（John L. Nevius, 1829-1893）、嘉約翰（John G. Kerr, 1824-1901）、狄考文（Calvin W. Matteer, 1836-1908）等。

❿真光所在的芳村白鶴洞位珠江西岸，與廣州市區隔江相望。

⓫廣州協和神學院，一九一四年由美國北長老會等教會聯合創辦，一九六〇年停辦，一九八六年復辦。當時校址在白鶴洞。

⓬真光中學白鶴洞校舍二〇〇二年已被列為廣州市文物保護單位。

⓭廣州真光中學二〇至四〇年代曾蟬聯多屆廣東省運動會女子壘球冠軍。一九三三年第五屆全國運動會增設女子壘球項目，以真光中學為主力的廣東隊獲冠軍，後又獲一九三五年第六屆全運會季軍、一九四八年第七屆全運會冠

軍。

⓮馬騮，廣東方言，即猴子。此為當時形容廣州真光、嶺南、培英三校學生的流行語。後三校先後在港創辦分校，此語也南傳香港。

⓯嶺南大學的前身格致書院原設有備學部，嶺南一九〇六年設小學，一九一一年設中學，後稱嶺南大學附屬中學。嶺南附中抗戰時曾南遷香港青山道，後遷曲江，勝利後遷回廣州，一九五二年和中山大學附屬中學等校合併為華南師範學院附屬中學。現香港嶺南中學創立於一九四六年。

⓰一八八九年廣州浸信會華人教友募款創辦培正書院，廢科舉後改梢學堂，民國後改學校，一九二八年改名為培正中學。一九三八年南遷澳門，勝利後遷回廣州。一九四二年在粵北坪石和廣西桂林曾另設培正培道聯合中學，二地相繼淪陷後停辦。香港培正分校創辦於三〇年代，淪陷時停辦，光復後復校。

⓱二〇年代非基督教運動曾席捲全國，蓬勃一時。大陸官方在改革開放前原認為，傳教士是西方文化侵略的一部分。按鴉片戰爭後，列強入侵中國，教案屢生，不平等條約不斷，其痛刻骨銘心，當時來華傳教士雖良莠不齊，但概歸之為「侵略幫凶」，似屬過偏。

⓲一九〇六年美南北浸禮會傳教士在上海創辦神學院，一九〇八年增設大學部，一九一一年合併為上海浸會大學（Shanghai Baptist College and Theological Seminary），一九一四年改名為滬江大學（University of Shanghai）。韓戰爆發後，一九五一年被政府接管，一九五二年停辦，各系分別併入上海復旦大學、上海財經學院等校，校址歸上海機械學院（今上海理工大學）。可參考忻福良、趙安東等編《上海高等學校沿革》，上海：同濟大學出版社，一九九二年，頁九五～一〇四。

⑲一九一九年，北京數間教會大學合併為燕京大學，司徒雷登（John Leighton Stuart, 1876-1962，生於杭州，父John Linton Stuart為美長老會傳教士）任校長。一九二六年燕京遷入西北郊燕園新校址，一九二九年司徒雷登改任校務長，吳雷川、陸志韋先後任校長。一九三七年司徒雷登復任校長，一九四一年十二月八日（北京和夏威夷時差為正十八小時，即珍珠港十二月七日被偷襲當日）燕京被迫關閉，司徒雷登、陸志韋、張東蓀、趙紫宸、洪業、鄧之誠等多名教員學生先後被囚。一九四五年在京復校，一九五二年大陸仿效蘇聯調整全國大學院系，燕京停辦，各院系被併入北京大學、清華大學等校。

⑳一八八八年，美國長老會哈巴牧師（Andrew P. Happer, 1818-1894，一八四四年來華）等在廣州沙基創辦格致書院（英文校名為Christian College in China），一九〇〇年遷澳門，後改名為嶺南書院（Canton Christian College）。一九〇四年遷回廣州，在康樂村建設新校（現中山大學校址），後改名嶺南學校。一九一四年改為嶺南文理科大學，一九二六年改嶺南大學（Lingnan University）。抗戰期間曾南遷香港，借香港大學校舍授課。戰後回廣州復校。一九五二年院系調整，被併入中山大學等校，其醫學院和中山大學醫學院被合併為華南醫學院。華南醫學院一九五七年改名為中山醫學院，一九八五年改稱中山醫科大學，二〇〇一年改為中山大學中山醫學院。有關嶺南校史，可參考李瑞明編《嶺南大學》（香港：嶺南（大學）籌募發展委員會，一九九七年）和《嶺南大學文獻目錄：廣州嶺南大學歷史檔案資料》（香港：嶺南大學文學與翻譯研究中心，二〇〇〇年）。

㉑曹汝匡，廣東台山人，曾留學美哥倫比亞大學，一九二八年任中山大學哲學系教授，後任系主任。

㉒中山醫院原為廣東公醫醫科專門學校附屬醫院，原名新公醫院，一九一八年建成。廣東公醫醫科專門學校一九二一年改為廣東公立醫科大學，一九二五年併入廣東大學為醫科，一九二六年廣東大學易名為中山大學，醫院也改

為中山大學醫科第一附屬醫院，當時中山大學醫科制度仿效德國，可參考梁山、李堅、張克謨著《中山大學校史》，上海：上海教育出版社，一九八三年，頁六二～六五。一九五三年因中山大學醫學院被合併，改名為華南醫學院（後改稱中山醫學院、中山醫科大學、中山大學中山醫學院）第一附屬醫院，現名中山大學第一附屬醫院。

㉓古應芬（一八七三～一九三一）字勷勤，廣東番禺人，粵籍國民黨元老。一九〇四年與胡漢民等同留學日本，一九〇五年加入同盟會，一九〇七年歸國，秘密反清。辛亥廣州反正後胡漢民任廣州都督，古任都督府秘書長，後曾任廣東省政務廳長、大本營秘書長、大本營財政部長兼廣東省財務廳長、中央監察委員、國民政府財政部長等多職。一九二八年任國民政府文官長，一九三〇年十二月以醫治背疾為由離寧回粵。一九三一年二月胡漢民被禁湯山，古設法營救，十月因牙疾在廣州病逝。一九三二年廣東省政府創辦勷勤大學，以為紀念，有關勷勤大學沿革，可參考蔡桐坡《古應芬和勷勤大學的創辦及其演變》（載《廣東文史資料》第四十八輯，廣州：廣東人民出版社，一九八六年，頁一四一～一四七）。

㉔Gertrude E. Hodgman（胡智敏），一九二五至一九二九年任教於耶魯大學護理學校（一九二三年由洛克菲勒基金會捐款創辦），一九三〇至一九四〇年任協和護校校長。卸任回美後積極參加美國醫藥助華會工作，可參考Mamie K. Wong（郭煥煒）「A tribute to Gertrude E. Hodgman」（*Health Care and National Development in Taiwan 1950-2000*, edited by John Watt, New York: ABMAC Foundation, 2008, pp.124-126）。

㉕嶺南大學康樂村原校舍（現中山大學校址）二〇〇二年被列為廣東省文物保護單位。

㉖左漢顏，一九三五年協和護校畢業後留協和醫院工作，後往內地，在成都協和護校任教。姊左雪顏一九三一年協和醫科畢業，後移居香港，為婦科名醫，已去世。

㉗魏邦平（一八八四～一九三五），字麗堂，又字禮堂，廣東香山人。早年留學日本陸軍士官學校，回國後參與發動辛亥廣東起義。曾與反袁、倒龍、護國、護法、援桂、討賊諸役，歷任護國軍獨立第二旅旅長、廣東警務處長兼廣東省會警察廳長、護國第五軍司令、粵軍第三師師長、廣州衛戍司令等職。一九二五年因涉廖仲愷遇刺案避往香港，一九三五年在廣州病逝。子女各三人，女靈芝、少蘭、秀靈，均婚居香港。長子雄基留美習航空工程，抗戰時返國投效空軍，報到途中在汕頭遇日機轟炸犧牲，可參考魏永怡〈魏邦平的一生〉（載《中山文史》第十一輯，中國人民政治協商會議廣東省中山市委員會《中山文史》編輯委員會編印，一九八七年，頁三二）。

㉘朱寶鈿（一九一四～二〇〇九），曾就讀燕京，一九三八年協和護校畢業，曾任職於重慶中央衛生實驗院，後留學美哈佛大學。赴台後應徐藹諸（協和護校一九三〇年畢業）之邀，任台灣省立護理專科學校（現國立台北護理學院）教授兼教務主任，後任校長，曾任中華民國護理學會理事長（一九六一～一九六五、一九七六～一九七九）。

㉙陳少春（一九一三～二〇〇九），廣東潮陽人，曾就讀燕京，一九三九年畢業於協和護校，先後任職於協和醫院、香港太和醫院、廣州中央醫院（後改為廣東省人民醫院）。一九五一年中央醫院護校改廣東省衛生技術學校，任副校長，後曾任廣東省衛生幹部進修學院（現廣東藥學院）副教授，一九七六年居港。丈夫馬廷棟（一九一四～二〇〇三），廣州嶺南中學、燕京大學畢業，長期在《大公報》工作，曾駐英，一九四八年隨胡政之恢復《大公報》港版，後曾任香港《大公報》副社長。

㉚公仔，指假的人體模型。

㉛一次訪問前不久香港東區醫院正發生一件男嬰屍體失蹤案，屍體二〇〇八年十二月在醫院殮房失蹤，多方搜尋無

果。二〇〇九年二月醫院發表調查報告書，承認為人為失誤。

㉜劉靜和，一九三六年護校畢業。

㉝郭煥煒（Mamie K. Wang, 1914-2002），一九三八年協和畢業，後任教於紐約醫院（New York Hospital）。丈夫王世濬（一九一〇～一九九三），天津人，協和醫科一九三五年畢業，三〇年代末赴美進修，後長期任哥倫比亞大學藥理學教授，一九五八年當選中央研究院第二屆院士。

㉞關頌韜，中國神經外科先驅，廣東番禺人，出生於天津。一九一八年畢業於清華，留學於羅虛醫學院（Rush Medical College，時屬芝加哥大學），曾任協和外科住院總醫師，一九二八年往賓夕法尼亞大學進修，後任協和醫學院教授，以醫術精湛、要求嚴格聞名。一九四二年初協和被侵佔後往中央醫院（即今北京人民醫院，見注(59)），一九四六年任北京大學醫學院（後改為北京醫科大學，二〇〇〇年再併入北大）教授、外科主任，後往美國。長兄關頌聲、五弟關頌堅均為著名建築師。

㉟即做了腦部手術。

㊱協和醫學院當時學制為護校預科兩年，醫科預科三年。大學同年級預科生如分別就讀協和護校和協和醫科，護校學生將早入學一年。

㊲吳階平，著名泌尿科醫生，一九一七年出生，江蘇常州人。一九三三年入燕京，一九三六年就讀協和。一九四二年往中央醫院。一九四七年赴芝加哥大學進修，一九四八年任教北京大學醫學院，後曾任北京第二醫學院院長，中國協和醫科大學校長、名譽校長，全國人大常委會副委員長等職。盧惠清女士，見注㊾。

㊳徐慶豐，著名兒科醫生，容庚教授婿。一九四一年畢業於協和。後移居香港，先在香港瑪麗醫院工作，再在港島

中環舊華人行開業。徐醫生醫術精湛，精力過人，待人和善可親。據曹女士回憶，徐醫生開業時常一天看超過一百個病人，自早上工作至午夜。另家長帶小孩來看病，常會先問自己的身體怎樣，有何疾病，徐醫生不厭其煩，逐一耐心回答。業餘愛好旅遊、攝影、集郵，子女五人。退休後遷居美國，一九八八年在美去世。

㊴聶毓禪（Nieh Yu-chan, 1903-1998），河北撫寧人。天津中西女校畢業後，一九二三年考入協和，一九二七年畢業於護校。一九二九年赴加拿大多倫多大學與美國哥倫比亞大學深造，獲學士學位。一九三一年回國後任教協和，一九三六年再赴美國密西根大學進修，後獲碩士學位。一九三八年回國任協和護校助理校長，一九四〇年任校長，為護校第一位中國籍校長。協和護校校長皆兼任醫院護理部主任。日軍侵佔協和後，一九四三年春由北平萬里跋涉，在成都恢復護校。抗戰勝利後，再率護校遷回北平。一九四六年當選中國護士學會理事長，一九四七年率代表團赴美參加國際護士大會。一九五三年護校被迫停辦後，任北京解放軍三〇一醫院（後改名解放軍總醫院）副院長。一九五七年被劃為右派，被調往安徽，文革中被迫害，一九七九年復任三〇一醫院副院長。後協和恢復護理系，一九八八年被聘為護理系名譽主任。郭煥煒等居美協和護校校友一九八七年曾捐款設立「聶毓禪獎學金」。

㊵廖月琴，廈門人，一九三一年畢業於協和醫學院。曾留學美國波士頓，後任廣州華南腫瘤醫院（現中山大學附屬腫瘤醫院）副院長，文革中不幸自殺。可參考鍾南山〈母親教會我同情人〉一文（廣州：《南方都市報》，二〇〇八年五月十日，版A20）。丈夫鍾世藩也畢業於協和，兒科名醫，見注㊽。

㊶二〇〇三年非典（SARS）流行時，鍾南山任廣東防治非典專家指導小組組長，居功甚多，其名在港也幾近家喻戶曉。

㊷Dr. Harold H. Loucks（婁克斯醫生），一九三〇年起長期任協和外科主任。曾被日軍拘禁於山東濰縣集中營，一九四三年因美日交換僑民回美。勝利後返協和，一九五〇年離華。盧觀全醫生曾回憶道：婁克斯醫生「對醫科學生和年輕教職員非常關心（great sympathy for medical students and for junior staff）」，見John Z. Bowers, *Western Medicine in a Chinese Palace*, p189。按該書中盧醫生的姓Lu誤植為Liu。

㊸朱憲彝（一九〇三～一九八四），天津人，內分泌專家。一九三〇年協和畢業，曾獲文海獎學金，留院任協和內科住院醫師、內科住院總醫師，後任教協和，其間曾往哈佛大學醫學院研究一年。一九四二年初協和被日軍侵佔後，離京任開灤煤礦醫務部內科主任。後返津創辦天津醫學院（現天津醫科大學），曾任天津市內分泌研究所所長、河北醫學科學院院長等職。

㊹仙，粵語外來詞，即分（cent），指當時北京所用的大銅圓（大子）、小銅圓。

㊺煮沸消毒。

㊻老爺，即公公。

㊼盧觀偉，曾任教於嶺南大學哲學系，三〇年代與陳序經、陳受頤等共同參加中西文化論戰。一九四八年在香港病逝，安葬於港島薄扶林華人基督教墳場。

㊽陳序經（一九〇三～一九六七），海南文昌人，幼時隨父移居新加坡，一九二五年畢業於復旦大學社會學系，後留學美國伊利諾大學，獲博士學位。一九二八年回國，先後任教於嶺南、南開、西南聯大，南開復校後任南開大學教務長，一九四八年任嶺南大學校長，一九五二年嶺南停辦後，任中山大學副校長、暨南大學校長、南開大學副校長等職。

49 盧惠清女士，曾就讀燕京，一九三八年協和護校畢業後，留協和醫院工作。協和被日軍侵佔後往內地，任職於重慶中央衛生實驗院。一九四三年回成都協和護校任教，後曾任教於重慶中央護士學校、上海中山護士學校，一九五六年起任重慶醫學院第一附屬醫院護理部主任。一九八〇年返回廣州，任中山醫學院護理學顧問，協助創辦中山醫學院護理系（現中山大學護理學院）。

50 文忠傑（一九〇七～二〇〇六），湖北人，上海滬江大學化學系畢業後入協和習醫，一九三七年畢業，一九四〇年任協和外科住院總醫師。後往台任教於國防醫學院，曾任台北榮民總醫院、三軍總醫院外科主任。妻樊長松也為協和畢業生，眼科名醫。

51 張光璧，著名內科醫生，福州人，一九三五年畢業於協和，留協和任教。後移居香港，任教於香港大學，後任那打素醫院內科主任，年六十許在港去世。兄張光朔（Francis Chang）曾任上海聖約翰大學、新加坡馬來亞大學、香港大學解剖學教授，嫂畢振華為第一位在紐西蘭取得醫學學位的華人，可參考葉宋曼瑛《也是家鄉》內畢振華訪問（香港：三聯書店，一九九四年，頁二一六～四三）。

52 協和建有自己的發電廠，供學校和醫院之用。

53 北京同仁醫院原由美以美教會（The Methodist Episcopal Church）於一八八六年創建，以眼科聞名。

54 按當時日偽在華北淪陷區發行「聯銀券」等偽幣掠奪資源，物價已在飛漲。

55 何天琪，協和一九四一年畢業，著名骨科醫生，後任廣州中山醫學院教授。凌炯明，協和一九四〇年畢業。

56 燕京校址在當時北京城的西北近郊，即今北京大學現址。

57 一八七七年，直隸總督兼北洋大臣李鴻章派時任招商局總辦的唐廷樞（一八三二～一八九二，廣東香山人）創辦開平礦務局，官督商辦，使用機器開採，西法管理，自建鐵路、碼頭、船隊，產銷兩旺，盈利甚豐。唐去世後，張翼（直隸通州人）接辦，八國聯軍侵華時，被英人騙佔。一九〇七年，後任直隸總督兼北洋大臣袁世凱命周學熙等在當地開辦「北洋灤州官礦有限公司」抵制，英人以削價競爭。辛亥後開、灤二礦聯營，成立「開灤礦務總局」，實權又操於英人之手。珍珠港事變後，被日軍霸佔。

58 一八九二年開平礦務局開設診所，後擴建為醫院。開灤醫院抗戰後期因朱憲彝、盧觀全等前協和名醫應聘前往，曾稱「京東小協和」。

59 北京中央醫院，由伍連德（一八七九～一九六〇，祖籍廣東台山，生於馬來亞）籌辦，是北京第一家由華人創辦的醫院，一九一八年正式建立，伍任首任院長。一九四二年初協和被侵佔後，接納了大量原協和的醫護人員。抗戰勝利後因和南京等地的國立中央醫院重名，更名中和醫院，鍾惠瀾任院長，關頌韜任副院長，謝志光任醫監。一九五〇年被衛生部接管，更名為中央人民醫院，一九五六年稱北京人民醫院，一九五八年改北京醫學院附屬人民醫院，二〇〇〇年再改為北京大學人民醫院。

60 北京中央醫院外科創建於一九四二年，司徒展醫生任主任。一九四六年盧觀全醫生接任外科主任，後因赴英離任。

61 德國醫院始建於一九〇五年，一九四五年抗戰勝利後改市立北平醫院，一九四九年十月改名為北京醫院。

62 楊靜波，著名外科醫生，一九二一年畢業於協和，曾任協和外科住院總醫師，後在貴陽醫學院、北京德國醫院、香港九龍醫院等處任職。

63 李廷安（一八九八～一九四八），廣東中山人，一九二六年畢業於協和公共衛生系，曾獲文海獎學金。一九二七年留學美哈佛大學。一九二九年回國後，任教於協和，並任北平第一衛生事務所所長。一九三二至一九三七年任上海市衛生局局長。抗戰爆發後，任華南防疫專員、成都中央大學醫學院教授、重慶中央衛生試驗院院長、成都華西大學教授兼附屬醫院院長。抗戰勝利後，返廣州任嶺南大學醫學院院長、博濟醫院（嶺南大學附屬醫院，現中山大學附屬第二醫院）、中央醫院院長，曾聘請多名前協和著名醫生到廣州工作，一九四八年病逝。

64 謝志光（一八九九～一九六七），廣東東莞人，中國放射學先驅。一九二二年畢業於長沙湘雅醫學專門學校，至協和放射科工作，後曾赴美進修，一九二八年任放射科主任。協和被侵佔後至中央醫院，勝利後返協和復職。應嶺南之邀，一九四八年冬回廣州，先後任嶺南大學醫學院院長兼放射科主任、廣州市第一人民醫院放射科主任、中山醫學院放射科主任、華南腫瘤醫院院長等職。

65 司徒展，廣東開平人，曾就讀於佛山華英中學、廣州嶺南中學、北平燕京大學，一九三三年畢業於協和，留院工作多年，協和被侵佔後任中央醫院外科主任。抗戰勝利後任教於北京大學醫學院，後返廣州，任嶺南大學醫學院外科主任。廣州解放後移居美國，已去世。妻江尊群，一九三四年協和護校畢業。

66 當時在嶺南大學醫學院任教的前協和師生尚有林樹模（曾任教於協和生理系，生理學教授）、白施恩（一九二九年畢業，任微生物學教授）、秦光煜（一九三〇年畢業，病理學教授）、陳國禎（一九三三年畢業，內科主任）、許天祿（一九三六年畢業，解剖學）、許漢光（一九三九年畢業，兒科，許天祿妻子，一九四八年赴美進修）等。

67 全面抗戰爆發後，南京中央醫院西遷至貴陽（南京原院址被日細菌戰一四六六部隊佔用），原院長沈克非（一八九八～一九七二，浙江嵊縣人，留美歸國後曾任協和外科總醫師）續任院長，仍直屬衛生署，後再分遷往重慶。

抗戰勝利後，重慶中央醫院遷回南京，貴陽中央醫院遷至廣州，名廣州中央醫院。廣州解放後被接管，一九五一年更名為廣東省人民醫院。

68 鍾世藩（一九〇一～一九八七），著名兒科專家，福建廈門人。一九三〇年畢業於協和，曾任職於南京中央醫院，抗戰時任貴陽中央醫院兒科主任，後留美。一九四六年回廣州，任廣州中央醫院兒科主任兼副院長、嶺南大學醫學院教授，一九四八年接任中央醫院院長，後專任嶺南大學醫學院（後改為華南醫學院、中山醫學院）教授兼兒科主任。

69 一九五〇年六月二十五日，韓戰爆發。二天後，美軍介入。同年十月，志願軍入朝參戰。

抗日戰爭時期的華人經驗

飛虎揚威：喬無遏將軍抗戰經歷

喬無遏口述
夏沛然執筆

中美空軍混合團（Chinese American Composite Wing）又稱中美聯隊，一九四三年十月一日在印度卡拉奇（Karachi）組成。當時由於歐戰正酣，美國無法派出較多飛行員來華，擴充第十四航空大隊的實力，而戰事日益激烈，因此陳納德（Claire L. Chennault）建議成立中美聯隊，以期爭取制空權，挫敗日軍的攻勢。中美聯隊由雙方派出飛行員和機械士組成，下轄第一（轟炸大隊）、第三和第五（驅逐大隊）三個大隊，設立美方和中方司令各一人，由陳納德節制。儘管存在語言的隔閡，文化的差異，然而中美戰士混成一體，合作無間，並且締結了誠摯的友誼，在抗日戰爭最後兩年發揮重大作用。

下文列舉喬無遏（第五大隊）和虞為（第三大隊）兩位的經歷，借以說明中美聯隊英勇殺敵，捍衛祖國的一斑。

我是四川華陽人，一九一六年十一月六日生在北京。我的父親喬曾劬，母親高公淶，生了我們兄弟姊妹七人，我排行第二。曾祖父喬樹枬（一八五〇～一九一七），別號損庵，做過清朝御史和學部的官員。祖父早逝。曾祖父在北京時，六君子在菜市口被殺，沒有人敢出頭，是我曾祖父替他們收屍，因此名震京師。他做御史時也彈劾過袁世凱。袁世凱很恨他，說做了皇帝，第一個要殺的就是我曾祖父。袁世凱稱帝的洪憲元年時我一歲，我父親陪著曾祖父去蘇州避難，在冷香閣講學，講的是宋明理學。曾祖父在蘇州有很多學生，都很年輕，但我父親見了面都要尊稱他們為叔叔。曾祖父民國八年（一九一九）去世，由父親用船送回成都安葬。我的父母親後來也葬在那裡。這個墓地在共產黨執政時候被挖掉了。

青年時代的喬無遏將軍

我父親和我二叔喬曾佑年輕時，都在張之洞辦的京師譯學館讀書，學的是法文。我父親旁及佛乘經綸，善詩、駢文和書法，尤工於詞，唐圭璋教授稱讚他是「一代詞壇飛將」。他一九四五年任國立中央大學文學院藝術系教授，抗戰勝利後隨校返回南京，在中央大學任教到一九四七年，因台灣大學中文系主任許壽裳推薦，去台北任台灣大學中文系教授。一九四八年許壽裳在台北被殺，他繼任為台大中文系主任。❶他在一九四八年離台返回南京。由於國共內戰，深受刺激，竟在蘇州楓橋投水自盡，時年五十六歲。我母親早在抗戰時病死在重慶。

我十八歲在北平的高中畢業，那時大學學費很貴，我家中兄弟姊妹七人，費用極大，母親很是著急。祖母建議，叫我去讀軍校。那時候的中學生很嚮往從軍，覺得當空軍非常光榮、神氣。北平那時由漢奸殷汝耕的晉察冀委員會控制，又有日本土肥原特務橫行，所以學校老師秘密通知學生去報名和體檢。我在北平通過體檢後，因父親到中央大學應聘，全家去了南京，所以沒有立刻報到。我在一九三六年九月五日進陸軍官校空軍入伍生營，是空軍官校第十屆畢業，在同班中年齡是比較大的。

受訓的時間是十八個月，但隨著七七事變中日開戰，日軍轟炸南京，就把我們撤退到南昌。入伍生中只有我一個人家在南京，離南京前我半夜從營區翻牆出去，回家向父親辭行。父親摸著我的頭對我說：「『無為寶用，治世之祥，天道祖德，家慶國光』。這十六個字你要記住了，是你們將來的十六代。我們家裡的祖墳是在成都雙流彭家場。」現在我子女的名字就是按照這個排行。可惜大陸上的親戚都無法這樣做了。

一九三八年一月到廣西柳州開始學飛行，班主任王叔銘。陳納德帶了幾個美國飛行員來做我們的飛行教官。那時候部隊裡對於外國人來做教官還是不太能接受。但陳納德是蔣夫人安排來的，也沒人敢反對。有一次在飯店裡吃飯，乞丐去向美國人討錢，有一個中國教官就說：「跟他們要什麼錢，他們都是來要飯的！」可見一些軍官的心理和態度。我的教官叫陳恩偉，上海聖約翰大學畢業，學養俱佳，通情達理，就挑了幾個會說英語的學生讓美國人教。我的英語是從小在家裡學的，於是叫我去跟一位名叫Blesoe的美國教官學習。美國教官膽子比較大，盡量讓學生自己上手操作，學習過程很快，三、四個小時就放我單飛。而其他同學都要先經過各種考核，需要十個多小時，因此造成同學們的嫉妒不滿，認為是我拍洋人馬屁。這個經驗對我一生的影響很大，叫我學會了保持低調，不要爭強出頭，不然就會失去朋友。

入伍生兩個連，共四百人。在柳州初級班學了八個月，就把我們調去蒙自學飛中級班，大約九、十個月。一九三九年春到昆明高級班，我選了驅逐組，飛戰鬥機。到畢業時淘汰下來，還剩轟炸組七十個人，驅逐組五十四個人。中級班和高級班都是中國教官，多半是東北航空學校來的，他們都在法國受過完整的訓練。我在一九四〇年三月十日畢業，是空軍官校第十期。畢業之後被分到空軍第三大隊三十二中隊見習。那時一共有八個半大隊。第三大隊是由廣西的空軍編成，第五大隊由廣東的空軍編成，都不是中央喜歡的，不能跟志航（第四）大隊比。我們分到那裡，馬上可以感覺到受到歧視。最明顯的歧視就是後勤補給，總是優先給別人。

我被分派到第三十二中隊的時候，前兩期分到中隊的飛行員已經傷亡殆盡。中隊只剩下隊長、副隊長和三位分隊長。我的分隊長劉孟晉，南京人，是伊斯蘭教後裔，空軍官校七期，對我們這批准尉見習官非常照拂關懷。隨著戰局發展，部隊不久奉命撤退到成都雙流。這時家父擔任中央大學中國文學系教授，全家隨學校搬到重慶。為了逃避敵機晝夜不停的轟炸，疏散到歌樂山附近的新橋華嚴寺。抗戰已經四年，我八年沒有回家。一天接到大姊（喬無忝）從昆明來信，說母親病危，希望我盡快返家。我心中焦灼，不知如何是好，只能在寢室流淚。劉分隊長發現後，請求大隊長羅英德派一架教練機送我去重慶白市驛機場，並由醫務主任交給我一些急救藥品。這樣的愛護照顧，使我至今心存感激。

我到達白市驛後，航空站長派一名當地士兵帶我走攀山小路回家。抵達之後才知道，母親在重慶上清寺寬仁醫院就醫。我和留守家中的四弟又連夜步行四十里趕去醫院。遺憾的是到達時候母親已經在太平間入殮。我自入伍開始，和母親分開八年，最終還是沒有能夠看到母親一面。

我們在第三大隊的生活非常艱苦。記得有一次蘇聯顧問來巡視，回去向蔣委員長報告說：中國空軍是「上天啃木頭，下地吃青草」。他不知道我們飛行員因為怕高空頭暈，嘴裡嚼著人參。下地吃飯，喜歡吃青菜。蔣委員長聽了報告，下令改善飛行員的伙食，從此才開始了高空伙食。

我們用的驅逐機原來都來自蘇聯。一九四一年三月，我們從新疆哈密接收了一批蘇聯的新飛機I-153和I-163，改良了原來的機型，馬力加大，改裝可以收降的起落架，機槍改為機關砲。大家希望可以升空更快更高來攔截日本的神風偵察機。因為這種偵察機每天都來偵查拍照，飛得很高，是我機飛不到的高度。我們當時還不知道，日軍已經採用了新式的零式戰鬥機，其速度、馬力和靈活度遠在我機之上。早在一九四〇年九月十三日，我空軍第四大隊就曾與零式機交戰，被擊落二十四架，飛行員十名犧牲，八名受傷。因為日軍極度保密，我們要到半年之後才知道是日軍使用了新機種。

一九四一年三月十四日，第五大隊奉命在成都雙流上空攔截敵機。由於我軍情報錯誤，以為日軍轟炸機沒有戰鬥機護航，到接觸時才發現來了十二架零式機。我機性能遠不如敵機，這一役幾乎全軍覆沒，大隊長黃新瑞、副大隊長岑澤鎏、中隊長周靈虛以及隊員任賢、林恒、江東勝、陳鵬揚、袁芳炳、何德祥都在此役犧牲。五月二十二日，第五大隊十七架I-153型飛機飛往陝西新鄭躲避日機空襲。五月二十六日，因該地警報，又飛往甘肅天水，在降落加油時遭日機攻擊，全部被毀。鑒於第五大隊自接受新機I-153以來，共毀機三十二架，十二架傷損，中樞在七月一日下令去除該大隊番號，改稱無名大隊，隊員在臂章上帶一個「恥」字，以示警惕。一九九一年，第三和第五大隊在美國德克薩斯州奧斯丁召開新老隊員年會，我曾為這件事寫了一首長歌賦，開頭便說：

我詠歌兮君且聽，雲煙往事敘無音，勇搏強敵百粵將，翼折天水化無名。

擊筑失節淚涔涔，戎衣誌恥貫我心，鎩羽袍澤齊遠避，新進惑然輕步臨。

這時美國送了一批P-40B到仰光給英國人，但英國人不喜歡。蔣夫人從陳納德那裡聽到消息，派第三大隊的羅英德隊長帶了人去仰光試飛。我們試飛之後很不喜歡，覺得開起來像大卡車，過於笨重，就沒有要。這批飛機給了陳納德。他於是回到美國招募志願人員，組成第一批飛虎隊。陳納德觀察中國空軍與日本零式機作戰很久，發現只要使用正確的戰術，完全有可能打敗零式機。這個辦法是在中國民間組織成廣而長的警報網，日本飛機一起飛，我們很早就可以知道它要攻擊的地方

1944年，湖南芷江中美混合聯隊，五大隊，29中隊。後排左二是喬無遏將軍。

，於是派出戰鬥機在高空等著。日機一到，我們俯衝而下，打了就走，不跟它纏鬥。用這個戰術取得了輝煌的戰果。他在他的回憶錄*The Way of a Fighter*中對此有很詳細的說明。這種戰術成為飛虎隊的經典教材，卻是中國空軍用血淚換來的。

第五大隊奉命整頓，把第三和第四大隊的年輕幹部調去五人，派羅英德為大隊長。他在蔣委員長召見時慷慨陳詞，說：「恢復番號，取消『恥』字符號，是我遵命出任的唯一要求。」我也在那時被調去第五大隊。

珍珠港事變之後，一九四三年十月一日在卡拉奇正式成立中美空軍混合團，下轄一個轟炸大隊和兩個驅逐大隊。我們首批第二十六和二十九兩個中隊被派去印度卡拉奇受訓大約三個月。在卡拉奇看到美國空軍基地的地勤人員集會時都佩戴紫心勛章，覺得奇怪。相處一段時間後才知道，他們也如我們第五大隊一樣，是不為上級所重視的「哀兵」。他們原來是陸軍航空隊駐瓜達堪內爾支援美國海岸防衛隊。美國對日宣戰後，海軍司令部認為P-40戰鬥機航程太短，要求改派長程戰鬥機進駐，就把P-40派到卡拉奇編入中美空軍混合團。在搭乘輪船去印度時被日本魚雷擊中，官兵犧牲重大，倖存者都獲得紫心勛章。就是這支由哀兵組成的中美混合團第五大隊，在戰後獲得由美國總統頒發最高的「團體榮譽獎」。據說這是唯一獲得此種榮譽的部隊。

第二十六和二十九中隊完訓後接收新機，一九四四年三月十七日飛越駝峰回國。每一中隊有二十五架P-40，於是每一個飛行員都有了自己的飛機。我的飛機是七五一號。我自己給它繪製鯊魚頭，給它命名為「太歲」。先到雲南霑益機場，次日飛抵桂林二塘，然後前進湖南零陵，接著再遷芷江。這個基地從此就成為第五大隊的家。

五月初開始作戰，第二十六和二十九中隊各派八架飛機進駐江西遂川。遂川機場是由農民工在稻田中堆積沙石築成，基地面積有限。日機一連幾夜飛來投彈。由於日軍基地極為鄰近，五月十二日晨，警報發布時發現日機群幾乎已到上空。在我起飛時炸彈已經落在機場上。時間倉促，我們只能各自為戰。我向東爬升到一定高度，準備攻擊返航敵機。我趁敵機不備，突然從高空急降攻擊得手，擊落一架零式機。在我穿過煙火碎片時，突然覺得座艙後面保險板被擊中，有如鐵鍋被敲破的聲音。接著發現左翼中彈，無線電天線損毀。我只能回避並變換高度方向返航。落地之後發現飛機中了十三顆子彈，一顆炮彈。我慶幸之餘發了一個電報給在重慶的父親。父親在中大同事和詩友來祝賀時以短詩〈圍棋〉一首述懷：

圍棋奈蒼生，兒曹遂破賊。嘈雜絲竹中，入內屐齒折。
良無活國計，往往肝膽熱。漢道自此昌，慎矣亡胡月。

此詩發表在重慶《時事新報》，父親的新知舊交紛紛唱和，並親筆書裱，編為《圍棋集》。

我曾參加多次戰役，這裡只說一下三次奇襲白螺磯的故事。白螺磯位於岳陽之南，長沙以北，在洞庭湖旁邊。日本人在那裡建立一個大基地，南可以控制香港，北達西安。在這個飛行半徑內，包括梁山、恩施、寶慶、芷江、桂林等我們所有的前進基地。那時日本人還佔據空中優勢，經常來轟炸。五大隊三次奇襲，把它打垮了。第一次每天派四架飛機去炸白螺磯旁邊的粵漢線上新式鐵橋，炸彈上不裝引信，或不裝尾翅。連續三次如此，日本人覺得美國人太笨，慢慢就不理會了，白螺磯的飛機都懶得起飛。我們這時突然載著真槍實彈飛到，把機場上的飛機一起炸毀。第二次是從芷江起飛編隊，在樹梢高度低空飛行，避開日本雷達偵察。到達洞庭湖上空，一個信號，換上主油箱，扔掉副油箱，然後用瞬發引信傘彈炸毀機場的飛機和人員。這一次我沒有參加，而是在塔台為副大隊長Dunning做翻譯。第三次是先從涼山、恩施派飛機去炸孝感，但不與日機作戰，緊接著第五大隊的飛機又到，使日機應接不暇。我們前一批回去之後又立刻裝好炸彈飛回，把停在機場上的日機炸了個精光。日本大隊長在這次奇襲之後切腹自殺了。

2009年，身著中華民國空軍軍服，在喬治亞州石頭山，擔任July Fourth 美國國慶遊行 Honorable Grand Marshall。

1944年，在湖南芷江奉命單機飛到敵後救出冷培澍。

1947年，擔任約旦國王胡笙（左）訪華期間榮譽侍衛長（中）。

附記：喬無過將軍，抗戰時期任職中美混合團第五大隊二十九中隊副隊長，多次參與空戰，屢建戰功，有擊落日機四架半的光榮記錄。一九五四年任空軍第五大隊大隊長。一九六六年在台灣退役，當時軍階為少將。一九七四年赴美國，現定居喬治亞州。

喬將軍在抗日戰爭中的英勇事蹟，有兩件事傳頌最廣。一件是在芷江機場奉命單獨駕駛教練機營救敵後戰友，歷經危險艱難，救回戰友冷培澍。另一件是在衡陽空戰中被日機擊落，左頰中彈，跳傘降落後得到敵後游擊隊救援，二十一天後才返回基地。其後送往印度加爾各答美軍一四二醫院救治，經過四次手術，日以流質為餐，歷時八個月返國歸隊。喬將軍自己有兩篇文章細述其事，先後載於《中國的空軍》期刊，後經中國飛虎研究學會網站轉載。該網站地址：www.flyingtiger-cacw.com。

＊喬無過將軍的訪問者是禤福煇和夏沛然。

注釋：

❶許壽裳，是魯迅的同鄉、同學和同事，終生獻身於教育事業，先後任北京大學、中山大學、西南聯大、華西大學教授，北京女師大、女高師、女子文理學院院長，江西省教育廳長、中央研究院文書處主任。抗戰勝利後，應老同學陳儀邀請，任台灣省編譯館館長，「二二八」事變後，轉任台灣大學文學院院長。一九四八年二月十八日夜，許壽裳在台北和平東路青田街六號寓所遭暴徒凶殺，年僅六十六歲。凶手在三天半後捕獲。據當時《大公報》

報導說，曾搜出贓物，凶犯供認不諱。但文化界不少人認為，在當時白色恐怖氣氛下，此案多有政治殺害之嫌，因此有不少左翼文化人離台返回大陸。

虞爲先生訪談錄

虞為口述
夏沛然執筆

參加軍校之前

我是蘇州人，一九二〇年在上海出生，八歲離開上海到天津，十八歲離開天津。我離開天津那年是一九三八年，而一九三七年已經開始全民抗戰。我在天津耀華中學參加一個地下組織叫做「抗日殺奸團」。當時，我們帶了燃燒彈，把專賣日本貨的百貨公司給燒了，之後日本人要抓我們，我們只好跑出來。我跑到昆明進了軍校，軍校以後再進空軍。進空軍後被送到美國受訓，回來參加抗戰。

那時候，我父母全家都在天津。先父從上海到天津開了個商號，做棉花生意。我母親生了十二個兄弟姊妹，我是老三，後面老四、老六和最小的夭折了。過去二十年裡，大哥、二哥、五妹、九妹又先後走了，現在還活著的只有我和七弟、八弟、十妹、十一弟五個。一九四九年我一個人去了台灣，其他的兄弟和妹妹都留在大陸。他們本來一直住在天津，後來分散了。文革後，二哥和八弟隨著孩子移民到美國去了。他們在大陸的遭遇很慘，但是兩個人的子女都很優秀，文化大革命期間下放到內蒙古十年。就是在那個草堆、馬堆裡頭，認真念書考上了大學，後來又考取留學到了美國，現在都很好。在大陸的七弟、十妹和小弟，還有他們的孩子，現在生活情況也都很好。本來是我幫他們的，因為那個時候他們情況不好，可是現在他們比我好了。所以大陸很了不起，鄧小平改革開放好，我說如果毛澤東早點死，就沒有文化大革命，中國早就發展起來了。一個文化大革命，就把中國拖後十年。現在大陸，我看了一個報導，全世界建高樓的大吊車，六分之一在上海，我說上海根本就應該如此的。

我當年加入的抗日殺奸團，是現在在台北我的老同學孫湘德組織的。孫湘德的父親是鼎鼎有名的孫連仲將軍，抗戰初期台兒莊大捷的英雄。有一天晚上，我們聽了廣播，油印作戰報，拿著到日本租界去發傳單，警察一來，我們撒腿就跑。後來殺日本記者，打漢奸，燒棉花店，日本百貨公司。我們用鐵絲網纏上棉花，點了汽油，然後一點火。「哇，炸彈哦。」大家一吼，我打了漢奸就跑。所以孫湘德後來在陸軍十七期當工兵，我就說：「你……十八歲的時候在天津殺人放火（他打死過一個大漢奸）。你當工兵過河拆橋，你小子沒幹過好事。」他比我晚一期。他的未婚妻是宋哲元的女兒，他要進軍校之前，宋哲元一個電話叫他去香港結婚，結果晚了半年進軍校。

那時候從天津到昆明，路途相當曲折，因為已經全民抗戰了。先從天津坐船偷渡到上海，再到香港，到香港後又同流亡學生一同坐船到海防，再到河內，只剩一點點路了，就坐火車到昆明。

參加軍校

我很幸運，我一九三八年十月一日離開天津，十一月一日就進了昆明的陸軍軍官學校第五分校，以前叫做講武堂，朱德就是在那裡畢業的。我進昆明第五分校是通過考試的。我當時先報考的是西南聯大。西南聯大先修班就接受了我，但我已不想念書，只想打仗，於是就進了軍校，我是考第一名進軍校的。他們那時候需要人，所以考試很快就知道結果。我當時念的是炮兵科，讀了一年就畢業。

我去參加軍校是高中三年級，在軍校的時候，我是十六期炮兵隊。第五分校分為步兵、工兵、炮兵、通信兵，大概四個隊。炮兵隊就只有三十幾個人，因為炮兵比較難。住在軍校裡，真的很苦，吃飯的時候八個人一鍋湯、一碟鹽、一盤土豆或黃芽菜，根本吃不飽。剛剛開始的時候，像我們內地去的，吃飯都比較慢。但在軍校，吃飯時，幾分鐘後教官就喊立正帶走，根本一碗飯都沒吃完，後來實在沒辦法，抓兩把飯帶在口袋裡，才能活下來。整整三個月，才可以出來。進去的頭一天，拿剃刀刮鬍子，把頭髮也刮了，頭皮痛了好幾天。每天天不亮，吃過早飯就走一兩個鐘頭，到山裡去操練，因為怕日本飛機來轟炸。但是飯都沒吃飽，真的很難操練。後來進了空軍，有了飛行伙食，就吃得很好了。後來在桂林、漢中、陝西，伙食都不錯。

但是薪水就不行，我們那時候一個月的薪水，大概可以換三塊美金到五塊美金。現在台灣一個少尉五千多美金，一年七、八萬，根本沒法比。而且他們的警戒室，沙發、冷氣、電視機，什麼都有。我們以前是住帳篷，叫做艱苦抗戰。我們在安康的時候就已經住帳篷，後來蓋了土房子來住，在漢中、桂林都有房子住。

但我們那時候也沒什麼花費，吃飯在基地，我們就是花錢理理髮，買點牙膏等日用品。生活真的很苦，沒有什麼零用錢。但是我們作戰打了飛機、打了火車都有獎金，所以我們還是比別的軍人的錢要多一點。到上海的時候，我們闊氣得很，因為我們那時候對地面攻擊的戰績很好，獎金很多。

我是陸軍官校十六期，空軍十三期。我炮兵畢業以後，被派到綏靖公署的炮兵團，在炮兵團當見習排長。我當時學的是七五山炮，到部隊後一看，什麼都沒有。就只有一排兵，一個人一塊磚頭做枕頭，一張毯子破得都看得見天了。我想這怎麼打仗啊。

但是巧合就在這裡，那個炮兵團在昆明的巫家壩，即現在的機場，這邊是炮兵團，後面就是空軍軍官學校。我想炮兵團不像打仗的樣子，就索性進了那個後門去看看，一看就看到一個牌上寫著教育處，一個軍官坐在那裡。我就向他敬禮，簡單跟他報告我的情況。當時我是跟一個姓邱的同學一起去的。我跟他們說，我們從內地出來，一心想投考空軍，我要為國效勞。這個軍官看著我，二話不說，拿起電話就說：「總機！叫醫務科長來。」醫務科長來了後，那軍官說：「這兩個軍官，馬上給我檢查身體。」我當天檢查及格，就進了空軍。我的同學因為眼睛不夠好，沒有錄取。這個軍官後來做了空軍軍官教育處處長，再後來成了總司令，他叫做王叔銘，綽號王老虎。他是黃埔一期的。他後來在台灣做空軍總司令的時候，推薦我做他的空軍聯絡官，他對我說：「你是我叫你進空軍的。」所以說我這一生充滿各種巧合。

至於那個炮兵團，我也沒報到，那個炮兵團長，我也沒見面，直接就進了空軍。

加入空軍後

我是空軍十三期的，可是受訓也是在陸軍軍官學校。我在軍校受訓一年就畢業了，之後到昆明西北的雲南驛，也就是後來中美混合團的基地。我在雲南驛是接受初級訓練。就在初級訓練快結束的時候，發生了一件很有意思的事。那天，我正好當值日生，就是每次飛完以後，喊口令帶學生排隊走路。當時那個主任教官叫時光琳，他講話永遠沒完沒了的。剛巧那天他重傷風，不能多說，就告訴我：「帶回去，帶回去。」我說：「向右轉，齊步走。」剛剛向右轉，來了四架飛機。我們以為是新來的飛機，一起拍手。突然發現原來是日本飛機，一來就對我們掃射，把我們教練隊的飛機整個打光。我們統統躲進旁邊的壕溝裡頭，一個都沒死。要是我們老師再多講幾句話，我們恐怕死了一大半，是我們鴻運當頭嘛。

到美國受訓

我在雲南驛受初級訓練，後來沒有飛機可以訓練了，就把我們送到美國受訓。我們是一九四二年初到美國，一九四三年畢業。

我們第十三期一百五十名學員，從昆明飛越駝峰，到加爾各答，坐火車到孟買，在孟買等了一兩個月，再坐運兵的船從孟買到南非的開普敦。在開普敦與一個護航船隊一起出發，因為日本跟德國廣播要炸掉我們的船。後來到了百慕達靠岸了，空中有飛機護航。船上有游泳池，也可以跑步做運動，船很大的，而且吃得也好。

到美國是一九四二年年初，是在紐約上岸。接待的人用卡車載著我們在紐約兜了一圈，然後把我們送到中央火車站，坐火車去亞利桑那州的Williams Field。因為是新建的訓練基地，只能把我們安排在帳篷裡住。天氣熱，我們在帳篷裡頭沒法睡覺。每天下午，有消防隊過來，把整個帳篷都澆濕，等晚上乾了，我們才能睡覺。後來建好了鋁製的營房，有通風設備，就舒服多了。

一九四三年三月，在美國訓練結束。我們是第三批去的，頭兩批去的第十二期沒有轟炸訓練，從我們這一期開始有轟炸訓練。我們第十三期去美國的同學有一百五十人，畢業的只有六、七十人。沒有畢業的主要原因是飛行淘汰。

我們在美國訓練的時候，一天飛四個鐘頭以上。在國內的時候，大約一個星期只能飛一個鐘頭，一共飛了七、八十個鐘頭，後來到了昆明又飛了幾個鐘頭，總共不到一百個鐘頭。到了美國，飛完初級、中級，畢業的時候，就有差不多四百個鐘頭。

受訓回來參加作戰

我從美國回中國是坐運輸機，從亞利桑那州菲尼克斯飛到邁阿密，再飛南美洲，越過大西洋飛到印度的卡拉奇美軍基地，馬上就編入剛剛成立的中美空軍混合團。中美混合團是美國空軍第十四航空隊下的編制，由中美雙方派人混合組成。混合團下有一、三、五三個大隊。第一大隊是轟炸機隊，下面有第一、二、三、四四個中隊。第三大隊是驅逐機隊，下面有第三十二、二十八、七和八四個中隊，第五大隊也是驅逐機隊，下面有第十七、二十六、二十七和二十九四個中隊。大隊與中隊各有中美雙方的副隊長、作戰參謀、情報官、機務長與機械士。每一任務實施之前，必須經過中美兩方隊長的同意。這種組織方式，表面上看來似乎不合原則，事實上中美雙方卻是合作無間，而且工作效率特別強，任何問題似乎在機場旁邊休息室的一杯咖啡裡便全部解決了。

混合團在戰術編制上是美軍第十四航空隊的一部分，但混合團的飛機繪著青天白日徽，而第十四航空隊的是美國的白色星徽。作戰時直接受陳納德將軍指揮，團中較高級的情報官及軍需官均為美國人，其他則大部分由中國人負責。美國隊的飛行員很少，我們中國的飛行員比較多。我們中國人大概占了四分之三，四分之一是美國人。

青年時代的虞為先生（約1945年前後）

我被編在三十二中隊，隊長是美國人Bill Turner。我們編隊之後就回國作戰了，一直合作到停戰。我們那時是先有二十八和三十二兩個中隊，後來七隊、八隊，以及五大隊的四個中隊才來，我們比他們早作戰半年以上。從印度回來的時候，二十八隊有一架飛機，機上有四個飛行員，兩個十三期、兩個十四期，還有二十八隊的二十幾個軍械師、機械師，由一個姓井的教官飛，但是撞在喜馬拉雅山上。出師未捷身先死，真是很慘。

我是自己開飛機飛回來的，跟Bill Turner飛P-40回來。後來我又飛了幾次，飛P-51等。那個山大概有一萬多尺，要攀爬到一定高度了才能飛過去，雲太多，強風，天氣很壞。在駝峰航線撞在山上的飛機，共有一千多架，中國的、美軍的，犧牲很重。那個時候，所有一切後勤供應都要從印度飛越這個駝峰，飛到昆明。

當時我從印度飛桂林，是先飛到昆明，然後再飛到霑益，在霑益住了幾個禮拜。我一落地就有一次作戰任務。我剛落地，就有警報，頭一次作戰任務就在霑益，因為我的英文比較好，就在隊長旁邊幫助翻譯。我英文好是在天津耀華中學學的，我們那個學校的中英文程度都相當好。

霑益沒多久，後來就到桂林。我們在桂林共有二十幾個人，十六個殉職。我們打了一年仗，美國人死了十幾個，中國人死了二十五個。我們三十二隊，殉職的幾乎占了總數的一半。

到桂林以後，大概過了半個月以後，我們就跟二十八隊分開了，我們三十二隊到漢中，他們到芷江、零陵等。後來停戰的時候，他們在芷江，我們在陝西安康。我們在桂林打仗，打得很激烈，大概不到兩三個禮拜，我們十三期、十二期兩個、十四期兩個都走了。跟我同房的一個姓周的，他進了醫院，我一個人不敢睡。我看到軍服擺在床上，帽子擺在窗內，以為他回來了，就脫了衣服想睡。後來才知道原來不是，我不敢睡，就對隊長王廣英說：「我……我孬種。」他說：「好，來我房間睡。」他當時是我們三十二隊隊長，不過老早不在了。

有一次，我跟美國隊長Bill Turner去俯衝轟炸許昌，我下去掃射的時候，中彈落在洛寧旁邊的小河溝裡，被游擊隊救起，在附近村莊裡躲藏。最後跑到盧氏村，打電話回基地。一天，在約定地點來了一架P-40機，是隊長Bill Turner的座機，我在地面向他招手，他在空中擺動機翼，危境之中喜相逢，一言難盡戰友情。他丟下了一個包裹，裡面有四包香煙，還有消炎片，老酒一壺及錢，我心中泛起一股股的暖流，再一次向天空的P-40揮手。原本以為他投完救濟品就走，沒想到一個回頭他降落了。當時地面泥濘，不利於降落，P-40機輪連蹦帶跳的接地了。他一落地，就迅速跳下飛機，用半生不熟的漢語說：「虞，快！快！」，我快步跑過去才反應過來，P-40是單人座的戰機，如何能載兩個人。他跳上機背，費力地在座椅後面拆卸什麼東西，手忙腳亂地硬拉硬搗。我彎著身硬塞進狹窄的裝無線電的位置。P-40引擎轟鳴著，費力地在泥地中慢慢地挪動，我緊緊貼在隊長身後，P-40像負重過多的老牛般緩慢地加速，駛過了跑道三分之二，若在平時早已該升空了，可是現在它彷彿就是不願意離開地面，Turner一邊咒罵一邊加大油門。螺旋槳拚命地轉動，二十米、十米、五米——眼看飛機就要衝出跑道那一瞬間，P-40終於騰空而起，他轉過頭，對著我作出手式OK！所以世界上唯一一個坐在P-40肚子裡飛離險境的就是我，我問隊長為什麼要這樣做，他回答：「看你一臉痛苦地站在那裡，我受不了。」

另外一次獲救是在徐州。徐蚌會戰時，共軍打到徐州附近，當時我與僚機一同偵察敵情，看到高粱地裡密密麻麻都是共軍，便立刻回報基地，以阻止敵軍的偷襲，卻意外和僚機發生擦撞，被迫跳傘，當時風也大、飛機也壞了，跳傘前看了高度表，八百呎，高度非常低，我被風一吹，降落在一個山坡上滾下來，抬頭看到一個人，正是蔣緯國將軍。原來當時蔣緯國將軍正在前方視察陣地，憑著高度的警覺，聽出飛機墜落的聲音，立即駕著吉普車前去救援。正因為感謝蔣緯國將軍，我在台北幾十年，每次和蔣緯國將軍吃飯，第一杯酒一定先敬他。

從美國回來以後，作戰任務很多，就是地面掃射、俯衝轟炸，轟炸完了就走。我有八次空戰，但沒有正式擊落敵機的記錄。反正每次一打，很亂的，就立刻跑，然後開始我追你，你追我，一下子跑著打。到戰爭後期，日本飛機已經不行了，被我們掌握了制空權。不過我有兩次追得很近，但機關槍不響，要不然至少有兩次擊落記錄。

到一九四四年年底，我們開始飛P-51以後，就沒有空戰了，日本空軍給我們打垮了。我們當時犧牲的飛行員，主要是在進行地面攻擊時殉職的。我每次都飛機中彈回來。飛行員後背有個鋼板，要不是有這麼厚的鋼板，我想我們大部分人都不在了。空中被擊落的並不多，大多數人都是死於地面的高射炮火。因為我們打日本打得很厲害，比如說，在鄭州炸黃河鐵橋，我們就炸了幾次。這個地面的火力很強，我去了幾次，每次飛機上都是彈痕。

在機場待命作戰的時候也很辛苦。日本飛機來得很快。天氣很熱，我們從一大早就坐在跑道上等著，警報一響，馬上就起飛，三分鐘就爬到七八千尺，要不然就來不及了。地面很熱，但是你飛到一萬多尺的高空又冷得要命，暖氣也光暖腿腳，其他的都冷。不過那時候身體好，不在乎。坐在那裡待命時，我們那個美國隊長Bill Turner就丟一包香煙過來，從那時候開始就抽了五十年。我現在已經戒了十幾年了。我的喝酒、抽煙都怪老美，因為每次作戰之後美國人都會給煙給酒。我現在每天還要喝兩杯。

我在抗戰期間一共執行任務六、七十次，具體我已經不記得了。因為我的這些記錄存在我哥哥那裡，文化大革命一把火統統燒了，我的勛章和畢業證書，什麼都沒有了。內戰時候，我也打了不少仗，我作戰一百多次。不過內戰的事就不要再說了。

我在八年抗戰期間都沒有跟家裡聯繫，也沒有托朋友給家裡人帶去什麼。我是回到了上海後才跟他們聯繫上的。當時我在上海，他們在浦東，生活很苦。我父親原來在天津的事業做得不錯，他的公司轉成日本資金後，他就決定不幹了，回到上海。他本來薪水高得很，他不幹了，所以家裡很苦很苦。我到了上海後才慢慢找到他們。但是到了上海沒多久，又調去了徐州，又分開了。不過，父親、母親在蘇州的墳我都去祭拜過。他們在一九四九年以後還是留在上海，直到去世。

抗戰時期，整個中美混合團戰績是很不錯的。我們中國空軍本來很落後，可是自從成立中美聯軍以後，跟美國一起作戰，就不分彼此了，大家都是一樣，共患難，所以我們之間交情非常密切。為了爭一個作戰任務，兩個戰友會吵架，因為本來應該我去的，但是你搶了，所以就吵架。當時大家都不管什麼叫死。說到搶出任務，使我想起一件事。我在三十二隊的一位戰友叫董斐成，他是空軍官校十四期的。一九四五年五月，他媽媽從湖北竹溪到安康來看他。我們都沒有母親在旁邊，看到他媽媽來了，都幫助接待。我們幾個人，在機場旁邊弄了個房子，給她貼上紙，掛上蚊帳，板凳、碗筷都是竹子做的。我讓我們一個姓趙的廚子，做了一桌菜請她吃，大家都很高興。董伯母睡覺了以後，我們也累了一天，各自回去帳篷休息。一個姓仲的分隊長說：「董斐成，明天出任務。」我說：「他媽媽來了，我替他去。」仲卻不答應，說：「你有別的任務，不要來搶。」一句話把我給堵住了。董斐成這次出任務，低空掃射時被地面炮火擊落，就沒回來。我從安康開車開了一天，把董伯母送回竹溪。那個老太太真偉大，她是裹小腳後來才放大的，走路都不很方便。兒子陣亡了，她卻還能不動聲色。我把她送回家後，自己坐在車子裡面忍不住哭了出來。這個董伯母真是讓我終身難忘。

戰爭結束以後

一九四九年，我就到台灣了。在空軍總部任聯絡科科長。一九五七年退役，外調到行政院新聞局。一九六〇年調到駐菲律賓大使館新聞參贊，在菲律賓四年。一九六四年到一九七一年任駐日本大使館新聞參贊。一九七一年到一九七九年任駐維也納新聞處處長，後來還兼任外交部代表。一九八〇年到一九八八年回國任觀光局局長。一九八八年正式退休。

抗日戰爭時美國在中國作過戰的空軍人員後來成立了許多聯誼性質的協會。一九八二年，我任觀光局局長時，收到美國十四航空隊協會的信，邀請我們抗日戰爭時的第三驅逐大隊的飛行員到西雅圖參加他們的年會。我們因此派出代表團參加，並就此成立了「第二次世界大戰中美空軍聯合作戰部隊中國空軍退役人員協會」，經常去美國，也邀請他們到台灣訪問。我經常去美國，直到最近幾年。

虞為先生受訪時照片（2006年1月）

我跟Bill Turner最熟，在快停戰時，他做了大隊長，有一次跳傘，腳踝摔斷了，後來我就很少見到了。停戰以後有一天，我在徐州，那時我已經是上尉分隊長。他突然來個電話，約我去南京。我就駕飛機過去了，他住在南京機場司令官的家裡。本來他要請我吃飯，但是有幾個大官找他吃飯，他就把車子的鑰匙丟給我說：「You get lost」。從那以後，就沒有見過他，一直到他去世。二十八隊的隊長Stickland，我也很熟。他後來做到三藩市附近的空軍基地指揮官。他幾年前得了癌症走了，臨走前，我特地到美國陪了他三天。

我在東京七年多，常常講日本侵華時候的暴行，日本新聞記者總會問我：「你為什麼老講這些？」我說：「我們可以forgive（饒恕），但是我們不能forget（忘記）。」日本得像德國人，徹底地道歉懺悔。日本人到現在還沒有，所以說中國人應該好好幹，將來日本要付代價的。世仇你們不懂，我們是切膚之痛啊。

＊本稿據二〇〇五年五月、二〇〇六年一月在台北空軍官兵活動中心的兩次訪談整理，已經虞為先生審閱。虞先生的訪問者是孔強生和夏沛然。

鐵翼銀鷹：朱安琪先生回國抗日的回憶

朱安琪口述
禤福煇執筆

我一九二三年四月七日生於美國加州（California）奧克蘭（Oakland），是第二代美國華僑。父親朱忠存在北大畢業後，一九二〇年來美國，翌年出任加州漢福德市（Hanford）中文學校校長。母親兩年後才來美國團聚，我們一直住在三藩市一帶。一九二三年秋父親離開漢福德市，到三藩市中華中學校擔任教師。

父親積極響應國父孫中山「航空救國」的號召，並鑒於日本不斷侵略中國，便與一群熱血青年組織飛鵬學會，提倡學習飛行，後來被推為學會的主席。一九三一年九一八事變爆發，華僑義憤填膺，紛紛在全美各地舉行抗議遊行，發動義捐，支持祖國抗日，並且在三藩市、波特蘭（Portland）、紐約、洛杉磯等地設立航空學校，鼓勵青年學習飛行，以便學成後回國參加抗日。一九三七年日本發動全面侵華戰爭，我當時還在唸中學，雖然只有十四歲，由於父親的影響，我立刻開始學習飛行。一九三七年七月二十七日，我第一次登上一架練習機，翌年七月六日，我取得十五小時飛行紀錄後，便攀上一架一百匹馬力的弗利特（Fleet）雙翼教練機，首次放單飛，當時還沒有正式考上航空學校。同年八月，我毅然投考三藩市的中華航空學校（Chinese Aviation School），決心參加捍衛祖國的行列；然而十四歲年紀太小，不符學校的規定，在徵得父母的同意後虛報了年齡，才能正式入學。

中華航空學校

抗戰期間，美國華僑設立了好幾家航空學校，其中以波特蘭的美洲華僑航空學校和三藩市的中華航空學校最為著名。一九三二年，旅美華僑拒日後援救國總會接納飛鵬學會的建議，同意在三藩市華埠斯托克頓街（Stockton Street）設立旅美中華航空學校，借用中華中學校上課❶。李聖庭擔任第一任校長，我的父親擔任教務長，父親還正式參加航空訓練，成為該校第一屆畢業生。父親在練習飛行時，常常把我帶到機場，耳濡目染，我漸漸對飛行發生興趣❷，我在一九三八年參加中華航空學校的訓練班。

中華航空學校的訓練班前後共辦了三屆，培養了上百名飛行員和機械士，先後回國效力，為抗戰事業作出重大貢獻。一九三九年由於籌集經費困難重重，中華航空學校才決定結束。

第一屆規定學生必須飛行五十小時，才能畢業。晚上在華埠上課，白天則在三藩市以南的聖馬特奧機場（San Mateo Field）練習飛行。一九三三年四月二十二日畢業，安排十名畢業生回國參加

民國廿八年四月十五日美國中華航空學校第三屆第一班飛行生畢業

抗戰，其中以黃子沾（Jimmy Huang）和陳錫庭（Dick Chan）兩位學長最著名，一九三七年在南京保衛戰中奮勇抗敵，成為華僑回國抗日的楷模。後來我回國參加空軍，有幸在國內看到兩位學長。他們初到中國時，由於不懂國語，決定放棄中央航校，改為參加廣東空軍，成為廣東空軍的骨幹。一九三六年為了避免內戰，廣東空軍在黃光銳率領下毅然北飛，投效中央，結束了南北對峙的局面，扭轉了爆發內戰的危機，幾位學長就轉屬中央空軍。

一九三七年開辦第二屆訓練班，為了節省時間，提高效率，規定只招收已有飛行執照的學生，練習飛行時間，減為三十小時就可以畢業。第二屆學生在一九三八年一月結業，由於日本侵華戰爭不斷升級，學校馬上派遣十一名應屆畢業生回國。但是到達昆明中央航校後，還必須接受體格檢查和飛行測試，結果只有三人及格，一九三

1939年，三藩市美洲中華航空學校第三屆畢業生合照。第一行右起第六人為朱安琪先生。

九年七月周世雄（Rocky Joe）、譚錫源（Frank Tom）、黃偉燃（Edward Wong）三人在昆明航校第九期畢業。黃偉燃是美國土生，母親是黑人，故皮膚黝黑，卷髮，而且不通中文，在航校受訓時困難重重，在食堂要炒雞蛋也不會說，只好用手勢比劃。有些同學常常取笑他，但是他非常勇敢，努力不懈，語言問題終於慢慢克服了。他在航校九期畢業，派往三大隊，在中原會戰時發揮重大作用。我回國後有幸在西安碰到，他當時已擔任三大隊參謀[3]。

一九三八年七月招考第三屆學生，我鼓起勇氣，決定投考，僥幸順利通過。第三屆除招收三十二名飛行生外，還有機械生二十二名，是歷屆規模最大的。當時學校的經費是從全美各地僑界捐募而來，不足之數由拒日後援救國總會補助。學校為了加強飛行訓練，除租了兩架一百匹馬力弗利特式（Fleet）訓練機外，由於各方捐款源源而來，結果另購一百二十五匹馬力弗利特式、九十匹馬力舞毒蛾式（Gipsy Moth）、九十匹馬力史廷森式（Stinson）和九十匹馬力皮特蔡式（Pitcair）等四架飛機。學校聘請兩位美國空軍退役軍官歐文上校（Col. L. G. Irving）和奧爾森中尉（Lt. W. D. Olson）擔任教師，這兩位老師曾參加歐戰，作戰經驗豐富，對我們的幫助最大。此外，還有四位很有經驗的民航老師。

第三屆學生人數較多，中華中學校已無法容納，結果租用學校對面一棟建築物（810 Stockton Street）上課。這棟舊房子現在仍然完好，只是已經沒有昔日的氣概，它搖身一變，成了一家金飾店。店主人一點都不知道中華航空學校的光輝歷史，也不會知道我們當年慷慨激昂、捨身報國的激情，使人不勝感嘆。

當年我們每天早上練習飛行，晚上上課。不過這時聖馬特奧機場已改為跑馬場，必須另找適當場所。因此學校當局四處張羅，結果改在三藩市灣對岸的阿拉米達灣機場（Alameda Bay Airdrome）學飛。這個機場近年已經關閉，成為一片廢墟了。學校的科目很多，除了講授飛航學、氣象學，還有發動機原理等科目。同時，為了幫助學生解決回國時面對的語言問題，又開設國語課，由盧開周（K. C. Lu）同學教授。他是北方人，原是前來美國留學的，後來看見日本悍然發動全面侵略，便毅然改學飛行，決心回國殺敵。

回國

一九三九年四月十五日是我們畢業的日子，二十八名飛行生、十七名機械生修業期滿。這時日寇差不多已佔據祖國半壁江山，國內急需飛行員參戰，我們立刻分兩批回國。第一批十人於一九三九年四月底回國，包括張松仰（Victor Chang，現居三藩市）、梁松寧（Harold Leung）、余週海（Edwin Yee）等，由盧開周率領。第二批有飛行生和機械生各十七人，於六月二十四日乘「亞洲快船」（Express of Asia）號輪船回國，途經菲律賓，於七月十九日到達香港。我因為還在上中學，學校尚未放假，獨自延遲起行。

當時美國的華人深受歧視，我們離開美國時，政府不發護照，我只好前往三藩市灣附近的天使島（Angel Island）申請一張回美證。父親為我做了很好的安排，學期結束後立刻離開美國。我在一九三九年七月一日乘坐「柯立芝總統」（Coolidge）號輪船到夏威夷。由於夏威夷的天氣很壞，飛機不能起飛，只好在那裡休息幾天。中國駐夏威夷領事是父親的好朋友，招待我到處觀光。天氣好轉後乘坐泛美航空公司的航班前往香港，與第二批先行的同學在香港會合。我們在八月六日從香港乘船到越南的海防，然後乘火車經河內前往昆明，八月十三日終於回到祖國，大家非常興奮。

昆明航校

我們在昆明航校接受體格檢查，機械生全部及格，授予少尉銜，並且派往昆明第十修理廠服務。十八名飛行生必須參加飛行測試，結果只有六人及格，准予進入航校十一期中級班；五人經驗不足，改進十二期，其餘七人表現較差，沒有錄取，黯然返回美國。

負責飛行考試的都是美國顧問，以陳納德（Claire Chennault）為總顧問，權力很大，初級班和中級班都要經過他們的考核，由他們帶飛，不符水準的就被淘汰，但是高級班就不要飛行考核了。中國教官比較有人情味，如果他們認為是可造之才，就是有些困難，也會代為說情，將就過關。

我和幾位同學九月中開始在蒙自正式受訓，四人為一組，組中二人為華僑，由一位教官帶領。授課都用國語，我們剛從海外回來，除盧開周外，大家都不懂國語。由於語言隔閡，聽課、授課都有困難，後來校方設法找些廣東同學來幫忙翻譯，經過一段時間才慢慢得到解決。由於日本飛機常常轟炸，我們上課經常中斷。好容易到了一九四〇年二月才順利完成中級班訓練。一個月後，正式升上高級班，並且開始分驅逐科和轟炸科，改在昆明巫家壩受訓。我被分派到驅逐科，飛霍克III式（Hawk III）飛機。我在受訓時曾發生一次嚴重意外，差一點性命不保。那天三架飛機編隊起飛，我在第二僚機的位置上，在我們的飛機正要離地時，另一架飛機在我們前面迎面滑行，我立刻向左邊微側，並且馬上把駕駛桿向上拉，但是迎面而來的那架飛機的螺旋槳碰到我的右襟翼和昇降舵，飛機立刻下墜，然後反彈起來，幸虧有驚無險，還是安然落地了。大難不死，卻冒了一把冷汗。一九四一年二月十日我們十一期畢業了，全部共七十九人，其中來自三藩市中華航空學校的佔十四人（有二人沒有畢業），後來還有林安民（Min-On Lum）和李啟馳（Archie Lee），他們屬十二期，在畢業後還送回美國受訓，是更幸運了。

從一九四〇年秋開始，日本轟炸機經常在零式機的掩護下轟炸昆明。日機來襲時，霍克式飛機就馬上疏散，基地只剩下兩架蘇聯製造的I-15式戰機，我的飛行教官立刻起飛迎戰。結果他被三架零式日機包圍，在七千尺高空單獨與敵人苦鬥。可惜寡不敵眾，飛行教官的I-15受到嚴重毀損，只好緊急降落。不幸一隻眼睛受傷，從此結束了他的飛行生涯，實在可惜。

航校差不多天天受到日機轟炸，影響很大，政府派員與美國當局商量，結果作出派遣航校學生赴美受訓的決定，李啟馳和林安民就是奉派回美受訓的幸運兒。

我們回國效力的同學都有很好的表現，像余連貴（Harry Yee，現居夏威夷），李啟馳、周威霖（Bill King）、張松仰、楊錦雄（Ted Young）、黃子沾都很優秀。不過同學們的犧牲也很大，四大隊的岑慶賜（Sam Ho）和梁松寧（Harold Leung），一大隊的王文星（M.S. Wang）都在空戰時壯烈犧牲，劉福慶（Haney Lew）畢業後派往伊寧，在晚上飛行時失事，不幸身故，是我們的同學中第一個殉國的；一九四〇年機械士黃華傑在昆明遇難，當時一群日本飛機來襲，他連忙躲進防空壕內，然而日軍的殺傷炸彈落在防空壕附近的樹頂，結果被碎片擊中，不治身亡。他們英年殉國，馬革裹屍，求仁得仁，死得其所，充分表現了四海同心，共禦外侮，充分發揮了華僑愛國，為中華民族獻身的崇高精神，值得千秋萬代的敬仰。

邁向征途

我們在一九四一年初畢業，晉升准尉，奉命立刻前往成都接受作戰訓練。我們二月二十一日離

1941年2月，昆明空軍官校的華僑畢業生與林文奎老師（中坐者）合照，第二排左一為朱安琪先生。

開昆明，乘坐卡車經貴陽往重慶，三月五日抵達重慶。蔣委員長立刻接見，勉勵有加，使我們非常鼓舞。三月七日到達成都，有幾位同學留在駐成都的驅逐大隊，六個月後就晉升少尉，我和其餘的同學一起前往新疆伊寧，接受使用蘇聯戰機訓練。

六月中有一天非常炎熱，約一百架日本轟炸機分四批直飛成都，我和兩個同學馬上衝出去找防空洞，可是我們對這個地區還是很陌生，結果走失了，誤入附近的居民區，其中李姓的同學大叫肚子餓，提議去吃碗麵條。他剛買了麵條，日機已經飛到我們頭上，我們急忙衝到一戶人家的門前，俯伏地上，炸彈紛紛爆炸，碎片橫飛，危險極了。日機飛過後，我們馬上衝向防空洞，警報解除後才敢返回基地。

我們在晉升少尉後不久便調往新疆伊寧。大概在一九四一年九月乘卡車離開成都，沿途經過好幾個小鎮，然後抵達蘭州，在那裡休息了一個星期，再啟程前往新疆哈密，中間經過新疆首府迪化（今名烏魯木齊），十月中左右才抵達伊寧。這時天氣已進入嚴冬，溫度極低，開始降雪，蘇製的I-16必須在輪胎上裝上滑雪橇，以便飛機滑行。我們在伊寧逗留了一年左右，一九四二年七月初才離開，並奉派駐蘭州的五大隊第二十九中隊。

當時的五大隊因為被蔣委員長懲罰，改稱無名大隊[4]。大隊長是張唐天，隊部設於成都。五大隊有十七、二十四、二十六、二十九四個中隊。二十九中隊駐蘭州，中隊長是五期的王蔭華，他個子高大，沉默寡言，但是人很熱情，是一個好長官。他退役後移民美國，住在距離三藩市不遠的聖荷西市（San Jose），兩年前才身故。在蘭州時隊友黃文斌駕駛一架I-16，降落時飛機偏低，不幸輪胎碰到牆頭，飛機失速墜地，人被拋出機外，落在飛機殘骸旁邊。這時殘骸忽然起火，子彈隨著爆炸，非常危險。我急忙和另一位同學衝上去，把他及時從熊熊烈焰中救出來，立刻送院急救，兩三個月後才痊癒出院，可說是死裡逃生吧。

我一年後改派到四大隊二十三中隊。四大隊隊部在重慶附近的白市驛，負責保衛陪都重慶，因此有「皇家空軍」之稱。大隊長為李向陽，他是前輩，屬航校三期。二十三中隊隊長是七期的周志開。周隊長為人沉實，作戰經驗豐富，是有名的空戰英雄。他曾在梁山先後擊落來犯的日本轟炸機三架，不料在一次偵察任務中出事，壯烈犧牲。後來接任的大隊長是張光韻（六期），其後是司徒福（六期）、孫百憲（六期）、蔡銘永（五期）。四大隊在三藩市灣區健在的同袍不多了，現在還有一位住在近郊桑尼維爾市（Sunnyville），他就是原籍湖南的唐沛蒼。

調到四大隊後，抗戰局勢十分嚴峻，報到後很快就出任務，負責前往鄂北巡邏。在李向陽大隊長領導下，一群P-40式驅逐機向武漢一帶飛去；巡邏多時，但沒有看到日本飛機，到了油量將盡，便趕快返回白市驛。

1943年，攝於重慶白市驛。

在抗戰最後兩年，戰事吃緊，四大隊負責保衛中樞，責任重大。較大的戰役有一九四三年秋的常德戰役，日軍在十月中便集中重兵，於十一月初向常德發動猛攻，我們經常飛往兩湖一帶巡邏，攻擊敵人要地，挫敗敵人攻勢❺。一九四四年初，敵人發動一號作戰計劃，奪取平漢路和粵漢路的控制權，打通從華北到印支半島的交通線；另一方面企圖摧毀十四航空隊的基地，消除來自空中的威脅。一九四四年春湘西戰役爆發，一號作戰正式打響，局勢非常緊張。我們大都從重慶飛出，在湘西一帶掃射地面的日軍，支援在戰區最前線的中美空軍混合團五大隊。同年夏天，日軍向西北發動猛攻，豫西戰役爆發，敵人企圖渡過黃河，加強對隴海路的控制，並進迫西安，我們主要在洛陽一帶抗擊日軍，盡力挫敗敵人的猛烈攻勢。在這段時間，我們經常從西安出發，飛往洛陽，射擊日軍的坦克。有一次我方出動四架P-40，由高又新領隊，我是他的僚機。不料高又新的飛機中彈，冒出黑煙。我在洛陽附近沿著黃河低飛，不久飛機也中彈。幸虧P-40在飛行員的椅子靠背設有一塊四分之一寸厚的鋼板，子彈反彈出去，結果逃過一劫，沒有受傷。到了安康緊急降落，發現座椅兩旁的鋼板也被擊中，子彈沒有穿透，否則我就壯烈成仁了。

一九四四年秋，日軍包圍衡陽數月，城內守軍的形勢危殆，我們為了支援守城戰士，天天飛到衡陽投擲小型殺傷炸彈，期望挫敗日軍攻勢。但是敵人來勢兇猛，衡陽最終還是陷落日軍之手。日寇乘勝追擊，繼續猛攻，直指柳州、桂林，摧毀我方幾個空軍基地，進迫貴州獨山，情況兇險。

一九四五年，太平洋戰事形勢大幅度改變，日軍已成強弩之末。這時我們還是經常出動，飛往漢口，南京一帶，主動找尋目標。我們在五月初出動七架P-51，這是我方最新的飛機，機上裝了六挺五十毫米機槍，火力很猛，速度比P-40快多了，可說是當時的皇牌。記得是五月三十日，我們十二架P-51掛了副油箱，從湖北恩施出發，差不多花了六小時，直飛南京，在八千尺高空搜索，發現四架零式飛機升空，我們立刻向下俯衝，展開攻擊，日機馬上逃走，但是我們的飛機速度快，一下子趕上去，把敵機全部擊落，凱旋而回。

六月我們再次出動，從恩施飛往漢口，炸射城內外的日軍陣地，但是這時敵軍的目標已經不多，並無重大發現，隨意掃射敵軍軍事目標後，就飛回基地。司令張廷孟素來喜歡卜算，有一天卜得杭州還有日機一百架左右，應當把它摧毀。不久，他就下令出擊，由副隊長舒鶴年領隊，指定我做他的分隊，出動四架P-51，另有二十架戰機護航，不過我的僚機發現不妥，半途折回，其餘各機浩浩蕩蕩飛向杭州，三架P-51接近筧橋機場時故意低飛，引誘日機出動，以便高飛的機群向下俯衝，一舉把日機摧毀。因此，三架P-51急忙把副油箱丟了，向機場掃射一輪後，馬上飛走。然而筧橋機場這時已經沒有飛機，只放了一些偽裝的飛機而已，不過機場附近的火藥庫起火，發生連串爆炸，黑煙沖天。舒鶴年飛在前頭，我跟在後面，相隔很遠。舒不停呼叫，但是我的發報機壞了，他沒聽到回應，又見到後面的熊熊火光，認為我已經出事，沒有辦法，只好與他的僚機飛回基地。經過一段時間，我發現前面有一架飛機，但是他在高空，無法看清楚，不知是敵是友，只好立刻爬高，對頭觀察。到距離可辨認為友機時，立即向對方搖搖機翼，對方也馬上搖機翼回應，才斷定是友機，捏了一把汗。前後飛了七小時，汽油也快完了，幸虧有驚無險，安全飛回恩施。

在抗戰幾年中，我出了七十二次任務，並且先後三次前往印度接收新型飛機：一九四四年四月到印度卡拉奇（Karachi）接收P-40N，一九四五年二月再往卡拉奇接收P-51C，兩個月後又去印度翁達爾（Ondal）接收最新的P-51D。雖然說不上有汗馬功勞，也算是盡了炎黃子孫的義務了。

人生禍福無常，命運不可不信。我有一位很要好的同窗戰友，名叫嚴仁典，一天剛好生病，不能出勤，而我卻輪值在機場警戒。當時有一架飛機剛剛修好，原本應由我負責試飛，遇上隊長召集訓話，我得馬上放下試飛任務，前往聽講。嚴仁典好幾天沒有出任務了，覺得很無聊，建議由他試飛，不料才飛了五百尺左右，飛機忽然起火，他立刻迫降緊急跑道，著地後馬上從飛機跳出來，結

1945年4月，第二次從印度接新式飛機P-51D戰鬥機回白市驛。

果耳朵燒傷，送院醫治，幸虧並無大礙，可說是不幸中的大幸了。過了不久，我奉命飛往徐州，嚴仁典在醫院療養已有一段時間，覺得不耐煩，便來與我商量，要代我去。我建議他去問副隊長舒鶴年，舒表示同意，第二天嚴仁典和僚機及其他幾架飛機一起飛往徐州。後來所有飛機都安全回航，卻不見嚴仁典，結果就這樣犧牲了，這大概算是命運吧。

抗戰勝利

一九四四年春，我在重慶認識了年輕、漂亮的蔣有賢小姐，一見鍾情，抗戰勝利前一個月我們在重慶結婚。重慶的女孩子很喜歡和飛行員交往，幾個同袍都交了漂亮的女朋友，喬無過的女朋友湯心德，毛昭品的甜心水景燕，加上我當時的女朋友蔣有賢三個人，「醬油鹽水湯」就成了隊友們常常掛在嘴邊的笑話。我們結婚後到北溫泉渡蜜月，玩了一個星期。不久就勝利了，美軍朋友都回美國，在上海留下不少P-51。我們花了很長時間把它們修好。一九四六年八月我帶領十架P-51飛往北平，直到退役前，也在北平出了四十次任務。

一九四六年十二月，我的隊友陳燊齡中尉在保定被共軍擊落，我軍奮勇將他救起，護送回保定城內。陳燊齡受了傷，但保定已被包圍，無法把他送出城外就醫。部隊決定派我前去救援。我飛一架L-5偵察機，必須設法躲避城外的地面炮火。到了保定，剛幫他登上飛機，對方陣地便猛烈開火，我馬上拚命向上爬升，到他們的炮火射程外的高度，才鬆了一口氣，順利飛回基地，前後花了兩個半小時。部隊立刻把陳燊齡送往醫院治療，不久康復出院，又返回部隊服務。那裡曉得他是個明日之星：一九八六年他晉升空軍總司令，三年後擔任參謀總長❻。

退役

一九四七年我決定退役，在退役前還有一段小插曲。那年二月，石家莊有一架P-51後輪壞了，隊長要我把輪胎送去，我當然從命。用作運輸的飛機是一架戰機，但是已拆掉武器。石家莊在北平西南，航程約一百八十哩。大概飛了一百四十哩，只餘下幾分鐘的路程，馬上要準備降落了。忽然被共軍的炮火擊中，引擎失靈，只好緊急迫降。大概由於速度太快，降落高度太低，螺旋槳插在田

1946年攝於北平

地裡，飛機嚴重毀損，幸虧人沒有受傷。這個地區一個月前還在國軍控制下，但是現在已落入共軍民兵之手。我從飛機殘骸跳出來，看見一個農夫，向他詢問後才知道已入險境。在我一再請求下，農夫把我帶到家裡，要我躲在一道土牆後面，待天黑後再出來。那裡曉得當天晚上，他受到民兵威脅，如不把我交出，明天將槍斃十人，農夫無奈，只好把我交給民兵，結果被拘留在北平以南五十哩一個小地方，軟禁了兩個半月，卻沒有受到虐待。後來由於美國方面的干預，獲得釋放。我乘坐馬車離開被軟禁的村莊，往天津附近的一個火車站，再由在火車站站崗的衛兵送我往天津。我恢復自由後，立刻設法與朋友聯繫。我知道喬無過的襟兄唐先生在中國銀行做事，立刻找了一輛出租車趕往中國銀行。可是銀行已經關門，唐先生不在，一個好心的辦事員為我付了車費，並馬上通知唐先生。不久，唐先生來到銀行看我，還通知了我另一個朋友徐先生，大家見面時非常高興。第二天早上立刻乘火車返回北平。回到基地後，發現情況非常嚴重，我顯然被冷藏了。待了幾個月後，就毅然決定退役，一九四七年八月三十一日正式結束八年多的空軍歲月，決心返回美國。人生禍福無常，提早退役，也許是因禍得福，否則一定去了台灣。

返美前後

退役後我向空軍方面請求回美旅費，但是國民政府財政拮据，無法提供任何補助。無可奈何，我只有寫信給爸爸，請他設法代籌回美旅費。我同時馬上辦理回美手續，但是因為曾在外國軍隊服務，喪失了美國國籍，必須重新申請。好不容易在一九四八年六月二十八日取得美國護照，還要為太太和在中國出生的長子朱世正（Daniel Chu）辦理美國簽證，手續繁瑣，拖延時日。差不多在北平等候了一年，到一九四八年六月才離開，前往上海等候船期。但是，國、共內戰吃緊，便在一九四九年春轉往香港等待，直到一九四九年九月，太太有賢的簽證才正式獲得批准，一家三口欣然踏上回美的歸途，十年出生入死的日子終於結束。

我好不容易回到老家三藩市，跟父親學做乾洗生意，並且買了一家小店來經營，晚上在三藩市市立大學（City College of San Francisco）進修，主修工程學。不久決定轉到希爾德斯學院（Healds College）攻讀機械工程，畢業後當上工程師，直到一九八八年正式退休。我有三子一女，都各有所成，現在正是安享晚福的時候了。

抗戰勝利轉瞬六十多年了，在我中華民族多難之秋，我就像許多身居異國的華僑一樣，義憤填膺，毅然回國，共禦外侮。雖然備嘗艱辛，飽經憂患，遭遇種種挫折，但是至今始終無悔。記得當年在昆明航校受訓，畢業後到蘭州、伊寧、成都、重慶，以至在大江南北與日寇苦鬥，也抱著破釜沉舟、踏破東瀛三島的決心。不料勝利後卻爆發內戰，我竟然在故國被俘，軟禁兩個多月，實在是最大的諷刺。我終於猛然醒悟，不能參與兄弟鬩牆的爭鬥，急流勇退，踏上歸途，回到三藩市安居樂業。儘管當年的照片漸漸褪色，但是，我青年時期曾拚命捍衛的祖國河山，滇池的浩瀚煙波，白市驛的鐵翼銀鷹，至今仍然時入夢中。

二〇〇九年七月十五日於紐約

注釋：

❶劉伯驥，《美國華僑史續篇》，台北：黎明文化事業股份有限公司，一九八一年，頁六八三～六九四：又見朱安琪，〈三藩市中華航空學校沿革〉（History of San Francisco Chinese Aviation School）二〇〇六年九月，未刊，頁一～二。

❷參見朱安琪，〈為自由而飛行〉（Flying for Freedom），二〇〇七年四月，未刊，頁一。原文是英文，十分詳盡，可供參考。

❸關於中華航空學校設立的經過，可以參看李傑，〈華僑飛虎隊抗日救國〉，《世界日報》上下古今，二〇〇五年八月二十四日至三十日。

❹一九四一年五月，五大隊發生番號被剝奪，改稱「無名大隊」，每一成員胸前掛上「恥」字布條的恥辱。這是因為一九四一年五月二十五日敵機來襲時，五大隊奉命從蘭州飛陝西南鄭暫避，後來十五架I-15戰鬥機又飛往天水，剛降落後，空中突然出現九架零式日機，我機已經油盡，無法起飛了，只好眼睜睜看著飛機全數被敵機擊毀。

消息傳來後，蔣介石大怒，全隊受到懲罰，取消番號，稱為無名大隊，參見陳應明、廖新華編，《浴血長空：中國空軍抗日戰史》，北京：航空工業出版社，二〇〇六年，頁二二一～二二二。

❺一九四三年報十月中旬日軍在鄂北集中重兵八萬人、飛機一百三十架，計劃進攻鄂北的常德。我軍早有所聞，也連忙結集部隊十九萬五千人，飛機一百多架，全面展開預防來襲之敵。十一月初日軍發動猛烈進攻，守城的王耀武所部頑強抵抗。敵我雙方爭持六十五天，雙方傷亡慘重。我軍在中美空軍的支援下，最後把來犯之敵擊退。見吳相湘，《第二次中日戰爭史》，下冊，台北：綜合月刊社，一九七三年，頁九〇三～九〇九：又見鍾子麟，《蔣介石王牌悍將張靈甫傳》，北京：團結出版社，二〇〇八年，第二章第九節。

❻陳燊齡，原籍江蘇淮陰人，一九二四年生於北平，乳名四鐵，號楫奇。一九四五年空軍官校十八期畢業，內戰期間曾兩次中彈迫降，遷台後平步青雲，一九八五年晉升空軍二級上將，一九八六年七月任空軍總司令，一九八九年十二月擔任參謀總長，晉升一級上將。

爲兩個祖國而戰：華裔美國士兵譚灼堯先生

譚灼堯口述
吳章銓執筆

珍珠港事變後，美國於一九四二、一九四三年從陸軍各單位抽調華裔士兵，組成華人部隊，加以專業訓練，派往美國駐華第十四航空隊擔任地勤人員。

華人地勤隊一共九個中隊：團部中隊、第四〇七、五五五兩個維修中隊、第一一五七通訊中隊、第一五四四、一五四五兩個彈藥中隊、第一〇七七軍需中隊、第二一二一、二一二二兩個汽車中隊。加上直屬史迪威陸軍部隊的第九八七通訊中隊，共約一千五百人。各中隊士兵全是華人，軍官是白人。

華人地勤隊從一九四三年底開始分批去中國。總部在重慶附近的白市驛機場，中隊則分成許多分隊，到各地的機場去服務。勝利後飛上海回美國。

他們基本上是駐在機場附近的營房或帳篷裡，吃住條件按照美軍標準。經常二十四小時值班待命，工作單調。他們沒有戰功，不受社會重視，中、美軍事史裡都沒有提到他們。地勤人員不在第一線，不隨飛機出擊，沒有人因為直接參與戰鬥而傷亡。

在抗戰前，美國有「排華法案」，禁止華人移民，禁止華人從事各種各樣的體面行業，禁止置產。那時在美華人的教育水平偏低，絕大多數一輩子艱苦，生活在社會主流之外。

勝利後，不少華裔退伍軍人，根據「軍人復員法案」，免費受到高中、大學教育或職業培訓，得到介紹工作和創業貸款。有的從家鄉娶來受過教育的妻子，在美國植根，成家立業。他們的子女多半受過大學教育，有專業工作，改變了華人在美國的法律和社會地位。

中國近代口述史學會這個訪問項目的兩個目的，就是記述美華士兵在中國抗戰的經歷和在美國地位的變化。

我一九二二年出生在中國廣東省台山縣朝陽村。我有兩個姊姊和三個妹妹，我是我父親唯一的兒子。我小學讀的是華僑捐款在村裡辦的小學。中學讀的是在台山縣城的培英中學，這是一所教會學校，在一八七九年由美國那夏禮博士（Dr. Henry V. Noyes, 1836-1914）在廣州創辦，後來經費大部分是海外華僑捐贈，學校也由中國人管理。一九三〇年，培英在台山設立分校，不久獨立成為台山縣私立培英初級中學。學校所有教師都是中國人，教一點點英語，不教國語。一九三七年，我讀初三，父親要我去美國紐約，到他的洗衣店工作。

我去美國和中、日的戰事沒有關係。那時候台山華僑留在國內的小孩，讀到初中就差不多了，一般就是到美國去，讀點英文，然後跟父親一起打工。中國教育本來不發達，中國人在美國又沒有別的出路，大部分只能開洗衣店，所以父母給我們定的教育目標，就是中、英文夠打工就行了。我已到了去美國打工的年齡。

我們雖然不很明白，但是都知道美國有「排華法案」（Chinese Exclusion Acts）❶，不允許新的中國移民。在美國的華人只能是現有的公民和他們的子女，妻子不能入境。因為打工非常辛苦，華僑只接男孩子去做幫手，年老後有人接替照應；不接女孩子。華僑回中國結婚生孩子，不論生男或女，獨自返美後，都登記生了男孩。如果沒有生男孩，以後就接別家的兒子充當自己的兒子到美國工作。沒有美國居民身分而想送孩子去美國打工的人，就購買別人男孩子的身分，把孩子換別人的姓，以便獲准入境美國。這樣到美國的孩子，台山人通稱「紙仔（台山話，「仔」是兒子的意思）」（paper son）。我的父親就是那樣到美國的。他本姓譚（Tom）名譚裔泮，買了別人的身分，改姓李（Lee），他在美國的中文名字是李裔泮。我是他真正的兒子，生下來就姓譚。為了來美國，也改姓李。這樣我就變成了美國人S. Ngew Lee。

到美國

我父親洗衣店的店面是租來的，在百老匯大街一二五號，面積只有十六英尺乘十英尺（大約五・三公尺乘三・三公尺）。這就是我父親的整個世界，幾十年生活與工作的地方。這當然又是「排華法案」的關係，華人不能買房地產，只能租屋。華人依法不能做這樣那樣的工作，加上社會上的歧視，能夠做的事情幾乎沒有。離開唐人街就只能開洗衣店。工作辛苦，賺錢極少，這種工外國人是不做的。

我父親每天工作十六小時。晚上我們在店裡鋪兩張床睡覺，生活非常艱苦。我父親和我，掙扎著僅能餬口，還要存點錢寄給母親。父親已經六十多歲，是個文盲，中英文都不識。日復一日，年復一年在小店工作外，可以說什麼都不知道。我白天上學，放學後幫忙洗衣店工作。

因為我英語很差，所以先是去小學讀書，讀了一兩年，然後讀初中，都在百老匯大街附近。我忘了學校的名字。大多數學生是白人小孩，只有一兩個中國人，我年齡太大，很不好意思跟那些小少年坐在一起。美國學生叫我「Chink，Chink……」❷。我不在乎，我不理他們就是了。我的牧師告訴我，就假裝他們是說「Ching，Ching（請，請）」啦。在那個時候啊，你不得不忍過去。還有什麼辦法呢？學校是不會來幫助我這樣的外國學生，他們根本不理。

我星期天還去職業學校學汽車修理。我不知道以後要做什麼工作，只是想學一種技能，不做洗衣館。我學完了，得到文憑。

那時候，很少華人可以受到高等教育。我知道也有一些人住在教會，他們有人升學。其中有一位張惠良先生，戰後是我的家庭醫生。他告訴我，他是哥倫比亞大學醫學院畢業，有醫學學位，可是無法在任何醫院找到工作。最後，他在唐人街開私人診所，這是唐人街第一個華人醫生診所。戰爭爆發之後，醫生緊缺，他才被一家大醫院邀請去負責一個重要項目。

我喜歡去教會辦的主日學校，在那裡我才有朋友，可以學英語和其他東西。

我的教會在第三十一街，近唐人街的亨利街（Henry Street），是第一個華人的長老會教堂。有一位白人太太教我們英語。更重要的是，那裡的牧師楊啟壯（新會人），是我最好的老師。我從他學到了很多好東西：他告訴我怎樣做一個好人，他教我聖經，他勸我聽收音機，學著講有美國人口音的英語。一直到今天，我始終感激他。每年逾越節❸我都去紐約上州威郡的肯西科公墓（Kensico Cemetery）看他的墓地。

從軍

一九四二年，我自願報名從軍。

美國華僑很關心中國的戰事。唐人街的中文報《民氣日報》和《聯合日報》報導這些新聞。我看報紙，聽電台廣播，知道在中國的抗戰和美國在太平洋的戰事情況，並且知道余新賢中尉❹到紐約來招華裔從軍，訓練後派去中國服務。我像其他華人一樣，仇恨日本的侵略，想去參加祖國的抗戰。我想，戰死在中國比戰死在歐洲好，自願從軍比被徵兵好。那時候大徵兵，每一個十來二十歲的人，早晚都會被徵召，躲不過的。我自己這樣做了決定後，就去唐人街中華公所報名。

首先我們必須通過筆試，然後體格檢查。筆試只是一種智力測試，很容易。所有報名的人都通過了。

楊牧師告訴我，在軍隊裡，記住服從命令，不要「多嘴」（粵語，意見多多，不停說話的意思）。我記住他的話，在服役期間從來沒有惹過禍。他告訴我，在軍中不要學壞事，要向上帝祈禱。在我們出發前夕，他送給每一個自願從軍的教友一個小本子聖經。他簽名的日期是一九四二年十二月十七日。我今天還仔細保存著這本聖經。

我因為楊牧師而成為虔誠的基督徒。我這一生並不常去教堂，也不經常禱告。宗教是在我的心中，而不在經常參加教會活動。

我告訴父親，我決定自願應徵去中國打仗。我把我儲蓄的三十元給他，就走了。父親沒有主意，他只好接受，再度一個人孤苦地照顧他自己，而且可能失去他唯一的兒子。老父親哭了，可憐他一點辦法也沒有。他甚至不能送我去車站，因為他不能離開他那個小小的洗衣店。

受訓

余中尉（後來他升到上校）帶我們一百多志願兵到新澤西州迪克斯堡（Fort Dix）的徵兵處報到，我們在那裡接受了基本的入伍訓練。

我相信我們這批志願兵大部分是說台山話，不是說粵語，我在教會裡學過粵語。幾乎人人都會說會看一些英文。很少人會說國語。

我記得很清楚，在我受訓期間，我的父親從來沒有能力寄給我任何東西。我只在聖誕節的時候，收到我的教會和教會婦女組織贈送的糖果和小禮物。戰前的華人社會裡，婦女很少。我猜想，我們教會的婦女組織只有十二、三個人。她們真的花了很大力氣，才能夠給我們寄點禮物。我從未收到過紅十字會或任何其他組織的東西。後來我中隊上的大多數戰友來自美國西海岸，他們在美國有家庭，他們會收到家人的包裹。

我每兩三個星期寫一次信給我父親。他找一個朋友替他看信，偶爾回信給我。我發出的信，在通過軍郵寄出之前，都必須受檢查，通過後在信上加蓋一個章。我不知道我父親的來信是不是也經過檢查。每次部隊郵件員分發郵件的時候，戰友們很興奮地去擠著等叫名字。我通常不去，反正我的信很少。

我發現，在週末要出營的時候，我們不僅需要檢查週末准假證，而且要檢查避孕套。憲兵很嚴格，缺一樣，他們不會讓你出去。

基本訓練很苦。我們早上五點就起床。我想我體重減少了很多。我們大多數人都一樣，因為我們吃不到中國伙食。特別是我吃不下乳酪。現在我愛吃乳酪；那時候不行。我的體重大概只有一百三十磅。但是，訓練還是通過了。據我所知，每個人都通過。美國本來沒有準備打仗，現在突然迫切需要，盡量保留每一個士兵，送去前線。

四〇七空勤中隊[5]

我們在迪克斯堡完成入伍訓練，就前往伊利諾州的春田市（Springfield，IL），繼續接受空軍地勤的基礎訓練，然後按照將來的任務需要和個人的技術編組。我的四〇七空勤中隊於一九四三年七月十日成軍，全隊一百六十人，士兵都是華裔，軍官是白人。[6]

中隊的核心任務是修理飛機。裡面再分各種技術任務的小組（units），是一個可以獨立完成飛機修理任務的單位。

軍官都是美國白人，只有醫官劉上尉是夏威夷華裔。士兵來自二十六個州，加利福尼亞州最多，佔百分之四十五，紐約百分之十七；年齡從十八九歲到四五十歲都有，最多是二十出頭的單身漢；百分之五十七是中國出生，百分之四十三是美國出生；百分之二十三是大學生或大學畢業[7]。我們這個中隊是技術兵，水平比較高。

一九四三年八月，我們調往俄亥俄州的帕特森（Patterson，OH）空軍基地接受技術訓練，包括：維護修理各型飛機（主要是戰鬥機P38和P40，轟炸機B-25，運輸機C47）、引擎、機身、水壓機、儀器、電工、木工、無線電、卡車駕駛和修理、行政、後勤、飛機鈑金工、儀器工、炊事員等等。這個基地非常大，是當時美國的空軍地勤總部所在地，也是空軍的技術訓練中心。

我們被分成幾個專業組。我一開始接受無線電操作員的訓練，學操作摩斯電碼（Morse Code）

。兩、三個月後，被轉到機修隊。我在從軍前已經有駕駛執照，並學過汽車修理。於是我學開6x6拖車和卡車修理，大約兩、三個月。

大卡車駕駛是相當難的。我們要學會怎樣駕駛標準排檔的重型卡車，怎樣用雙離合器。你首先放在一檔，轉向中檔，然後踩一點油門，踏上離合器並插入插座。如果不這樣做，在山區很壞的路面上走是非常危險的。後來在中國，我知道許多中國人的司機依靠小聰明而出事送命。他們想節省汽油到黑市去賣，下山的時候把車子熄火，掛到中檔，一有意外，便無法控制卡車加速往下衝。卡車已經很重，還拖著十桶酒精。這些重量從後面狠推，多麼危險！我從來不敢冒險。

我還學會了怎樣給飛機加油。

在空閒時間，由會說國語的戰友教我們說國語。那是我最早學的國語，現在看來不太標準。比方說，我們現在問：「你幾歲？」那時候學的是「你的年齡許多？」發音是：「nae-dad-nan-lang-shui-dor?」

我們空勤中隊士兵都有某種技術，所以多少會點英文，不過也有例外。有一位叫Tak的，從中國到美國六天就入伍，幾乎完全不會英文。❽

我們四〇七中隊的戰友，在受訓的時候就出版了一本雙語的小刊物，名字是《工合》（*GONG HO*）❾。都是寫中隊的事情，我不大看，裡面偶然有點新聞報導。一九四四年，我們在印度，中國的中央通訊社一位姓馮的記者（Paul Feng）到我們中隊訪問，他是在紐約大學讀過書的廣東人。他說中國的形勢很嚴重，但是能夠守住。日本攻下長沙是因為他們使用毒氣，中國軍隊遵守國際公約，不使用毒氣。他還說，史迪威將軍（General Joseph Stilwell）率領的中國部隊在緬甸反攻，不久一定可以打通緬甸公路。八月，《工合》報導，飛虎隊的陳納德將軍（General Claire Lee Chennault）從中國回美國，接受《紐約時報》記者訪問說，衡陽在苦戰中。

我是標準的好兵，在帕特森基地，一九四四年一月從一等兵（private first class）升到下士（corporal），有兩條槓。

出發

一九四四年四月，我們前往維吉尼亞州新港新市（Newport News），搭乘「自由輪」（Liberty Ships）[10] Thomas Hyde號，前往中國參戰。

我們船隊有大小船一百二十五艘，在大西洋走了十七天。白天分散走，晚上集中，四周有護航軍艦圍繞。白天，我看到海軍砲手不停地操練射擊氣球。晚上，護航軍艦不停地丟深水炸彈。

過了大西洋，我們進入地中海，停在阿爾及利亞的奧蘭（Oran）。那是法國殖民地，美國從德國佔領軍奪回，成了美軍的補給基地。在奧蘭，我差點打死一名當地的人。我在軍用碼頭夜間執勤，我們奉命：任何人不能回答口令，就格殺勿論。那天晚上一片漆黑，什麼也看不見。聽到有人走近，我大喊「站住！」他並沒有停。我舉起步槍，用盡全力大喊「不准動！」他才停下來。原來是一名工人，想買點吃的。我是優秀射擊手，一槍就會打死他。我的後援戰友帶著機關槍，離我不遠。只要我開槍，他一定也開槍。那個工人非死不可。

一九四四年五月中，我們離開奧蘭，乘英國的H. M. S. Ranchi號商輪改造的運兵船。六月一日到孟買。我看到英國輪船上，軍官、士兵的待遇截然不同，印度水手的待遇又低一等。

印度

六月二日到孟買，沒有停留，從船上把裝備直接搬上火車，馬上開去加爾各答。我們駐在郊區的軍營，那裡是「中—緬—印戰區」（CBI【China-Burma-India Theater】）的主要前進基地。在火車上聽到美軍電台廣播，美軍在法國諾曼第登陸。大家知道，反攻勝利不遠了。

從加爾各答到印度東北的廷蘇卡（Tinsukia），坐的是窄軌火車，中間有一段需要乘船，溯布拉馬普德拉河而上，幾次把裝備和機件搬上搬下，都是人力搬運，天氣酷熱，十分辛苦。

部隊駐在廷蘇卡附近的汀江（Dinjan）機場，這是最接近中國的基地，英國人租給美國人用。基地很大，但是生活設備不夠我們中隊使用，只好自己搭蓋帳篷，修理道路，建廁所等等。在那裡我們駐了五個月，支援運往中國去的飛機、武器、彈藥、汽油等等軍用品。我們修理飛機、加油、裝載物資，非常忙碌。

那時候，中國正在緬甸反攻，印度到中國的公路還在趕修，要到下年一月才通車，一切軍用品都靠空運。

我見到一次致命的事故，到現在還記得，有的時候想起來就睡不著。我開車從好幾個帳篷接了至少三十個士兵到食堂去吃午飯，路上不得不跨過飛機跑道。我在跑道旁邊停下，等待一架飛機起飛，它在我們的面前呼嘯而過，卻不能爬升，就在離我們很近的跑道盡頭撞毀，馬上燃燒起來。那是一架運輸機，支援我們正在緬甸跟日本人鏖戰的部隊。⓫

飛越駝峰

我們中隊的汽車組大約有二十人是先頭部隊，在一九四四年十一月三十日，提前從印度乘飛機越過喜馬拉雅山的駝峰，前往昆明。中隊其他的人隨後從公路去，因為有大批車輛、機器、裝備、補給品必需攜帶，只能陸路運送。

在駝峰飛行中，發生一個小插曲。我們的飛機沒有封閉艙，沒有空調，冷得不得了。一個朋友有一個不錯的手錶。他把手伸出機艙外試試。強風把他的手錶一刮就刮走了。

我們每個人都有降落傘。我們把它們當座位，因為飛機裡面是空空的，沒有座位，只是鋁地板。我們曾經受過使用降落傘的訓練，知道從飛機上跳出後數到十就拉繩子打開傘，但是我們沒有實際跳傘的經驗，因為訓練基地沒有跳傘訓練塔。

我們的飛行沒有戰鬥機護航，遇到日本飛機，就是跳傘也沒有什麼活命的機會，只好自認倒楣。就在一九四四年十一月二十五日，日本的攻擊使得駝峰航線的導航台全部關閉，造成正在駝峰航

線上飛行的十二架美軍運輸機和一架中國航空公司運輸機失蹤。⓬

中國

中國急需重型卡車。我們在印度把卡車分解成許多部分，放在飛機上空運到昆明，在昆明把卡車再組裝起來。我們年輕，又是在戰時，一到昆明就不顧一切拚命日夜工作，在短時間內組裝完成五十多部6x6的卡車。

第四〇七空勤中隊到中國後，抽調各組人員分成許多分隊（detachments），分派到不同的機場去服務。

陸良機場

我被送到離昆明不遠的陸良機場。我在陸良的工作是修復油泵和儲油。我天天在工作和待命狀態，在任何情況下油泵出了問題，我必須趕去修復它。我有我自己的中型吉普車和我自己的帳篷。中國沒有飛機用汽油，每一滴汽油都必須從印度空運來。空軍用四引擎的B-24轟炸機運汽油，把飛機內的武器和其他裝備拆掉，裝進汽油桶，再在飛機翅膀加裝額外的汽油箱，轟炸機變成空中運油機。

B-24一到，我們把油管接到機翼，抽出不必要的汽油。這是一個精密的工作。飛行員告訴我停，我就停。那時候中國的口號是：「一滴汽油一滴血！」我們必須盡可能把汽油留在中國，但也要留下足夠的汽油讓B-24飛回印度。

裝在五十加侖汽油桶裡的汽油到達後，我們用大直徑的管子輸送到兩個高大的儲油槽裡，要一個月才能累積足夠的汽油，讓一隊十二架B-29轟炸機出任務。每次我把汽油抽到儲油槽裡，就向軍官報告，油槽裡增加了多少油。這些儲油槽由中國士兵和高射砲部隊保護，戒備森嚴。

不知道為什麼，印度運來的汽油並不純淨，裡面混有不少水份。每當儲油槽積滿了，我的隊長就命令我打開油槽下面的活門，讓髒水流出來仔細地查看，只留下純油。

有一次，一架B-29從印度飛來，停在機場，在我們給他們加油之前，機上的一個軍官走過來對我說：「李下士——我那時候姓李——跟我來檢查油槽。」他叫我拿出一條白手帕，用兩手捧住，他把汽油倒到手帕看。我看到寶貴的汽油在手帕上濾過，流到地上，我問：「你幹什麼？」他說：「不要緊！」然後我們掛上管子給轟炸機加油。後來我才知道他是測試汽油，要保證它是百分之百沒有污物。這是一百辛烷值高品位的汽油。

五十加侖的油桶非常沉重，中國勞工工作很努力，但是瘦小，需要四個人才能抬起一桶。

我在中國第一次服務的飛機，是十二架B-29轟炸機。我的戰友裝載彈藥、炸彈、檢查無線電等等。我不知道它們去轟炸什麼目標，我猜想它們轟炸黃河橋樑或武漢。它們完成任務後，不飛回來，繼續飛往太平洋島嶼上的機場，在那邊執行其他任務。經過一個月左右，再飛回來陸良，執行另一項任務。我記得我服務了兩批B-29。然後就沒有了。我猜太平洋基地比較更方便讓B-29去轟炸日本本土。

一次出擊任務之後，我們從頭開始累積汽油，準備下一次任務。汽油給了轟炸機，就一滴也沒有啦，必須重頭慢慢再存起來。B-24機幾乎天天運油來。我們只有兩個高油槽，不夠，只好用卡車來儲存其餘的油。

我到陸良後，一位白人士兵教我這個抽油的程序。我離開陸良的時候，把全過程教給接替我的另一個白人士兵。

陸良還有其他類型的轟炸機和戰鬥機。有時轟炸機受了傷回來，只有兩個或三個引擎，或尾部或機翼受傷。六架戰鬥機起飛執行任務，就有一架或兩架回不來。這種事情經常發生。

所有這些工作是絕對機密。我們的機場由中國軍隊守衛，沒有人能靠近。我們出去要有通行證，回來要有口令。

陸良機場非常大，它是美軍在中國的後勤基地。從印度運來的各種軍用物資，在這裡集中管理，再分運到中國各地的機場去。有十四個佔地三萬多平方英尺的倉庫。跑道長三千米，寬六十米[13]。兩架飛機可以同時並排降落。開我的吉普車繞機場一周需要半小時至四十五分鐘。我寂寞的時候會開車繞機場兜風。

機場是三萬多工人修建的，男女老少，日夜趕工。我們到的時候，跑道還沒有完全建成。他們用大塊的岩石鋪底，然後往上一層一層鋪越來越小的石塊和鵝卵石。到最頂層鋪細沙，再用人力拉動的大石頭滾子壓結實。跑道非常平滑，下雨的時候水很快就滲透下去，沒有積水。漂亮極了！我親眼看到的。美國工程師來看到後，非常驚訝，讚揚中國的工程技術這麼高！

中美聯隊（CACW）也駐紮在陸良。他們使用雙引擎的B-25轟炸機，每架飛機有一名美國駕駛員，一名中國駕駛員，一正一副。他們有自己的地勤人員，在機場的另一個區。我從來沒有與他們接觸。

有一次，一架中美聯隊的飛機要降落，飛過我的儲油槽附近，我正在那裡工作。它的一枚炸彈在我們附近掉下來，非常靠近油槽。我們拚命跑開。後來知道，原來這架飛機在執行任務中，也許是機件失靈，有一顆炸彈沒有丟給敵人，將要在陸良著陸的時候，這顆炸彈卻掉下來。幸運的是，這架飛機離地面非常低，炸彈落地沒有爆炸。要不然，如果油槽起火，一定是一場大災難，會把所有的東西都炸毀，包括停在機場上所有的B-25轟炸機。我一直閉住我的嘴巴，沒有把這件事故報告上去。

我曾偶爾與中國工人談談，他們是好老百姓。我目睹了一次事故。我不知道他們在做什麼，但他們在一架飛機正在降落的時候，忽然衝過去，越過跑道，一個人當場被輾過，死了。慘得很。

我在陸良有一個中國平民助手，他是一個很機靈的男孩子。他不懂英文，我國語也不好。然而，我們交流沒有問題，合作得很好。他不是本地人，是因為打仗從別處什麼地方流亡來的。有時我送給他一點小東西，我們一起去打獵，我用我的卡賓槍打野鴨打鳥，他去撿回來燒了我們一起吃。我吃東西不挑嘴，很喜歡平常難吃到的山珍野味。

他介紹我認識他的祖父和表妹，她也為我工作。我要離開陸良的時候，他的祖父一再求我，讓兩個年輕人跟我走，也許他想我帶他們去美國。我怎麼可能帶？我說：「爺爺，我不能帶他們。我只是一個兵，到中國值勤。我並沒有權力。這是打仗的時候，我不回美國。」我覺得很對不起他們，他們是我的朋友。我有什麼辦法呢？我只能留一點錢給他們。

運輸隊任務

那時候我們只知道夜以繼日工作，沒有一天的假。我不記得什麼月日時間，調到什麼地方。或者怎樣渡過一九四四的聖誕節或農曆新年。

在陸良幾個月後，我回到我的技工職位，被分配到不同的其他機場去工作，包括重慶附近的白市驛，湖南的芷江，貴陽附近的清鎮，四川的內江等。我不記得那裡是那裡。反正我們接到命令就走。我的工作是開卡車和修理。

白市驛是四〇七中隊的總部所在。我接到命令，開6x6卡車從白市驛到成都，從工廠裝載酒精回來。我的軍官給我一張地圖和任務指示。我們沒有人去過成都，於是我們要求派一名翻譯做嚮導。第二天早上，中國政府就派來一個年輕人。他名字叫喬祖同，上海來的大學生。他坐我的卡車，因為我是唯一會說一點國語的人。他陪我們執行兩次任務，和我成了很好的朋友，就像兄弟一樣。戰爭結束後，我到上海的時候曾經去看他。他想邀我合夥做他的茶葉生意，我婉拒了，我對生意一竅不通。

我在白市驛和成都兩個城市之間運汽油和酒精，跑了很多次。我們的車隊有八到十輛帶拖車的卡車，由一名華裔中士領隊。崎嶇的山路非常險阻，有一次我幾乎喪命。我的卡車費盡力氣爬到坡頂，突然打滑失控，車頭一半衝出路邊，危險得不得了。卡車載滿汽油和酒精，如果再滑下去，會是一場大災難。幸好我能夠保持冷靜，及時恢復對卡車的控制，把它拉回路上。

還有一次，我們車隊一個司機的卡車打滑，翻下山去，卡車徹底毀掉，司機奇蹟地走出來，沒有受傷。

又一次，一輛卡車上的油槽漏油，汽油滴落到排氣管，引起小火，但我們順利把火撲滅，卡車仍舊可以開動，載運的物品也沒有損失。

有時候完成任務還得靠好運。有一次我們在路上，卡車頭的一條彈簧壞了，沒有備件替換。幸好不遠有個工廠，由他們把彈簧修理好。

來回一次要花三天時間。我們從重慶白市驛出發，在內江停下過夜，然後一口氣到成都，滿載酒精，立即往回開。回來的路上，我們還是在內江停下來過夜，第三天回到白市驛。每次任務，我們睡在我們的車裡，吃自己帶的軍用口糧，派我們自己的警衛。我們不進城。有一次，我們在內江停車過夜，保護我們的中國士兵偷走了我們的K口糧和C口糧⓮。我把失竊的事向領隊官報告，他也沒有辦法，只好用自己帶的錢買東西吃。這件事就這麼過去了。

還有一次，在運輸路上，一些中國兵攔住我們，吵著要上我的卡車。他們看來沒有錢，很疲憊。但是我不能讓他們上車，那太危險了。我的車上滿載酒精，我們有任務在身。但是他們不肯讓路。我舉起卡賓槍對準他們說：「如果你們不讓路，我就開槍！」他們才離開。

車隊運輸任務間的空隙，總有一些別的工作要做。在軍中，他們不會讓你閒著。我們沒有星期天休息，也沒有節日假日。我們很少得到一天休息。

白市驛不是一個大機場⓯，沒有那麼多設備。我們住在帳篷裡，但我們有中國廚師做的熱飯熱菜可吃。

有的人很幸運，分配到生活環境較好的總部工作，有乾淨的衣服替換，有可口的伙食。我們已忙得喘不過氣來，還得自己洗髒衣服。在軍隊裡，就是靠運氣。

四〇七空勤中隊的指揮官是史密斯少校，本來是B-17空中堡壘轟炸機飛行員。他在一次意外中失去了一條腿，我和隊友到成都他住的醫院去看他。他覺得我們老遠從白市驛跑去探望他，表示非常感謝。後來我再也沒有見過他。我們新的指揮官是布朗上尉。我們從美國橫跨大西洋的時候，他曾經是我們的中隊長。

清鎮

白市驛後，我被調到貴陽附近的清鎮。我們四〇七中隊各地服務的分隊都調來了。我還是在車隊，開車從機場運各種各樣東西到軍需倉庫，還接送戰友們，幾乎每天工作十小時，總是很忙。

我們在中國的時候，從開始到最後勝利，每天都吃兩個雞蛋，也常常可以吃到牛肉。有人告訴我，貴陽的市長說，他們把所有的水牛都殺了，為的是給我們吃牛肉。農民沒有牛，種田非常困難。我知道市長說的是實話。美國政府要求中國給美國兵充分供應食物，他們不知道中國很窮，中國沒有肉用牛，把農耕牛殺了給我們吃。

我們偶爾會到城裡買過期的中文報看；主要的消息來源，是每一個單位有一個收音機。播出的大多是音樂，也有新聞。我相信電台是美國軍方的。

有些士兵從美國買了收音機帶去。我從他們那裡聽到新聞。我們沒有陸軍的《星條報》（*Stars and Stripes*）。也不記得看過*CHINESE LANTERN*⑯這種刊物。我們是常常調動的小單位，什麼也沒有。

我告訴過你美國華裔士兵和他們的中國戰友，怎樣在沿海各省建立空襲警報的情報網嗎？我在一一五七通訊連的朋友告訴我，他和他的中國夥伴穿上農民的衣服，晚上帶著無線電摸近日本的機場，在地下挖洞，用泥土和乾草把自己蓋起來。日本飛機一起飛，他們便立刻用無線電通知後方，有多少架飛機，往什麼方向飛去。這個中美兩方合作防空的早期警報方法，非常有效。

勝利

打敗日本的那一天，我正在清鎮機場工作。突然，我聽到每一個人都拿步槍發射，那時我才知道勝利了。他們一定是聽到了廣播。我沒有開槍，我保留我的子彈。在戰爭期間，每個士兵都發給步槍並且保持著六發子彈。我有一枝卡賓槍。我從來沒有使用過配發給我的子彈。我打獵的時候，問軍需另外要子彈。卡賓槍太輕，打不準，不是陸軍步兵的好武器，所以配給我們空軍部隊的士兵攜帶。

日本投降，我們把所有的軍事物資、卡車和軍用品移交給中國空軍，我們移駐芷江，準備日軍代表來投降。我們接到命令，不要靠近日本人。

沒有事情做的時候，我們只是做軍事體操，打掃清潔，等待下一個命令。然後飛往上海等船回美國。

戰爭期間，士兵可以節省錢購買美國的儲蓄債券。可以從軍餉中扣一部分，直接寄給家屬。這事情有中隊裡管行政的士官處理。我買了債券，給我父親只寄過幾次錢，數目不多。有一次我寄錢給在家鄉的母親。那是在昆明，我走進一家中國銀行，說我要匯款到台山。銀行接受了。後來母親說，收到了錢，她和全家都非常高興。全村的人大批來問她，是怎麼收到這筆錢？當時，沒有人在匯錢，我是唯一一個匯了錢的兒子。我不知道銀行怎麼做的。據說，銀行僱人跑佔領區，把錢送到。總之我的母親收到我的錢。這是我唯一的一次給母親寄錢。我們很難得到去城裡的通行證，沒有通行證，不准離開基地。只有在大城市裡才可以找到銀行，在基地沒有銀行。

我把我的錢放在腰帶裡，一直隨身帶。我們駐地沒有軍中銀行讓我們存款。說實話，我們有錢，卻沒有時間去城裡花費，連找好東西吃的機會都沒有。我回美國的時候，一共節省幾百美元，是我在中國當下士的薪水。有些士兵沉迷賭博，贏的機會很少，多半是輸得光光，身無分文。

回美國

到了上海，我們交回所有的個人武器、彈藥和防毒面具。我把六發子彈全部交還，我在中國從來沒有過開槍自衛。

在上船回美國前，我們每個人得到一張蔣委員長的簽名彩色照片，和一枚上面有他照片的紐扣。我仍然保有著這一張照片，紐扣卻丟了。

我們乘航空母艦安齊奧（Anzio）號返回華盛頓州西雅圖，航空母艦只載返國的士兵，沒有飛機，我不知道飛機放到那裡去了。在母艦上，我喝牛奶、淋熱水浴，都是一九四四年離開美國後的第一次。在中國，有冷水淋浴就是幸運了。

在日本海附近，我們看到海面上漂流著水雷。一旦雷達發現水雷，航空母艦就停下來，水兵用槍射擊，引爆它們。水雷在海裡隨著海浪漂浮，忽上忽下，很不容易才擊中。爆炸非常強烈，好像天空要塌下來。我們遇到了三個日本人留下的水雷，不過戰爭已經結束，可以悠閑地看水兵射水雷，心情和初次坐船經過大西洋到中國參戰的心情不一樣。

我們一九四五年十二月二十三日到了華盛頓州的塔科馬（Takoma）。記得聖誕節我在西雅圖營地的廚房工作。這對我非常不公平。別人享受在戰後回國的第一次歡樂，我卻被派在廚房值班。

我坐火車回到新澤西州迪克斯堡，以下士軍階辦退伍手續。我服務三年零一個月。受訓大約十六個月，從出發到回美國，服役期大約共二十個月，其中在中國的時間約十三個多月。我得到三枚獎牌，一枚是神射手，一枚是良好行為，一枚是中國－緬甸－印度戰區作戰獎章。

我感到特別自豪的是：我在軍中服役期間，始終遵守著楊啟壯牧師的忠告，當一名有操守的軍人，從來不賭博、不抽煙、不找女人。士兵們年輕力壯，生命隨時可能結束，不想明天；前線緊張但是非常單調，身上又有錢，很難抵擋這些誘惑，一有空就需要找刺激。

我去看我的楊牧師。他在他給我的小聖經上，寫下了另一短句：「歡迎回家。」一九四六年一月，我完成了在美國軍隊的服役，抵抗日本對中國的侵略，並懲罰日本偷襲美國珍珠港。我盡了為兩個祖國而戰的責任。

戰後安家

我們大多數戰友不知道戰後要做什麼，或者要學什麼，我們不知道會有什麼機會。

楊牧師建議我利用「軍人復員法案」（Servicemen's Readjustment Act）（通稱G.I. Bill）⑰去唸大學。我知道我的英文不夠好，自費請了一位老師補習。我只在中國初中畢業，雖然美國政府也補助讀高中，但到讀完大學要用很多年。我英文的程度實在太低，於是放棄了。和我一起服役的華裔朋友，沒幾個利用「軍人復員法案」去讀大學。

一九四五年十二月，國會通過「戰士新娘法」（War Brides Act）⑱，規定二戰士兵可以帶外籍妻子和子女回美國，這對將近一百年無法帶妻子回美國的華裔實在是天大的機會。這個法案的有效期是三年。好多孤單的年輕士兵，認為機會不能錯過。我父親一生孤單淒苦，也勸我趕快去中國結婚。

要結婚必須先賺點錢。那時美國社會仍然看不起和排斥華人，華裔士兵依法有平等工作權利，但是找工作非常困難。所謂戰後華裔機會增加的說法，並不像聽起來那樣好。要經過許多年的奮鬥和忍辱，才漸漸好起來。又是楊牧師幫助，我在一家蒸汽洗衣公司做卡車司機。

一九四七年，我回鄉結婚。我未來的岳父是紐約華人長老教會的長老，我父親的朋友，他有意我娶他在中國的女兒。婚後便依「戰士新娘法」一同回美國來，這在從前是不可能的。

1995年，當時擔任紐約華裔退伍軍人會執行委員。

我在紐約布魯克林洛克威區（Rockaway）買了一家洗衣店。大多數美籍華人，戰後還是只能從事傳統的手工洗衣店。雖然我的卡車駕駛技術一流，在非華人的公司，連卡車司機的工作都不可能找到。

我的妻子是高中畢業生，非常賢慧。

我們共同奮鬥十五年後，建立了一個有三

個孩子的小家庭。為了小孩的教育，我賣掉洗衣店，籌款在一個較好的學區買了房子，自己到曼哈頓（Manhathan）西四十四街一家中國餐館做跑堂。妻子在家裡照顧孩子，辛勤教育他們讀完大學。我要感謝美國公立大學廉價學費的制度。我三個孩子都進了很好的紐約市立大學。第一個女兒從中城亨特學院（Hunter College）畢業，成為一名高中教師，她現在是校長助理。我的第二個女兒畢業於上城城市學院（The City College），是一名註冊護士。我的兒子也從城市學院畢業，在貝爾大西洋公司當計算機專家。他們那一代才進入了美國社會，他們都有幸福的家庭，我們有三個孫子。

華僑社會

我們這一代，憑著參加了美國軍隊，憑著中國的抗戰勝利，取得可以從中國帶妻子到美國團聚、購買房屋和選擇工作的權利。為了子女實現所謂「美國夢」（the American Dream），我們努力在美國生根，讓家族成長，不再像以前老華僑，一輩了孤身苦守小店，老了才回鄉跟妻子家人相見，在美國什麼也沒有，最後留下的兒子，可能還是個「紙仔」。

戰前，老華僑不得不回家鄉去。戰後，我們在美國有家了，想法改變了，要在美國安家立業，我們的孩子有能力進入美國社會主流。整個華僑社會因此改變了。

戰後到處都是自動洗衣店，華人的手工洗衣店生意越來越差，倒閉的很多，有資本的人便經營餐館。我當餐館跑堂三十多年，直到一九九四年退休。

老父母

戰爭期間，我父親獨自經營他的洗衣店。這是非常苦的行業。長時間站在同一個地點，推著高熱而沉重的熨斗，損害了他的健康。戰後不久，他賣掉了他的洗衣店，到唐人街一家餐館當洗碗工。一九四七年我結婚的時候，他和我一起回到老家，和我母親在家鄉一同養老，再也沒有回美國，直到六〇年代去世。

「排華法案」強迫許多中國人改換姓名才能來美國。沒有兒子的老華僑，自己的妻、女不能相聚，為了避免一輩子孤苦伶仃，工作有助手，只好申請別人的兒子來美相伴。那些紙仔年輕人，長期放棄自己的姓和親生父母，冒認別人是父親。對於最注重家庭關係的中國人，這種生活是多麼痛苦！戰前，沒有人理會「排華法案」的不人道、不合理、不平等，還批評中國人利用欺騙手段，虛報父子關係來美。移民局在華人入境的時候特別刁難，設計圈套，企圖揭穿假父子關係。

戰後，美國的人權觀念提高了，體會到「排華法案」不公平。軍隊允許華人士兵改正姓名，不影響退伍軍人福利。我把我的姓改回姓譚，申請我母親來和我一起居住。我現在的名字叫譚灼堯（Shuck Ngew Tom）。我母親在六〇年代來美，直到她在八〇年代末去世。我完成了做一個孝子的義務。我父親那一代老僑，要回中國老死故土。我母親卻死在她兒、孫植根的國家美國。

我岳父也是二戰士兵，他把我的岳母接來美國，從此一起生活。二戰改變了我們的命運。

退伍軍人協會

我很早就參加了美國退伍軍人協會的唐人街「華裔紀念劉錦中尉分會」。這個名字是紀念二戰中犧牲的華人飛行員劉錦（Kim Lau）⑲。一九九六到一九九七年度，我當選分會的主席（Commandant），我把這個任務當做我一個陸軍退伍老兵的光榮責任。我以服現役的精神全力工作。感謝上帝。我很滿意我的工作和我這一生。⑳

注釋：

❶「排華法案」（Chinese Exclusion Acts）於一八八二年五月六日首次通過，經過幾次修改加重和延長，於一九四三年十二月十七日廢止。

❷一種辱華的叫法，字義來源不明，但說的人和聽的人都知道是一種侮辱的意思。或者可以翻譯為「清仔」，好像日本人罵中國人是「清國奴」。現在不可以用了。

❸原猶太人紀念出埃及的大節日，與基督教的復活節連接，有時候混用。

❹余新賢先在紐約東百老匯街開辦新藝電器公司，訓練職員修理電器。太平洋戰爭開始後，得到美軍工作，全體員工去俄州帕特遜空軍基地工作，擔任無線電修理員。後來率領全員參軍，並奉陸軍部命令到華埠徵召華人志願兵

，前往受訓，目標是去中國服役。

❺美國空軍的中隊（squadron），相當於陸軍的連，但編制大小隨任務而有不同。

❻根據陸軍部空軍檔案編導名單，Member listing of the 407 Air Service Squadron，前後共有軍官十六人，士兵一百四十三人。見Christina M. Lim and Sheldon H. Lim, and the Veterans of the 407 Air Service Squadron, *In the Shadow of the Tiger, the 407tht Air Service Squadron, 14th Air Service Group, 14th Air Force, World War II*（1993, published by authors）, pp.213-218。兩位著者是華裔士兵Harry Lim的子女。

❼資料見上書，*GONG HO*, Jan., 1, 1944.

❽So Tak，澳門人，曾經在中國陸軍和空軍服役，實際參加過八次戰役，是很好的機修工。他在雲南受傷，離開軍隊，輾轉從廣州去香港。日本攻打香港的時候，他家六個人被殺，其中之一是他的妻子。他充當貨船水手轉到新加坡、加爾各答，到美國，找他在紐約的哥哥。他一九四二年聖誕前夕到，新年放假前一天，自願應徵入伍。

❾*GONG HO*，取名自「中國工業合作協會」的簡稱。協會是一九三八年宋美齡發起，邀請美國、紐西蘭等國際友人和國內各黨派名人發起的組織，募款建立大量手工或小型工業，協助軍工和民用品生產。自此，「工合」表示合作的意思。

❿自由輪Liberty ships是美國戰時工程奇蹟之一。按照統一設計，使用預製部件，工人二十四小時流水作業，大規模生產，不到三兩個月就出廠一條萬噸巨輪。美國參戰期間十八個船廠共製造了二千七百五十一艘。

⓫密支那的收復在一九四四年八月三日。

⓬《駝峰空運》（二〇〇三年，北京：五洲傳播出版社）頁五四。

⓭ *Airfields in China*, by the Engineer Section, 14th Air Force. 3rd Edition.

⓮ K-ration是空降兵、坦克兵、機械化兵的短期口糧，紙盒包裝，包括一日三餐。C-ration是戰場步兵口糧，罐頭包裝，包含炊煮食物，營養較好，可以長期支持士兵作戰。

⓯ 跑道一千四百米。

⓰ *Stars and Stripes*是美國軍中報紙，主要分發到歐洲和太平洋戰區。*CHINESE LANTERN*是繼*GONG HO*後華裔士兵在重慶辦的小刊物，似乎印發很少。

⓱ 一九四四年六月二十二日「軍人復員法案」（Servicemen's Readjustment Act），是一項綜合法案，規定為返國的二戰士兵（通常稱為GI）提供大學或職業教育，一年的失業補償，以及許多不同類型的購房和創業貸款。

⓲ 在「戰士新娘法」（War Brides Act）時效期間（一九四九年底前），約有六千華裔士兵回鄉結婚，帶回妻子來。妻子很快生下孩子，於是華僑社會人口陡然增加。原來只有男性淒淒慘慘的寄生華僑社會，從此穩定下來。（張純如Iris Chang. *The Chinese in America: A Narrative History*【Penguin, 2003】，頁二三四）戰後五年間，華人婦女入境約佔華人入境總數百分之八十，一九四八年三月，舊金山華人醫院婦產科平均每天新生嬰兒二人。

⓳ The American Legion, Lt. B.R. Kimlau Chinese Memorial Post 1291。一九四六年成立。劉錦中尉是美軍轟炸機駕駛員，一九四四年三月五日在執行轟炸新幾內亞尼格羅島上日軍據點的任務中殉職。

⓴ 對譚先生的訪問是在一九九六年。譚先生非常質樸，是一位普通士兵、平民，卻是令人尊敬的長者。他是接受筆者訪問的第一位華裔美軍十四航空隊地勤員。他現在仍健在，但是已經有老年痴呆症現象。訪問原來是英文，現在翻譯為中文。加了一點背景資料，分別注明來源。

冷戰期間的台灣經驗

白色恐怖下的倖存者：台灣老兵張家林

張家林口述
夏沛然、王渝執筆

一九四九年，國民政府自大陸撤退到台灣，為了鞏固政權，實行嚴厲的高壓統治。從一九四九年五月二十日到一九八七年七月十五日，台灣地區實施長達三十八年的戒嚴，這段歷史被稱為「白色恐怖時期」。在一九四九年五月頒布戒嚴令後，包括內亂罪、外患罪、妨害秩序罪等十項罪名都交由軍法審判。一九四九年六月公布的「懲治叛亂條例」第十條也規定，戒嚴時期違反本條例者，「不論身分概由軍事機關審判之」。因此，在白色恐怖下，涉及「匪諜」、「叛亂」、「台獨」等罪名的案件，首先由國防部保密局（其後為國防部軍事情報局）、台灣省保安司令部（一九五八年改為台灣警備總司令部，簡稱警總）保安處，以及調查局等單位負責逮捕與偵訊；接著由台灣省保安司令部軍法處負責起訴與審判。絕大部分案件都是秘密審判，只有少數受到海外或國際社會關注的案件才會公開審判。許多人往往由於思想、言論、參加團體、朋友牽連或遭人誣告等種種原因遭到逮捕，由特務在偵訊時以酷刑逼供寫成自白書，再由軍事法庭根據自白書審理判刑，最輕者判三年感訓監禁，其次是五年至十五年的徒刑，最重的則判無期徒刑或死刑。執行死刑多半在馬場町或新店安坑刑場等處，徒刑在新店軍人監獄、台東泰源監獄或綠島監獄等處，感化監禁在土城生產教育實驗所（其後改為土城仁愛教育實驗所）等處。

由於資料檔案殘缺不全，白色恐怖時期受難者的確切數字，至今沒有定論。目前已知最重要的統計數據之一，是戒嚴期間（一九四九～一九八七）非現役軍人的刑事案件，有二萬九千四百零七件之多（見一九八八年十一月五日法務部主任檢察官陳守煌在立法院內政委員會會議上的報告）。這些案件中應該包括盜賣軍油、貪污和重大刑案等，政治案雖可能佔大多數，但為數不詳。許多軍人的政治案件，如規模龐大的海軍白色恐怖案、孫立人案等，也不在此數。此外還有許多用司法（如蓬萊島雜誌案）、行政（如許信良案、台大哲學系事件）等手段製造的政治案件，也應計入。而且，許多人雖沒受審判，卻是政治受難者，包括逃亡（呂赫若、施儒珍）、軟禁（龔德柏、殷海光）、失蹤（許一君、施至成）、刑瘋刑死（許席圖、吳炳靈）、暗殺（陳文成案、林義雄宅血案、江南案）、填海（澎湖案）、驅逐出境（Milo Thornberry牧師、渡田正弘）、列入黑名單（為數近千）等。所以白色恐怖時期的真正政治受難者人數，實在無法詳盡計算。

如果按照上述政治案件二萬九千四百零七件計算，受難者大約有十四萬人。但根據司法院檔案，這段時期登記在案的政治案件有六、七萬件，假定每個案件平均牽連三個人，那麼受到軍事審判的政治受難者當在二十萬人以上。

一九九五年立法院制訂「戒嚴時期人民受損權利回復條例」。一九九八年十二月十六日，行政院成立「戒嚴時期不當叛亂暨匪諜審判案件補償委員會」，提撥補償基金六百億台幣，處理白色恐怖時期受難者的認定和補償事宜，被執行死刑者最高可獲得六百萬元台幣的補償。根據該委員會呈報行政院的數據，自一九九九年起至二〇〇七年十二月為止，申請補償的件數為八千六百五十二件，其中六千七百件獲得通過並予補償，累計發放補償金一百八十五億餘元補償金，有三千五百四十三人名譽獲回復，領取補償金者約一萬三千人。白色恐怖基金會執行長倪子修表示，這些只是領取受難補償的人數，並非確切受難人數。

二〇〇九年，綠島人權紀念園區公布白色恐怖受難者最新名單，這份名單是由民間團體人權教育基金會發起綠島人權紀念碑運動搜集得到，一九九九年紀念碑落成。其後，經廣泛徵求各方意見，對名單作了增補，由基金會徵求受難者同意後刻在紀念碑上。這些名單不代表所有受難者的總數，也不一定都在綠島監禁過，其中包括：獄中死亡者五十四名，被槍決者一千零六十一名，被判刑者六千零八十五名，其他案件未歸類者一千零九十五名。受難者總計八千二百九十五名。

受難者刑滿出獄後，繼續長期受到警察特務的監控。他們一般都因為被褫奪公權而不能擔任公務員，又因為「叛亂犯」的罪名而不得從事教師、醫生、律師、建築師、助產士等四十多種職業。就算僥倖在私營企業找到工作，警察、特務也會對雇主施加壓力，迫使他們把受難者解雇。受難者往往難以謀生，掙扎在社會底層。

張家林就是這樣一位受難者。他是安徽合肥人，一九三一年六月五日出生。一九四八年參加青年軍到台灣。一九五〇年三月十一日海軍士兵學校畢業，分發到海軍服役。一九五二年「因忠貞程度見疑」，遭到逮捕關押。一九五六年二月八日「因罪嫌不足獲釋」，重回海軍。一九五六年三月二十一日以「意圖顛覆政府」罪嫌再次被捕，經軍法審訊後判刑十年，先後關押在鳳山、台北、泰源、綠島等地。一九六七年二月二十七日獲釋出獄。一九八七年輾轉到達美國。此後除經商外，積極參加紐約當地的要求平反冤獄和賠償活動，曾任旅美老兵自強會會長。二〇〇九年三月二日在美國加州去世。

我們從二〇〇五年到二〇〇七年先後對張家林作了二十八次口述歷史訪問，詳細了解他在軍中和監獄的情況，以及在出獄之後掙扎謀生、結婚成家、出國奮鬥的經過。這是一個在白色恐怖下僥倖存活的故事，一個平凡的普通人的不平凡歷史。以下刊出的是訪問稿的前四章，其餘部分將在以後另行出版。

荒謬的開端

一九五一年初夏，我十九歲，從左營海軍士兵學校畢業，以信號上等兵分發到編號七十六的「正安艦」服役。有一天，我們從福建沿海巡航返回基隆軍港，左舷緊靠已經先停泊在軍區碼頭編號二十三的旗艦「太和艦」。在「太和艦」服役的程金龍來到我的住艙。他跟我商量，要我上「太和艦」去替代他上等兵出的缺，他自己則要離開「太和艦」去陸地信號台服務，準備投考海軍官校。我這人最怕別人求我，人家一旦開了口，我總是盡量答應。記得小時候，母親炒的花生，玩伴要吃，我連裝花生的罐子都給人家。何況程金龍是我在左營海軍士兵學校時的同班好友。

這種請人替代出缺、自己另求高就的事當時很尋常。程金龍未考進左營海軍士兵學校之前，擔任過當時海軍副總司令馬紀壯的侍衛，想必他出缺的事早就上下打點好了，只要我去替代便一切就緒。我就這樣上了「太和艦」。

我這位好友程金龍，後來一直幹到商船的船長。不幸的是後來連人帶船沉沒於無情的大海。每一念及，我總無比感傷。

我原來服役的「正安艦」跟「太和艦」不能比。「正安艦」是日本人遺留下來的小破船，而「太和艦」卻是三千多噸的大軍艦。可惜好景不常，我在「太和艦」上只待了七、八個月，就被調到金門的「一一四艇」服役。這「一一四艇」就更差了，設備簡陋，又小又髒。據說它是從吳淞口撿來的漂流漁船，在上面裝了炮，就成了「一一四艇」。後來回想，我被莫名其妙調離「太和艦」，可能有兩個原因。一個原因是我不是國民黨黨員。「太和艦」是司令艦，來來往往的常有些大官，而非黨員一向不被信任，我這個非黨員一定被視為不當人選給剔除了。另外一個原因是表現不好。據同事告訴我，有一次我在信號台上值班完畢，一翻身從台上跳下，腳踩在樓梯扶攔上一位來艦巡視大官的手上，但我毫無知覺，扭頭就跑了。這位大官，據說就是當時的政治部主任蔣經國。我當時年輕，根本不知道誰是蔣經國。如果真發生了這樣的事，把我這個魯莽毛躁的小夥子調走，對深怕得罪蔣經國的船上官員來說，應該也是理所當然的事。

從「太和艦」調開，讓我心裡很不舒服。但是很久以後，我碰到「一〇六艇」上的朱元治，他告訴我，就在我調離「太和艦」後不久，「太和艦」巡邏時遭到對岸共軍的襲擊，被打得很慘，船身都是洞，而且艦上死了不少人。船在台灣都沒法修，拖到日本，由那裡的美軍給修好。他說，我被調離「太和艦」，倒是因禍得福。

我在金門「一一四艇」服役，擔任信號的工作。這艇上的「操舵房」裡工作的只有三個人。以往我待過的船上，「操舵房」裡都需要好幾倍的人輪流工作。這艇之小可見一斑。給我這個新來乍到的人安排的值更，是半夜到清晨四點，也就是最辛苦的一班。我心裡那份窩囊，就別提了。我在「操舵房」值班無事時，常打瞌睡，艇長為此多次斥責我。我少年氣盛，對工作環境失望，又覺得遭到歧視，表現於外就不免粗暴傲慢。艇長明顯地厭惡我。我呢？當然也厭惡他。後來給我的罪名好像就是忠貞見疑，思想有問題，意圖脅迫長官。

「一一四艇」的任務，是到廈門對面大擔、二擔兩島前面的列嶼巡邏，在當時的情況下，簡直就如同去送死，成為對方的靶子。不過在列嶼上面，天氣好時可以看到廈門、鼓浪嶼，而且看得十分清楚。對我當時想家想得要命的心情，這倒是一種安慰。

一九五二年秋季裡的一天，跟平常的日子並沒有什麼兩樣，而荒謬的厄運已經悄悄地到來。當我們的炮艇在大擔島巡航時，不知為了什麼，艇長突然大發了一陣脾氣，接著又說有勞軍團來，叫我去看勞軍表演。艇長對我說：「巡防處有小船來接你。」我心裡雖然有點嘀咕，倒也高興。從巡防處來接我的，是那種叫LCVP的小船，可以乘坐七八個人。但這隻小船並沒有帶我去看什麼勞軍表演，而是把我帶到了巡防處。一到巡防處，就立即把我手銬了起來，關進一個有海軍陸戰隊警衛看守的防空洞。洞中有積水，我只好蹲在架在洞裡的木板上。我心裡怨恨不解：「為什麼騙我？說什麼看勞軍表演的屁話！」對這種欺騙行為我非常痛恨。

我就這樣被囚在這個積水的防空洞裡，或坐、或蹲、或臥地待在架在洞裡的木板上。如果想站直身體，就得到洞外。

有一天，一位國外歸來的華僑來到金門探親。警衛連連長問我會不會照相，正好我會，就派上了用場。連長叫我去替那位華僑拍照。我至今記得，那天到了華僑的家，他的家人請我吃了一碗炒米粉，那個好吃啊，我覺得是人間美味，特別是米粉裡面的魷魚乾。因為這次照相的關係，連長和我漸漸熟了起來。大概他看我待在洞裡的情況太可憐，到半夜的時候，常常就叫我到營房裡去睡覺。

我這樣一個人被囚禁了大約三個月，沒有審問，沒有人告訴我是什麼原因，也沒有要我寫報告或自白書。我也沒有人可以詢問或申訴。有一天，巡防處的一個官告訴我，要送我到澎湖軍區司令部。於是先把我送到料羅灣的一隻登陸艇上。那隻登陸艇是二戰時叫做ＬＳＴ的那種，一半在沙灘，一半在水裡，拿它當碼頭用。送我去的人叫我坐在纜樁上等。我呆坐在纜樁上，望著西下的夕陽，紅得耀眼，感到真是殘陽如血。我心裡惶惶地，沒有著落，一面疑惑著：「怎麼還不送我走呢？叫我坐在這裡幹什麼？」直到很久以後，我在紐約碰到當時在情報局工作的張澤生，他告訴我：「你小子命大！那時是要把你扔進海裡了事的。」

還好，總之我沒被扔進海裡。到了天快黑時，他們把我放進水駁船，給我兩個饅頭，就把蓋子蓋住。水駁船是二次世界大戰時日本軍隊運水的駁船，其實是將船殼做成一個長方形的大水箱，約二、三十尺長，四周是鐵皮，上面開一個小洞，大概是灌水口。當時已經報廢，準備拖去什麼地方。他們就把我從洞口吊進水箱裡。水駁船裡面淤積污穢的泥沙齊腿，沒有任何東西，人陷身其中，既不能站，也不能坐，十分難受。然後一隻拖船拖著這隻水駁船出發了。這一次經歷的後遺症一直留到現在，我常常睡到半夜打冷哆嗦、驚叫、抽筋。這樣不把人當人的虐待，對我一生影響很深，使我終生無法原諒國民黨政府。

按照正常的船行速度，從料羅灣到澎湖一天半就到了，但是我在水駁船裡卻待了好幾天，偏又在海上碰上季風，顛簸不已，等到達澎湖的測天島時，一個熟人看到我大聲驚叫：「你怎麼成了這個樣子？」不用說，我當時一定是三分像人七分像鬼。我卻少年不識愁，信心十足，以為到了澎湖情況一定會比金門好。所以我很不在乎地回答他：「我很好。」

在這個測天島上，我被關在看守所。看守所位於司令部的後面，圍牆外面有個碉堡。看守所裡面有四個房間，而且是鋪了地板的。那裡一共關了一百多人，關我的那間有幾十個人。從水駁船來到看守所，我覺得到了天堂。在那裡我曾被叫到一間辦公室去問話，那裡是沒有正式法庭的。詢問中提到我在「一一四艇」時對艇長犯上。我當然一口否認，不承認犯上。

有一天我去廚房拿飯，迎面碰上一個當官的，當我們四目相對時，我心裡一跳。這不就是陳國棟嗎？我立即移開眼光，匆匆走開。後來得知，他打聽過我，而那時我已經離開了測天島。陳國棟是我的同鄉，我們一同在合肥參軍，是要好的朋友。正因為如此，我絕對不能理他。

二〇〇〇年，我從美國回到台灣辦理冤案賠償，我的另外一位老鄉尹順富對我說：「陳國棟在測天島看到你，你怎麼不理他？」我說：「我理了他，他也要坐牢。」後來尹順富帶我去看陳國棟。談起當年他當官我為階下囚，不勝唏噓。我告訴國棟，我申請冤案賠償，遇到麻煩，因為沒有證據。他說：「就是砍腦袋，我也要替你作證。」抓我們時不要證據，如今要他們賠償卻向我們要證據。現實中竟有這麼荒謬的事！

害死人的「復補」

我在測天島上關了兩年多（按照板橋地方法院關於冤獄賠償決定書，從金門某防空洞到測天島，關押期間是一九五三年四月十一日至一九五六年二月八日），一天上校軍法官李明叫我到辦公室，對我說：「你這個案子查無實據。你去左營報到，復補。」我聽到「復補」二字，真是驚喜若狂，心想：這下可以領回兩年的薪水了！

李明給我一紙公文袋，上面寫著：張家林資料。我歡天喜地從澎湖去到高雄，還在左營過了一夜，然後到港防大隊，找到大隊長杜徹深，交上我的資料袋。他看了一下我的資料說：「你到防潛網去。」一位海軍上尉領我先到中隊報到，然後又送我到防潛網船上。這船是長方形，上面有鋼纜，晚上把鋼纜連接到港口另一頭，早上把鋼纜絞回船上。

這裡我要提一件事，就是我被關起來的時候是海軍信號上等兵，復補後升為信號下士，而出生日期卻被他們任意地推後了一年，從民國十九年改為民國二十年。也就是說「復補」讓我升一級，但是年輕了一歲。

在防潛網船上，上尉輔導官對我說：「你在這裡當值，住在上面。」我心裡犯疑惑：為什麼別人下地，做完一天的工作就走，而我卻要留在船上，等於天天要值更？

我住在防潛網船上，每星期可以下地一次。大約是第二個星期日下地，我照例去搭五路公共汽車到高雄玩。靠近五路車站那裡有一家「清香茶室」，是我們海軍喜歡聚集的地方，有機會就愛待在那裡七嘴八舌聊天發牢騷，抒發心裡的莫名苦悶。那個茶室很小，但是外面蠻大，擺了桌椅，可以坐不少人。

那天我去等車時，看到以前在「正安艦」上的同事陳萍在室外的茶座，我就過去打招呼。他看到我有點驚奇，問我：「你怎麼回來了？」我說：「我被莫名其妙地關了兩年，還不夠？」不知怎麼說著、說著，大家都有些對現狀氣憤不滿。陳萍告訴我，他現在在「防四艇」服役。他說：「我們乾脆把船開去大陸。」我心想：這哪裡行得通？

他接著說：「我們的船正好在高雄修理。」他這麼說好像暗示，要動手就可以動手。反正我也看不到他們的船，不知他說的是真是假。我講了些行不通的原因理由，比如美國第七艦隊在巡防啦，台灣海峽風浪大啦，他們那隻「防四艇」太小而速度又太慢啦什麼的。

有個叫吳雄的也在旁邊幫腔：「我們早該走。到那邊打游擊去，也比待在這裡強。」吳雄這番話中有話，我卻沒聽出來。他說的是要到那邊去打游擊，是立場堅定反共的。而陳萍和我當時想的，卻是把船開過去回家啦。陳萍後來在綠島告訴我，他在金門時常聽大陸廣播。

這個吳雄是陳萍的同鄉，湖北人。湖北人在海軍裡面大多是情治人員，屬於彭孟緝的系統。但是，我們那時年輕，一點防範別人的心思都沒有。我雖然剛吃過苦頭，受過騙，也還是很單純。

我記得是一九五六年三月八日婦女節那天，我要去台北玩，陳萍給了我一些路費，我們那時都是這樣，錢財上互通有無。陳萍叫我到了台北去找單亦誠談談，告訴他計劃把船開到大陸去的事。單亦誠也是我們「正安艦」上的同事，那時他是信號上等兵，我是信號一等兵，而陳萍則是帆纜隊的。單亦誠在台北南陽街辦了一個「時代文化社」，是個十分能幹有辦法的人，我們很尊重他。到了台北，我就跟他談了想把船開到大陸去的計劃，但是我說是要去打游擊。這可是從吳雄那裡學來的。單亦誠聽了，認為根本不可能。

這以後陳萍又找我談過此事。這次我知道陳萍所在的「防四艇」確實在高雄，等待修理。我還是跟他說這個計劃行不通。那時候我們已經到台灣好幾年，心裡苦悶，想家，前途一片迷茫。

再度被抓

我清楚記得，是一九五六年三月二十一日，沒有任何徵兆，一部吉普車把我從防潛網船「請」到鳳山招待所。這個地方過去是日本的南進指揮所，是一個人造的山洞。而就在這天，我的朋友王士傑來防潛信號台找過我。他到達時我已被抓，他覺得情勢不妙，二話沒說轉身就回去。這個人很重情義，後來我關在台北的時候，他寄錢接濟我。

我們的車子開到鳳山招待所，看到一片甘蔗田，我心裡也比較放鬆，因為沒把我送去左營那裡軍法處的三樓，據說那是殺人的地方。這個招待所當時叫明德訓練所，事實上是個特務機構，專門關人。我正這麼想著時，他們用一個布袋把我的頭套了起來，把我帶了進去。

我們走進去，經過一個大廳，左轉有四個房間。我被關進一個牢房，很簡陋，裡面空空的，沒什麼東西。牢房裡的燈昏暗不明，大約五支光。有一個小窗子，寬三十公分，長六十公分。牢門上有一個小洞。我在測天島坐牢，是和許多人關在一起。這次，牢房裡，除了發給我的一條毯子，就我一個人。我感到毛骨悚然。

第二天還是第三天，我被帶到大廳裡面一個比乒乓球桌還大的桌子前面，有一座屏風擋住。審問我的人——後來聽說是海軍官校畢業的——叫我老鄉，用拳頭捶了一下我的胸部。我聽他叫老鄉，以為會得到優待。他說：「來，我帶你去看看一位你的好朋友。」

我看到的，確實是我的一位好朋友馬名揚，他們正在對他用刑。他躺在地上，嘴裡塞了毛巾，施刑的人把水往毛巾上倒，灌得他肚子大起來，就踩他的肚子。一踩下去，水就從他耳朵、鼻子、嘴裡冒出來，我看得汗毛直豎，全身發冷。審問者陰森森地問我：「你是願意灌水，願意坐牢，還是乖乖招供？」

審問者帶我離開大廳，到一個小房間，裡面有個簡陋的小桌子，一隻木頭老虎凳。我在牢裡已經聽難友說過，知道老虎凳是什麼樣子。這是一隻他們自己做的老虎凳，因為那時發生孫立人的案子，鳳山招待所關滿了人，老虎凳不夠用，他們就自己製造。他叫我坐到老虎凳上，人斜靠在牆上，捆得緊緊的，然後叫人用一個裝軍糧的五十公斤麻袋，綁緊我的腿，再用繩子勒在麻袋外面。一切就緒，開始對我問話。「你不是要駕船逃走嗎？」

每次問我話時，就把一根木棍插到腳後跟和小腿的地方，用木棍把我的小腿抬起來，腿的韌帶被拉緊，痛徹心肺，汗流浹背，施刑的人告訴我說，每一顆汗都像黃豆那麼大。我的右腿韌帶錯位，到現在留下殘疾。我照實說了我們發牢騷的話，他們認為不夠，繼續用木棍抬我的小腿。而且他們嘴裡不乾不淨地損我、侮辱我，說：「你不是英雄好漢嗎？」

這樣連續三天，我連家裡祖宗三代都交代得一清二楚，毫無一點保留。事實上也無法保留，因為他們非常有經驗。要講酷刑，我看世界上中國人肯定排第一。但是，他們認為交代得不夠，繼續用刑。

人從老虎凳上放下來時動彈不得，下身完全癱瘓，失去知覺。大概有七、八個月，不能移動，他們把我拖回牢房。稍微能動了，他們就叫我到大廳去寫自白書。我那時只知道馬名揚被關，並不知道還有哪些別人。

除了坐很多次老虎凳，我還被灌過一次水。大概是一大沒有吃飯之後，餓得要命，我說太餓了，你們不能不給人飯吃。他們就給我一大碗油炒飯，米很硬，又鹹。吃完後口渴得不得了。他們就對我灌水，一直灌到肚子大起來，吐也吐不出來。他們不准我去廁所，尿就尿在褲子裡。他們對我還算客氣，沒有用腳踩我的肚子。但我以後從此就有了胃病。

這裡我要說明一下，馬名揚涉及此案的原因。當我在「防潛網」服役的時候，我曾參加海軍官校入學的考試。考試那天中午休息時間，因為就近，我去馬名揚服役的船「芷江艇」吃午飯。上他們的船要登記寫下姓名。就因為這樣，他也被牽連進這個案子。其實他對一切一點也不知情，真是太冤枉。他後來因受灌水的酷刑，命在旦夕，急忙送去台北。送去時臉都變成紫色，他就這樣死在台北。死亡證明書上寫的是：尿毒致死。許多年後，一九九七年，我在紐約為他辦了追悼會，悼詞中說：「君被灌水嗆死去，常存疑惑能問誰？」

在鳳山招待所關了幾個月後，我被送去台北。我不能行動，是被人用擔架抬上火車。在高雄火車站等車的時候，我感到很困惑，印象中高雄火車站很大很漂亮，怎麼變得很小了，而且到處浮著太陽照射出來的昏黃色。我想：是不是我的眼睛壞掉了？上了火車後，我發現在車廂另一頭是馬名揚、陳萍和田紹興。看到馬名揚，我心裡難受的不得了。怎麼把他給牽連進來呢？我心裡慚愧，只恨上天無眼。

押送的人對我說：「到台北談一談，就復補了，你願意去哪一個單位都可以，第三軍區、第四軍區隨你選。」第三軍區在左營，第四軍區要去澎湖、金門、馬祖。我領教過一次「復補」，不再上當受騙了。

到了台北，我在擔架上被抬進保安司令部，就是日治時代的東本願寺，在西寧南路上，國際戲院後面。這是調查單位，把鳳山的審問過程再來一遍。我一進去，只見大廳放了許多桌子，原來的菩薩都被搬走了。大廳中人很多，那時正在辦孫立人的案子，涉及這個大案子的人大多在這裡。

有一天洗澡時我看到了田紹興，於是知道他們也關在這裡。我們同案一共四個人，陳萍、田紹興、馬名揚和我。罪名就是計劃駕船去大陸。後來保安司令部給我看過羈押書，又多了一個單亦誠。因為我曾經去台北看望過他，就把他牽連進來。單亦誠是有背景的人，早已經離開部隊，當時是平民身分。他好像沒有被判刑。馬名揚是被刑求致死。其餘三個人都被判刑十年。

我關進這裡後，主要做的事就是寫自白書，從出生寫到所謂的劫持「防四艇」事件。就這樣天天寫，寫了又寫，少說也寫了上百次。雖然先到這裡的人，忠告我，凡是知道的事都寫出來，我也照他們忠告做，可是我還是被逼著一寫再寫，沒完沒了地寫。他們沒有對我用刑，只是用話侮辱你。

大約過了一個多禮拜，寫完自白書，就開始問話。他們怎麼樣也不相信我不認識共產黨。在這裡的審問比較正規。有時客氣，有時又很凶，而且也用刑。我記得很清楚，在那裡受過肢刑。就是把兩隻鉛筆插在手指中間，手被銬在身後。前面的人問話很客氣，後面的人突然用力捏我的手。真是痛徹心肺，全身震動，一身冷汗。

在這裡關了約半年，問過我幾次話，讓我看過逮捕令，才知道是當時的警備司令部副總司令彭孟緝下命令抓的人。翌年我被轉移到青島東路三號軍法處，即現在的「來來飯店」。

青島東路三號軍法處

大約在一九五七年，我從西寧南路的保安司令部轉到了青島東路三號。來帶我的人穿便衣，我們所乘的也是普通汽車，一路駛來毫不引人注意。坐在車子裡的我，心裡也沒有不安。因為關在西寧南路的日子，主要就是寫自白書，而且管理我們的人還說不是他們要抓我，是彭孟緝下的命令，把印著彭孟緝三個藍色大字的逮捕令給我看。他們這麼做，這麼說，減輕了我心裡的恐懼，生出樂觀的幻想：也許不久就可以復補了。

情勢不對了

路程很短，車子開了不到十分鐘就到了目的地。我一看形勢就感到不對頭了。這裡的圍牆很高，圍牆上還有至少一公尺高的鐵絲網，衛兵都是荷槍實彈的。車子進入大門走了大約五十公尺，又看到一道圍牆，圍牆前面一棟房子，房子後面一道鐵門，圍牆上面還裝了鐵絲網。這就是台灣省保安司令部軍法處看守所。圍牆裡面的房子，分成好幾區，我被分在第一區。第一區像個大倉庫，中間一個寬走道，走道兩邊隔成許多小間，用粗木條隔開。我被分在第五房。房裡光線黯淡，門很矮很小，我一鑽進去，首先看到的便是馬桶。房裡有七、八個人，擠在一堆，躺下來則必需腳對腳地一個緊挨著一個。我的心直往下沉，我想：這輩子完了。

「從那裡來的？」見到新難友照例有人這麼問。「我從保安處來。」我有氣無力的回答，因為牢裡面那種恐怖的氣氛，讓我心裡感到恐怕是出不去了。

關進來沒幾天，我就見到有人被拉了出去。「到馬場町報到去了。」一個難友跟我說。我聽了更加沮喪，一點希望也看不到了。「既來之，則安之。來了這裡就不要急躁了。」大約是見到我的愁苦，一位老難友好心地勸我。這位老難友姓張，湖南人，據說以前當過縣長、專員和游擊隊隊長。他喜歡唱文昭關二簧倒板，還教我唱。我直到現在還喜歡哼兩句。不久他離開五號房，我從此再也沒聽到他的消息。

沒有幾天我收到了裁定書，上面寫著，要延長羈押兩個月。裁定書上有五個人，就是：陳萍、我、馬名揚、田紹興和單亦誠。這是我第一次看到裁定書，在金門和鳳山，都從來沒有給我看過任何文檔。

同房難友搶著看我的裁定書，議論紛紛說：「要羈押就不會很快釋放。」他們說「釋放」而不是「到馬場町報到」，大約是安慰我吧，我這樣想。但是我知道，凡是關進來的人，都會把戒嚴期間的懲治叛亂條例讀得熟透，所以我琢磨著他們的說法，又忍不住要往好處想。如果起訴罪名是懲治叛亂條例第二條一項，意圖顛覆政府已著手實行者，就一定是死刑。第二條三項是意圖顛覆政府而未著手實行者，不是死刑。我的裁定書上至少還沒這樣寫。我只有不安地胡思亂想。

放封場上

看守所外面是放封場。這是我最盼望的時光，也一定是每個難友都盼望的時光。我剛關進來時，每天每一區輪流放封一次十五分鐘，有時候兩次。放封場有籃球場那麼大，就在牢房外面。放封時有人去洗澡，我盡量利用這一小段時間活動筋骨，呼吸新鮮空氣，於是我不停地走動，至今我還保持著散步的習慣，就是那時養成的。

放封場上看到的難友，有的用肥皂盒做成眼鏡，有的用玻璃紙做成眼鏡，目的都是遮住臉，藏起真面目。被關進來的人心情複雜，各有一番滋味在心頭，形諸於外也就各不相同。

看到新面孔，總有難友來接觸，為的是想要得到外面世界的最新消息。那時大家最關心的，是中共與美國在華沙的談判，伍修權是中共的談判代表。「最近中央社有什麼新消息？」有難友問我。「伍修權的談判有了什麼結果？」另一個難友跟著問。

牢房裡的消息來源，主要是每天早上七點的中央廣播電台的新聞聯播，然後就是偷偷看夾帶進來的《中央日報》。這報紙是花錢托外役在外面買的，不是整張拿進來，而是把重要的消息剪下來，一個個小方塊偷偷帶進來。華沙談判的消息就是這樣看到的。

我那時思想很幼稚，根本不知道什麼是左傾，什麼是思想問題，對華沙談判也一無所知。現在回想起來，青島東路關的難友，大多有點左傾。但是，在我看來，他們大多是國民黨製造出來的左傾人士。國民黨製造冤案關人，也就同時製造了左傾人士。還有人寫對仗的詩，裡面有一句是：「解放大軍過海來。」我看了感到害怕，只能跟他們說，我不知道，我不懂。不過我心裡也在盼望，早點解放台灣，我好出去。

在那裡的難友，絕大多數是外省人，很少台灣人。同我一起關在五號房的劉水龍是台灣人，是我終生難忘的一位難友。他是台南工學院的學生，因為我們年齡相近，於是成了好朋友。他因為在監獄裡參加了新民主主義哲學研究會的活動，竟然被槍斃了。想到他，我非常難過。因為我們要好，他交代過我一件事。他說：「哪天我要是被帶出去，請你記住要幫我穿上鞋子。」可是，他被帶走的那天，我沒來得及替他穿上鞋子。我記得，匆匆忙忙去為他穿鞋子時，摸到他的腿，冰冷，冰冷。鞋子沒穿上，他已經被拖走。

劉水龍的同案是吳逸明，吳逸明是吳三連的兒子。也許因為父親的關係，他沒遭到跟劉水龍一樣的命運，判了十五年徒刑外加管訓。他們涉及的這件案子的主要人物是祝英傑，海軍官校三十九年班的。祝英傑在新店軍人監獄時，托外役買到雷震所辦的《自由中國》雜誌，裡面有一篇論文，毛澤東〈新民主主義論〉。祝英傑根據這篇文章就組織了新民主主義哲學研究會。劉水龍和吳逸明都參加了他的這個組織。他們用手抄本傳播這篇文章。後來他們被監牢裡的臥底分子出賣，一網打盡，起訴書中牽連了幾十人，幾乎通通被槍斃。

槍斃人的頭一天會加菜，是油豆腐之類，我們就知道明天要殺人。每次都是在早上，中央廣播電台新聞聯播高聲播放的時候，聽到開鐵鎖的聲音，便知道是拉人去槍斃。我到現在，還是怕聽到聯播節目開始的那段音樂。

每次來拉人的都是憲兵，把犯人雙手反銬。有的人出去時一路叫口號：「毛澤東萬歲！」「共產黨萬歲！」牢房裡人人聽到。那時候我才知道台灣的確有共產黨。那是一九五七到一九五八年，槍斃的人真多，隔幾天就槍斃幾個。

同病房裡的難友

我的胃在鳳山被灌水弄壞了，不能吃東西，而且拉血，關在五號房時胃病發作得很厲害。管理的人認為我不行了，送我去看病，最後把我轉到病房。病房很小，每間兩人，和我同住的是何錦章。我們住二房。一房是馬乘風和任顯群❶。三房是位女性，我們從沒見過面。

我的同房何錦章，年紀比我大，四十多歲，上海人。他在南京《中央日報》負責印刷廠的工作。是他把整個《中央日報》印刷廠從南京搬到台灣來的。他的家在台北，給他送來吃的東西，他都分給我。他常勸我要去除浮躁，把心定下來。他天天在房裡抄寫《金剛經》。沒多久他就出去了，臨走時他說：「小張，出來你可以找我啊。」但我出來後，並沒有去找他。他走後，我很懷念他。他出去，就和耿修業一起辦《大華晚報》。

再來的同房是倪師壇❷，福建人，五十多歲了，《公論報》的總主筆。他告訴我他曾到英國留學。在我眼裡他有學問，是個大知識分子。他為人豪邁，愛唱「夏日最後的玫瑰，入秋猶自紅」，唱著唱著還會加上表演。「倪先生，你整天唱這個幹什麼？」我傻乎乎地問他。他自顧自唱他的，不理會我。

他常勸我，要利用坐牢的時間多看點書。我那時心裡亂得厲害，那有心思看書。他當然看出我的浮躁不安，就介紹我看《基度山恩仇記》。我一看好大兩厚本，就嚇了一跳。我拿了書，亂翻著看。「你這哪是看書？這樣不行。看書哪能這樣看。從頭再看，好好地看。哪裡不懂來問我。我做你的老師綽綽有餘。」

後來，我知道了這本書的故事：男主角受冤枉坐牢，在牢裡苦學成才，後來越獄，痛痛快快地報了仇。我想，倪先生當年叫我看這本書，也許別有用心，而我渾渾噩噩地什麼也沒領會到。他除了勸我看書，還跟我講英國的議會政治制度。我勉強地聽，一點興趣也沒有。我一心盼著裁定書下來，能夠裁定為「不起訴」。倪先生還是不斷勸我念書，還叫我念了書以後要深思。雖然當時他的話對我像耳邊風，但是後來卻對我起了很大的影響。

倪先生離開後，我非常懷念他。我出牢後一直尋找他，沒有打聽出他的下落。後來我在紐約遇到王鼎鈞先生，他聽說倪師壇先生和我同過牢房，他說：「你生命中大起大落，吃了不少苦。但是遇到倪師壇是你的大幸。」可是，我沒有好好掌握自己的運氣。如果我當時就聽了倪先生的話，今天就可以像胡子丹❸一樣自己寫書了。

病房的其他幾位難友

一號病房享受特殊待遇，因為裡面住的是任顯群和馬乘風。任顯群做過台灣省財政廳廳長，馬乘風是國大代表。他們病房的門總是開著。我們的都關上。他們隨時可以到走廊散步，自己隨時可以去水房拿水。任顯群留給我最深的印象，就是他穿著長袍，常牽了一位難友的孩子在走廊裡走來走去。這個孩子是在牢房裡面出生，有個外號叫「小和尚」，現在出落的很有成就。他的母親楊孔蘭女士，也是難友，後來我們都成了好朋友。

我還記得任顯群一件事，是他看我有胃病，送我一個熱水瓶，教我灌好熱水立即把麵條放進去，等半個小時，麵就熟了。他說這樣麵條很軟，對我的胃好。他家裡有人送吃的東西，他會轉送我，其中有新東陽的肉罐頭。還叮囑我，有胃病不要吃辣的東西。

我們都稱任顯群「廳長」，稱馬乘風「馬老」。馬老聽說我的案子後，說了一句叫我永遠忘不掉的話。他說：「你這種事，要是犯在我當主席時的手裡，我當場摔你兩個耳光，就放你走啦。」我聽了覺得命真不好，怎麼出事也不早點出，出在他的手裡！現在才碰上他，有什麼用，兩人都關在牢裡了。

我們二號房另外一邊是三號房，裡面有一位女難友，我們從來沒碰見過，因為男女放封時間不一樣。但是她常常叫我：「隔壁的小弟，我唱歌給你聽。」她常唱的是《王昭君》。至今聽到這首歌，我就要想起她。後來聽說她叫嚴秀峰，是李友邦❹的夫人。

四號病房裡有一位難友，叫徐維琛，南京大學畢業生，三十來歲。他有肺病，態度很倨傲。他要好的一位難友也是大學生，叫黃祖權。我和徐維琛有一次接觸的經驗，就是去看病，兩人同乘一輛三輪車。這車子屬於軍法處，踩車子的阿兵哥，一路踩，一路嘰哩咕嚕地抱怨，抱怨我們坐牢還要害病，連累到他吃苦替我們踩三輪車。

從徐維琛他們這些人身上，我體會到在牢房裡也有階級。這個階級的劃分不是財富，而是教育。另外一個劃分階級的條件就是年齡。我當時二十多歲，是年輕的。但是我後來還碰到更年輕的，像陳敏男，坐牢時只有十八歲。在牢裡，年輕的都喜歡湊在一起。還有一個年輕的是工專學生，他因為被判死刑，帶著腳鐐，我常替他擦背。

還在養病治療的時候，我突然被調去八號病房，那裡關的是劉光典，旅順人，二十多歲。我們初見面，他就自報姓名，這點令我對他生出好感，因為我自己也這樣。有些人不這樣，他們不願跟人透露自己的一切，包括真實姓名。劉光典長得高大英武，頭髮鬍子都留得很長，像個野人。他是中共社會部派來做洪國式的通訊員。而洪國式則是中共派來的地下省委。後來我在火燒島上碰到了洪國式，他給我們講《俄帝侵華史》和《蘇俄在中國》。因為洪國式已經向國民黨自首了，劉光典聯絡不上他，於是在嘉義的山區躲藏著，從嘉義跑到台南，躲了兩年多，後來被抓，關到了八號。

我因為對他一見面就有了好感，雖然不知道他犯了什麼案，卻很同情他。漸漸我發現他很能幹，不但會說閩南話，還會說日本話。

劉光典待人很義氣，從一件小事就看得出來。我們分飯，如果那天菜上飄著肥肉或者肉片，他會叫我吃。他說：「小張，你吃。你身體不好。」他絕口不跟我談他所涉的案子，但是相處熟了，常常聊天。有天談到他父親。他說：「我爸爸是瀋陽火車站的調車工人。」我隨嘴問出：「那麼你幹麼來台灣？」他說：「我奉命。」聽他這麼說，我感到這個人有種。當然，我知道他是真正的共產黨了，可是不跟任何人說。

我隱約感到，我之所以被調到他的房間，就是想利用我打小報告。我不會上這個當。我們最看不起就是打小報告的人，大家叫這種人「狗」。我在牢裡碰到像劉光典這樣真正的共產黨人，讓我覺得佩服，但是也讓我感到中共處心積慮地要得到台灣，為此付出的代價未免太大，像劉光典這麼優秀的人就這麼犧牲了。我開始對中共生出反感。我在病房住了一段時間，胃病沒有好，就被調回二十四號牢房。

火燒島的生涯

我在青島東路被關了大約兩年，在一九五九年秋季跟許多難友一起被送到綠島，也就是大家知道的火燒島。

一九五八年我們被送到火燒島，那裡的正式名稱是台灣省保安司令部新生訓導處。到達的那天天氣很熱，比我們先來的第一和第二大隊都站隊歡迎我們，很盛大，我感覺很不錯，總比關在小房間強。雖然我判刑十年，但是脫離了死刑威脅的陰影，仗著年紀輕，我不怕熬不過漫長的歲月，心倒是比較定了下來。很多年以後，我才明白，在這裡不管有因或是無辜，一個人一旦涉入政治案子，一輩子也脫不了關係，永無寧日。

一走進那座被叫做「鬼門關」的大門，我們就開始「新生」的生活。綠島的營房位於島的西岸中部。營房區的配置是，在大約中央處有北、東、南三套營房，分別住著第一隊、第二和第三大隊。每一大隊各有四排的長形木屋，住四個中隊。西邊的小房子是研究小組，不是營房，知識分子調到這裡翻譯《資治通鑒》。小房子的北方是大隊部，大門上有四個大字：新生之家。第三大隊的大門叫勝利之門。各大隊的長形房子的一端是一個大課室，我們上課的地方。後面有廁所和曬衣服的地方。營區東南角是處部，南邊是警衛營、管理部。營區的東北角上有流鰻溝，有民間的小房子。我們在這裡開闢菜園，還有游泳池。我們去的時候，第一、第二兩大隊都住得滿滿的。我們被分到第三大隊。

一到新生訓導處，立刻編隊，給號碼，換穿藍色的衣服。頭髮是早在西寧南路已經剃光。我自己帶著一些紀念品，都是難友被槍斃後留下來的小東西。主要是一本字典，這本字典到現在我還保存。任顯群在獄中還編過一本四角號碼字典，也給過我一本。

綠島是軍事管理，由軍方負責，不過大部分的受刑人是平民。受刑人在這裡都叫新生。每個大隊有隊長和指導員，他們同級；下有四個中隊，每個中隊長配一個幹事。加上廚房工作的特務長、阿兵哥等，一個中隊的管理人員大約四十多人，此外還有大隊部、警衛連等等。這些人當中，除了少數一些核心人員，其餘的人不少本身也是出了問題或不被信任才分派到這裡來，他們把這樣的處置叫做「一鍋煮」。舉例來說，我們歷任的三個處長聽說原來都是少將，降一級成為上校來當處長，等於是戴罪立功的任用。一般來說，這裡對我們的管理和在部隊當兵差不多。沒見過對新生體罰的事，但是聽說有新生夜晚被帶出去挨揍的。

一共十二個中隊。第三大隊有第九、十、十一、十二四個中隊。中隊好像是按照犯人的性質分。十二個隊的名字叫「團結新生力量、完成第三任務」。一隊一個字。我原來在「務」隊，即十二隊；後來調到「力」隊，即五隊。這裡的新生一共有一千多人。

新生訓導處的政策是一天工作，一天思想教育。工作就是勞動改造，思想教育就是政治改造。合起來就是感訓教育。有的大隊是一、三、五上課，二、四、六勞動，有的大隊是一、三、五勞動，二、四、六上課。星期一，三個大隊集合在一起做週會，其他日子的生活以各自的中隊為中心。

每天早上，宿舍的鐵門打開，我們出去站隊、點名、做操。輪到上課的日子，吹哨子集合，一百多人，高、中、初級班各站一邊，由教官帶去上課。高級班教室在第一大隊。我被編入高級班，課程有：俄帝侵華史、領袖行誼、國父遺教、蘇俄在中國，還有如國民革命史、中國歷史等等。領袖行誼是師大教授胡一貫所編，裡面講領袖不喝茶、不喝咖啡，只喝白水，等等。翻來覆去，都是這幾門課，上完課考試，一直上到我離開綠島。所以我對這些書都背得滾瓜爛熟。

國父遺教裡說，堯、舜、禹、湯、文、武、周公、孔子到國父，吾道一以貫之。繼承者是蔣中正。這一套說法我是在綠島學的。教官是以新生教新生。另外有園藝課。我對「俄帝侵華史」和「園藝」這兩門課很感興趣。教「俄帝侵華史」的洪國式教官講授生動，據說他是匪諜自首的，同上校任用。他告訴我們，俄國一直要找出海口，所以很早就對中國的東北和山東有野心。我覺得他的口才和學問都很好。他用左手寫字，跟我關係很好。有一次，他跟我說，已經教了五、六年，要回台灣度假。他到台北住在陽明山警備總部的奇岩新村，不久被汽車壓死。如果不回去大概還能活著。這件事傳遍綠島。教「園藝」的教官則是一位專家，桃源人，年輕，也是「匪諜」自首，之後給他什麼官階我不記得了。他的教導為我打開了一片新天地，一直到今天我都還喜歡自己種菜養花。這兩位教官都住在島上。許多教官是自首的共產黨，被授予軍官職位，留在島上給我們上課。給我們授課的也有從台北請來的大學教授和專家。記得反共理論專家任卓宣、又叫葉青的那一位，曾來給我們上過課。他原來是共產黨，被逮捕後自首成了反共理論專家。我還記得他給我們上課的名言：國父說，民生主義就是共產主義。同時又請外面的教授來講課。多半是師大教授，常常每年換。

上課的日子，晚上有小組討論會，討論白天上的課，例如白天上領袖言行，晚上就討論領袖言行。好像沒有在討論中調查思想，發掘問題再將犯人重審這樣的事。大家講話都是模稜兩可，順著教官和教材的意思說。但是幹事仍然可以在言談中看出人的傾向。我感覺國民黨始終認為我的思想有問題，不夠純正。他們覺得我最大的問題是，我一到台灣發現受騙，講話就很不客氣，直接指責國民黨欺騙，所以國民黨對我始終不放心，覺得我與國民黨步調不能一致。

輪到做工的一天，早上吃過飯，集合時帶隊的阿兵哥站出來，我們該是那個生產組的就站到那個阿兵哥那裡去，由阿兵哥帶去工地。我們叫這些阿兵哥班長，他們多半是被俘擄的共產黨的兵，被編進部隊，看守受刑人。他們之中有南日島的俘虜，沒有遣回大陸，也就變成國民黨的兵。有些人原來是國民黨的兵被共產黨抓過去，仍舊當兵；然後又被國民黨俘擄，換個帽子，繼續當兵。這種情形屢見不鮮。他們八點鐘帶我們上山。晚上帶我們下山。我們隊的阿兵哥是大陸沿海漁民，叫蕭忠良，他父母都是解放軍。遇上下雨天，就在房子內部打草繩，有颱風的時候用這些草繩綁石頭壓屋頂。

在綠島最怕的就是颱風。新生訓導處的人，上自處長，下至新生，無一不怕。第一，颱風造成的災害不得了。第二，與外界交通運輸全部停止，有一次，颱風使我們斷糧，結果用空軍的直升機給我們投糧。第三，颱風一來，新生都不能出營房，所有的窗子都用鐵皮釘起來，房頂是油毛氈，平常就熱死人；一百多人擠在裡面，至少兩三天，空氣不流通，外面氣壓低，非常難過，比坐牢還慘。我的腿不好，在那種情況下就痛。有一年，風眼經過火燒島，幾天不解除警報，通通關在裡面，那次最慘。我們事先還要打繩子把房子拉住，以防吹倒。有時候，颱風警報不準確，大忙一陣，颱風沒有來，但是不解除警報，新生仍不能出來，吃飯由人送進宿舍。每年幾次颱風，是我們最大的災難。幸好綠島東部有山，颱風來的時候，被擋了一擋，風力減小。最壞是從台灣轉回來的颱風，造成的災情最重。

勞動有改善生活的目的。各隊組成許多生產組，有養豬、養雞（火雞）、種地瓜、種菜等。地瓜是豬的飼料。每個生產組可以自己蓋一個克難房，是新生自己在避風的地方搭棚，材料用山上的茅桿、樹枝，房頂用茅草。中國人蓋茅草房本來是用稻草，但綠島茅草很豐盛，非常結實，蓋的房子十年、二十年不會漏水。把茅草割來曬乾以後，放在茅桿搭的架子上。茅桿有三個手指頭粗，很硬，像竹子一樣。各隊蓋的克難房，成八卦形，像蒙古包。

我在五隊的生產組，其中四個人是台灣人，兩個人是外省人。綠島的受刑人大概三分之二是本省人，三分之一是外省人。生產組一般也是挑合得來的組成一組。我這個生產組有兩個外省人：我和江述德。我做組長，因為我的腿受過刑沒有力氣，多半是做輕的服務工作，像是挑飯，燒飯這類事。

我們到工地，如果是種地瓜，就計劃今天要挖多少地。大家便挖地，我澆水，然後到山底廚房，要六個人的飯，送上山。吃完飯，趁大家有一小時休息的時間，我就把大家挖的地和地瓜苗整理整理，四點多鐘開始下山，準備吃晚飯。

如果是上山做工，就去砍粗的像竹子那樣的茅桿，每人每天要砍四十根，用來蓋房子。還有就是挖石頭，割茅草，每隊找一塊地養雞。我們後來蓋了很大的克難房子放雜物。比我們先來的新生，更了不起，用石塊建造了沿著海岸的圍牆，造得非常好，牆上開了兩個門，一個叫「新生之家」，一個叫「革命之門」。

生產沒有硬性規定一定要做到多少，但一般人都能夠做到一定的數量。比方我們養豬，知道要多少地瓜做飼料，就會種多少地瓜。上面要派我們去砍茅桿的時候，規定一天要砍多少根，有人砍不到那麼多，也不會處分。七中隊一個隊長姓喬，他怕人投機取巧，規定一天必須砍三十幾根。我有一個朋友叫顏光明，高頭大馬，一天可以砍七、八十根。像我的體力不行，他就常常幫我砍。茅桿在山溝裡沒有風的地方長得粗，要冒險爬下去砍。有風的地方茅桿長得細，容易砍，但是不夠硬。顏光明勇於表現，都會盡力去砍。另一位朋友劉乃誠體力不夠，砍得比我還少，我要幫他的忙。

我在綠島的生活還算平靜，但也發生過幾次事件。

■中隊長差一點開槍打我

新生訓導處有一個特別的安排，每個月輪流由一個中隊負責排一場戲，給大家演出。有一次輪到我們中隊演《勾踐復國》，慶祝蔣中正總統的華誕。《勾踐復國》這個劇本是警備總部發下來的。我負責劇務，先跟大家一起讀劇本，演出時要給演員提詞。第二中隊的一個山東人戚耀富來當導演，在中正堂排戲。戚是海軍官校畢業，對我這個士校出身的不太看得起，我因此對他沒有好感。一天，正在排戲，我走到舞台上有事，中隊長張開泰突然叫我：「張家林，來給導演倒杯水。」我聽了很不舒服，心想他導演是新生，我也是新生，憑甚麼要我給他倒水。我假裝沒有聽見，逕自下台出門而去。張開泰很不高興，把我叫住，問我聽到沒有。我說：「沒有。」張開泰說：「好，你走吧。」我也就真走了，以為這樣算是完事了。

到了晚上，吃完晚飯，突然幹事對我說：「趕快跑，隊長拿著槍要找你算帳。」我回頭一看，看到張開泰真拿著手槍，於是我急忙沿著營房跑到後面山上的碉堡裡躲起來。到了營房要鎖門了，才有人把我叫了回去。事隔三十多年，據難友閻啟明在台北告訴我，是他一把把隊長抱住，才沒有追著我開槍。第二天，我寫了悔過書，筆直地站在隊長面前認罪道歉，才把這事了結。

閻啟明當新生時會說相聲，和他搭檔的是高梅嶺。高、閻二人上台一鞠躬，自稱為「高不成、低不就」。想必許多難友都還記得他們。

張開泰的父親據說是山西軍閥，他本人也是流裡流氣，我們都叫他流氓隊長。後來我出獄在高雄的一個集會上遇見他，他跟我打招呼。我說：「對不起，你認錯人了，我不認識你。」

■丟槍事件

突然隊上一個星期裡好幾次，半夜命令我們新生把自己的東西都帶到操場，接受檢查。然後叫我們坐在外面不准動，他們去營房裡大搜特搜。大家都感到奇怪，不知搞什麼鬼。後來才聽說是十二中隊有個從韓國回來的反共義士當幹事，與隊長不和。有一天隊長的手槍丟了。大約我也是被懷疑的人之一，曾被叫去問了幾次，問我接觸了什麼人。他們只問我話，卻不跟我說明是為了什麼。據說，後來在廚房前面那口井裡找到了手槍。到底是誰幹的，一直是個謎。但是深受懷疑的幾個人都被叫去海邊吊起來打得半死。

■殺魚起風波

丟槍事件發生不久，我們十二中隊解散，我被分到五中隊，和我一起分到五中隊的有劉乃誠。

劉乃誠，瀋陽人，原來是台灣大學電機系的學生，因為讀書會的事被抓，最後來到這裡。我們一同分到五中隊後成了好朋友。他開刀割掉了一個腎，身體弱，一副文弱書生的樣子，上山做工的時候我就幫他砍茅桿。十年刑滿他回台北，在台大讀完書，留校教書，做到副教授。縱然他為人循規蹈矩，但是因為忠貞見疑，做為一個知識分子他就潦倒一生。他像我一樣，最後決心離開傷心地，現在住在洛杉磯。

與劉乃誠同案的馮高鳴是安徽人，畢業於台北行政專校。馮高鳴當選為我們五中隊的新生班長、每個隊有一個榮譽團結委員會，選派四個新生委員到廚房工作。四個新生委員中，兩個台灣人，兩個外省人。陳水泉和黃玉坤是台灣人，我和江述德是外省人。到廚房工作，可以算是美差，比較自由，而且有外出的機會。江述德也是和我一同從十二中隊分到五中隊來的。我們在十二中隊時就要好。現在又一起，當然很高興。一個中隊有一百二十來人，其中外省人大約有三、四十人。

因為天氣太熱，我們中隊開會決定：如果晚上買了魚，便用冰鎮住，也不再派洗完澡的人公差去殺魚，要到第二天早上才派公差殺魚，而且殺完魚，被派公差的人這一天就自由了，愛幹什麼幹什麼。所以這個公差，大家愛幹。

可是，有一個晚上，蕭忠良買了魚回來，馮高鳴卻叫道：「張家林，派公差，去殺魚。」我那時已經洗完澡，很不情願地說道：「不是講好了，洗完澡不派公差了嗎？」馮高鳴說：「派了就派了，囉嗦什麼？」我心裡不服氣地想：你明天派我公差多好，我有一天自由，可以做貝殼畫；現在派我，我明天還要上課，累死了。馮高鳴又叫道：「張家林，派你去，你就去。」我心裡一股無名之火冒了上來，不由分說一拳對著馮高鳴打了過去。頓時馮高鳴的鼻子嘴巴都流血，他大叫：「張家林打人！」

輔導官雷鳴初吼道：「張家林，出來！」幹事劉覺生立即跑過來銬了我的手，把我送進碉堡關起來。碉堡是個圓形的鋼筋水泥建築，只有一個門，四周是射擊孔，裡面又悶又熱，水泥地上鋪了簡陋的地板，晚上我就睡地板，沒有床。這裡面老鼠、蟑螂都很多，而且特別大。一天兩餐，沒有菜，只有鹽水飯吃。我的隔壁關了一個人，後來知道他叫楊兆林，四川人，是一位反共義士，精神不大正常，往往打人、罵人、鬧事。那時他已經關了好幾年了。據說他後來就關死在裡面。

我的好朋友江述德那時正好外調到醫務所外役，醫務所離碉堡近，他常給我送水，從送飯那個小洞，一杯水一杯水地遞給我，讓我擦身。他還得買通看守，又得眼觀四方地怕被人看到。真難為了他。

■江述德

我本來關碉堡應該關三十天，我們那位銬我的幹事劉覺生又給我額外加了十天。關了四十天出來後，我被調到「處部」，派到廚房燒菜。雖然我派到了「處部」，晚上還是回到五中隊睡覺。

我們那時的伙食跟部隊一樣。六人一桌，蹲在地下吃。一天三餐：早餐稀飯、饅頭、花生米；中餐晚餐乾飯饅頭，兩菜一湯，有葷有素。每星期加一次菜。吃飯管飽，有美援黃豆可以做豆漿、豆腐。有一次颱風，後勤斷絕，還派直升機給我們送糧食。對我們的生活需要是很照顧的，這一點必須承認。

我在廚房工作，如果碰到殺豬，我總要送一些豬肉、豬肝去給教會裡面的人。有一次殺豬，把剔出來的骨頭煮了湯，我從盛湯的大桶裡舀湯的時候不小心滑倒，左手伸進滾燙的湯裡，燙得很厲害，整個手臂上起泡，皮全掉了。大家七手八腳把我送到醫務所。我的手整個吊著，江述德不但替我敷藥，而且每天替我洗澡。醫務所裡的許龍耀醫生也是個善心人，他特地讓他在台北的家人寄藥來給我。

想到我的冤案，我恨透了那些整我的人。所以，遇到江述德和許醫生這樣不為什麼善待我的人，心裡就加倍感激，而且覺得一切也不那麼可悲，那麼無望了。真的，給人善意，就是給人希望。

江述德原來是孫立人部隊的兵，在東北四平街作戰時被共軍俘擄，納入解放軍。後來打到海南島時，他又被國軍俘擄變成國軍。到了台灣後，又被發現他曾做過共軍俘虜，於是判刑十五年，來到「新生訓導處」。他比我早到綠島，可以做外役。江述德待我之好，我終生難忘。此外，他還做了一件十分難得的事。

張錦塗，台灣人，小學畢業，二十多歲，跟我一個班。我們因為都比較年輕，所以比較接近。「新生訓導處」每年在蔣總統華誕時開一次運動會。張錦塗和我都參加五千米賽跑。他不知從那裡聽到謠言說：如果運動比賽得了第一，都會提早結訓。於是一心要跑個冠軍。他這人怕吃饅頭，賽跑前一天，他邀我到福利社吃麵。他說：「吃飽點，明天早上就不要吃饅頭了。」這也是他為得到冠軍做出的準備。

第二天，一大早七點鐘就開始賽跑了。開始跑的時候，他全力往前衝，跑得很快，但是跑到最後，我看他的姿勢有點奇怪，覺得有點不對勁。突然就看到他身子往後仰，他還沒跑到司令台，人就倒了下去。等把他送到醫務所，他已經死了。他死得太冤枉，因為在綠島從來沒有一個人，由於表現良好而提早結訓的。訓練處為了避免麻煩，從此就不辦運動會了。

天氣太熱，如何處理張錦塗的遺體成了一個問題。按照規定，要等他的家屬來做決定。他有一個姊姊在台北縣，一時三刻來不了。那時的交通不像今天這麼方便。因此有人建議，到漁船碼頭去弄冰來，把張錦塗的遺體冰起來。但是冰來了，也不管用，天氣實在太熱，人死八小時後，氣味就很難聞了。到了第二天，更糟了。後來，就把他抬到碉堡附近叫做十三中隊的地方，亦即死人隊。我和江述德很發愁，不知該怎麼辦，也不知他的姊姊什麼時候會到。

張錦塗平常和一夥思想左傾的難友交好，那些人平時常流露一種知識上和道德上高人一等的姿態，但是對他的突然死亡，那些好友卻躲在一邊，甩手不管，只讓我們平常愛管閒事的幾個人出來料理後事。這讓我體會到人的言行往往並不一致，心裡有些氣憤，也有點鄙視。我原來對那些人，打心裡是比較佩服的，雖然沒表現出來。

到了第三天，遺體情況更加糟糕得不得了啦。本來是要等到他姊姊來才火化，現在顯然不能等了。又有人出主意：「弄個汽油桶來，把人放在桶裡燒。」說是這麼說，桶也可以找來，但是誰敢把人放進去呢？又是江述德。

就這樣我們三個和另外幾個難友，終於把張錦塗屍體放進汽油桶，弄到勵志洞去燒化。但是不好燒，因為屍體有一部分在桶外。不知誰想到應該用報銷的飯鍋，那樣整個屍體都可以放在裡面。又是江述德再把張錦塗的遺體搬進鍋裡面。這次終於成功地完成了火化。

這整個過程中，張錦塗平時的那夥好朋友都沒有出現。這件事讓我佩服江述德，也讓我感觸良多。他一九八六年通過在日本的難友幫忙，回到四川開縣老家，討了個二十五歲的年輕老婆，做了酒廠副廠長，後來在故鄉病故。

綠島的愛情故事

那個把我銬起來送進碉堡、後來又給我增加十天關押的幹事劉覺生，長得雖然英俊，為人卻心狠手辣。打起人來手下毫不留情。

前面我提到演《勾踐復國》的話劇，因為找不到女演員，隊長張開泰就到外面去邀請。請來一位白太太演西施，一位蘇素霞小姐演鄭旦。蘇素霞年輕秀麗，在排演期間認識了第一大隊的曾國英，繼而相戀。劉覺生也愛上蘇素霞。非常不幸的是他也調到了第一大隊。他本是個心毒的人，於是把曾國英關到碉堡裡面。曾國英結訓後，托人到蘇家求親，蘇家不准。蘇素霞傷心，想不開，竟自殺殉情。劉覺生後來娶了蘇素霞的姊姊。

曾國英有一個朋友叫許昭榮，後來把這件事用日文寫成小說〈綠島百合〉，刊在日本發行的《文藝春秋》上。

綠島的愛情故事裡還有一位女主角，就是我出獄後才認識的張彩雲。她被關進綠島之前是省立台中醫院護士長，坐了大概二十年的牢，等到被放出來時已經四十七歲。我有一個朋友江蘇人，叫黃超然，也在綠島坐牢，但比張彩雲先釋放，出來時已經五十多歲。我另一位姓張的朋友在綠島時跟他們都有交情，便介紹張彩雲嫁給黃超然，而張彩雲那時還沒有出來。他們去土城監獄看她。她正在辦理擔保出獄的手續，快要出來，但不肯答應這件婚事，因為她說她已經快五十歲，不能生育，不願黃沒有子嗣。但是黃在綠島時認識她很久，有情意。後來張勉強嫁給黃。但是有一個條件，讓別人的太太送他們一個孩子，黃果然答應。黃外號黃大頭，是台北第一屆選出的國大代表劉明的乾兒子。劉明是礦業鉅子，因經營金礦、煤礦而致富，台灣名人，也坐過牢。黃做他煤礦的經理。劉老闆在煤礦養雞，發大財，後來又蓋房子，也發財。黃、張的故事說明在患難中的感情是有情有義的。他們一直白頭偕老。張因為糖尿病兩條腿都鋸掉，行動都靠黃把她揹來揹去。

許昭榮

許昭榮的經歷跟別人很不一樣，當過日本兵，又當過國民黨兵，相當坎坷悲慘。一九四三年他參加日本海軍特別志願兵第二期，二次世界大戰終戰時，以整備兵長復員。一九四七年二二八事件後，因為怕被逮捕，於是參加國民黨海軍擔任技術員兵，遠赴山東青島參加國共內戰。一九五〇年經歷塘沽、長山島等戰役，獲頒海功、海光獎章。當時因無退役制度，他請長假回台灣，進入中油高雄煉油廠工作，被密告逃兵而遭逮捕回軍復補。一九五五年他奉派赴美接收咸陽號驅逐艦，回國後，因攜帶《台灣獨立運動第十年——一九五五》小冊子，被依叛亂條例二條三，判處十年徒刑，移送綠島。

一九六八年出獄後，他從事國際貿易事業，被警總禁足八年不准出國。一九八〇年赴美，因參與支持施明德獄中絕食示威遊行，被國府駐北美協調處吊銷護照，淪為台灣政治難民。一九八六年蒙聯合教會、國際特赦組織和聯合國難民署協助，才獲得加拿大政府的政治庇護而留居多倫多。

一九八七年，許昭榮開始關心國共內戰期間失落在中國大陸的台籍老兵問題，並全心全力搜尋台籍老兵資料，專心投入為原國軍台籍老兵及遺族討回公道的工作。許昭榮認為有一萬五千名台灣子弟兵，被國民政府強制遣往中國大陸剿匪，其中至少有一萬人被押往東北錦州、塔山、華北魚台、濟寧及徐蚌會戰等戰役，成了無名戰士。

一九四九年隨國民黨政府平安撤退返台的只有四百多人，其中大多數是海軍人員。一九九二年解除黑名單後，他返台投入為原台籍老兵暨遺族討回公道的工作，一九九四年創設全國原國軍台籍老兵暨遺族協會。

經過他的不斷努力，二〇〇五年十一月十日，高雄市政府終於在旗津風車公園為台灣無名戰士紀念碑揭幕。二〇〇五年十二月十三日行政院文化建設委員會與高雄市政府在旗津興建的「戰爭與和平紀念公園」正式落成啟用。二〇〇八年高雄市議員竟提案將「戰爭與和平紀念公園」更名為「和平紀念公園」。在同年三月，提案正式通過。二〇〇八年五月二十日晚間七點半，許昭榮於台灣無名戰士紀念碑前，在汽車內澆汽油引火自焚死亡。他在遺書中表示，他一再訴求應該為台籍老兵設碑，如今好不容易設碑在旗津風車公園，政府竟然要遷走台籍戰士紀念碑，因此用激烈手段抗議。

他指出，國民黨與民進黨漠視「台灣歷代戰歿英靈」。遺書中寫著：「我依據自己的意志，以死抗議台灣執政者長期對歷代軍人軍屬台籍老兵之精神虐待。國不像國，政府不像政府；議會亂武，司法亂彈；自由民主脫線；愚兵一世人！」對現行退輔制度，偏袒「老芋仔」（外省人，老榮民）、剝削「蕃薯囝」（台灣人，老榮民）表示不滿；國民黨、民進黨執政期間，不但未給予台灣歷代戰歿英靈歷史定位，且未曾舉辦國家級的追思或弔祭，讓約四萬位台灣先靈在海外流浪六十餘年。遺書最後強調，政府重文輕武，欺辱軍人，他甘願死守台灣唯一的「戰爭與和平紀念公園」，直到催生國立台灣歷代戰歿英靈紀念碑為止。

賺外快的幾種方法

■做貝殼畫

第一大隊的王學仁，原來是中學的老師。據說是他發明做貝殼畫，教給我們粘貼、拼湊、以及挑選貝殼的種種技巧。他會畫，他供應我們底畫，我們就把各種貝殼適當地往底畫上粘貼。後來發展出很細的分工，某些人專門做松樹，用海膽的刺做松針。某些人專門做飛鶴，某些人專門做老虎。比如說一幅「松鶴遐齡」，很可能就是由兩三個人合作而成。有一次我異想天開，把吃完後的龍蝦殼和龍蝦鬚都用來做立體畫。做貝殼畫讓我們賺了點錢，我好好做一個月可以賺到幾十塊錢，雖然數目微小，但對我這樣隻身來台的外省人來說，還是不無小補，可以買牙膏、肥皂，甚至到福利社吃東西，那時一碗麵還不到一塊錢。做工都是利用我們自己不做工、不上課的休息時間，譬如早晚或午睡的時候。這裡要提一下，我們得到的錢是「新生券」，只在新生訓導處使用。「新生券」我還保留了一張十塊的，施明德手上有一張兩塊的。而且聽說對喜歡收藏的人來說，現在價錢還挺高。我們做的貝殼畫，或賣斷給福利社，或在福利社寄賣。福利社為此還增添了一個「貝殼畫部」，此外福利社設有餐飲部、理髮部、照相部、供應部和彈子房。

由於我們做貝殼畫還給島上漁民帶來收入，他們在撈魚苗之外，有空就在海邊撿貝殼，然後賣給我們。各種貝殼按大小和種類分好，用火柴盒子量，進行交易。

■投稿

我們的另外一個生財之道就是向台灣的《中央日報》或者《新生報》投稿。寄出去的稿件都要先經過檢查批准。稿子一經刊登就有稿費，那真是高興的事。我的一個安徽老鄉李宜廠，很有文采，他出去後寫過一篇文章，描寫結訓回家，徘徊於改嫁的妻子門外，那種羞愧痛苦的複雜心情，非常動人。他的文采幫不了他的忙，他結訓回台灣，找到的是看門的工作。

我們自己也辦了一份刊物叫《新生月刊》，主編是林振霆。他原來是《聯合報》的總編，劉自然事件，《聯合報》寫社論罵台灣無能，美國人打死人居然逍遙法外，於是引發群眾打美國大使館。他因此坐牢，判無期徒刑，關了二十六年，一九八三年蔣經國才把他放了。月刊每期有一篇社論，由主編根據周會時副處長陳金水的講話整理寫出來。陳金水原來是彭孟緝的司機，沒有讀過幾年書。他的講話幾乎都是林振霆替他寫的稿子。其他則是一些上課心得，如「論國父思想」之類的文章。我們新生雖然有發表慾，但是也害怕在上面發表文章，因為會被難友認為與官方有接觸，受到排斥，所以發表文章都用筆名。這個月刊我也投過稿，記得寫的是讀《齊瓦哥醫生》的感想。但是，現在我不能確定這份刊物是不是給稿費的，稿費也就是牙膏肥皂之類。那時我讀了司馬璐的《鬥爭十八年》，獲益匪淺，對我的影響很大，是一種難以說清楚的精神鼓勵。

■種番茄

我們隊上種的番茄吃不完的可以拿出去賣，老百姓很喜歡我們的番茄，因為我們隊裡有專家，我們的番茄又大又好。賣來的錢歸公，用到伙食上。

■街頭演出

到過年的時候，各隊出節目，各種人才也借這個機會展示才能，到街頭演出。他們化了妝，有的踩高蹺，有的表演「老揹少」或者「跑旱船」等等。我則揹一個麻袋，跟著演出跑。老百姓看得高興，就往我的麻袋中放肥皂、火柴、香煙。我們都喜歡這樣的演出，一方面給老百姓提供了文化生活，另一方面我們可以躲過上課，躲過上山做工。演出得來的錢，我們就吃掉喝掉，高興一場。

到「溫泉」去養羊

有一天台北有大官來視察，他們對我不放心，就派我和幾個人到「溫泉」去。這裡說的「溫泉」就是現在供觀光客去的「朝日溫泉」。據說有個結訓的新生，有家屬居住在澳洲，出去後要從澳洲給我們送一批澳洲種羊來，所以要建立養羊隊。我們到那裡是幫忙他們蓋羊棚，而我的主要工作就是挑水。挑水要去山溝，每天早上一個人八點就要出發，從山溝把水擔回來已是下午。一桶水從山溝挑上來，翻過山頭，再走下山，一路搖晃，到羊棚時只剩下三分之一。一個人挑水給五個人吃，一天非跑兩趟不可。後來有人發明了用袋子裝水，才解決了流失的問題。不過這已經是離開以後的事了。

養羊隊帶隊的是個被俘擄過來現在當了班長的人。其他幾個是高山族潘襄通，台灣人張萬年、蕭思良以及和我要好的江述德。

住在溫泉的只有兩三戶人家。編制上有一個小學，一共兩個人：一個是校長兼老師、工友於一身的成年人；另外一個則是學生。我們分別住在老百姓家裡。

我在那裡還碰到一件有趣的事。一次我在睡覺的時候，感到有人在摸我的腳。怎麼回事呢？我心裡覺得奇怪，睜開眼一看，原來是房東的孩子，也就是那個小學中唯一的學生。看到我醒了，他像是發現新大陸，很得意地說：「原來你年紀很輕。」我問他怎麼知道的。他說：「我摸你的腳就會知道。年紀大的人腳後跟有紋路，你的腳後跟光光滑滑，沒紋路，你一定年紀很輕。」這個孩子的爸爸養鹿，用這種摸蹄腳的方法辨別鹿的年齡，他耳濡目染學會，就用到我身上來了。我呢，也因此學到了新的知識。

我們大約待了一個月左右，羊棚蓋了個架子就被叫回去了。至於澳洲的羊根本沒出現，而這話也再沒聽見有人提了。

後來聽說是蔣經國來視察，隊上選了幾個聽話的人跟他見面。我一向頂撞，不會奉承，他們擔心我放炮，說出什麼不中聽的話，所以想法把我調離開。

宗教信仰

「美南浸信會」的美籍牧師關樹華常來火燒島，他來時如果帶來著名的傳教士，像周聯華牧師，就會上大課。後來島上設立了布道處。我記得第一位來布道的是俞敬群牧師。後來跟著來的有王傳法、葛運通等。

那時要去聽布道，首先要克服一種心理障礙。我們分隊約有三分之一的人思想上比較左傾，是所謂的「左派」。他們雖然不是多數，但是不知為什麼竟然形成一種輿論的壓力。他們對所有的宗教都採取不屑的態度，認為基督教是資產階級的產物，因此看不起跑教堂的人。聽布道回來也會受到譏諷。但我這個人個性倔強，認為對的就要做，而且也能頂住別人的白眼。

島上外省人，尤其是隻身來台的外省人，所面對的一切特別孤獨淒涼。首先遭遇到冤屈就讓你感到人生無常。當時的處境使得我非常需要一種精神上的支撐。聽了幾次講道，我開始認同基督教的生活方式與做人之道。比如聖經上說的「你看人眼中有刺。是不是你自己眼裡有樑木？」還有「你如果怎麼待人，人家就怎麼待你。」還有，我們中國文化中沒有救贖。基督說：信我的得永生。就是指如果能悔改，就得永生。我們中國人犯了錯，則永遠不改。也許我這莫名其妙的冤枉牢獄之災，特別讓我感到，越是有權力，越是高高在上的人，越是死不認錯。

我們生活中存在許多問題，雖然都是難友，由於思想的問題，所受教育的高低，省籍的習俗等等，彼此不免衝突與猜忌。聽布道，我得到安慰和嚮往。

我先是聽大課，幾個月一次。後來參加查經班，一個月二、三次。參加查經班最現實的好處是，可以躲過政治學習的小組討論。另外則是因為查經班裡的人，文化水平比較高些，我可以學到一些東西。而查經班裡的人彼此之間的交往比較有人味。這種接觸，對身在苦難中的我，給予了心靈上的安慰與力量。

通常在查經班裡，先輪流唸一段聖經，然後傳道人給我們講解。沒有討論，我們好像也沒有這種需要，著重的是灌輸。

周聯華牧師的講話很打動我。特別是聖經裡說的「凡勞苦重擔的人，到我這裡來必得安息」。我聽了就覺得是對我的召喚。那時我身上正擔負著有形與無形的兩個重擔。無形的是壓在我心上，時時困擾我的大問號：結訓以後，像我這樣隻身在台的人，無依無靠，怎麼辦呢？而有形的則是天天面對的艱難勞動，像上山種地瓜，還得蓋小房子給自己擋風雨。「信得永生」、「不信滅亡」在我內心交戰。我選擇了「信得永生」，幾年後關樹華牧師為我受洗。

成為基督徒後，在教會中接觸到的人，對我好，而且不要回報。沉浸在這樣的人際交往中，精神得到洗滌，我漸漸減少了仇恨之心。對於來島上布道的人，我都由衷地佩服。島上生活清苦，除了地瓜、花生、魚，其他什麼都沒有。而且缺水，井裡打上來的水鹽分很重。所以每次隊裡殺豬，我都自己出錢買一點豬肉或豬肝給傳道處送去。

新生中的派系

我們新生當中最明顯的派系只有「左派」，其他不過是省籍之間慣常出現的現象，由於習慣和語言的關係，台灣人和台灣人比較親近，外省人和外省人比較合得來，而我們幾個安徽老鄉就更接近一些，就這麼回事。而「左派」則可從言行上看出來。比如他們反對學英文，只能學數理化，認為學英文是小資產階級的玩意，違背了他們提倡的普羅作風。他們多半教育程度比較高，態度比較倨傲，對待人也比較疑心。其實他們這種做法，也和他們提倡的普羅不符合。他們對任何人與官方有所接觸，或者參與官方主辦的活動，都採取鄙視的態度，把這些人叫做「狗」。那時幹事叫我參加演講比賽，寫關於田單復國的文章，我寫了，左派於是很疑心我。我呢，也對他們敬而遠之。我們五中隊中，左派大約占三分之一。這些左派結訓後回到台灣，大半都繼續左，繼續反對國民黨。新生中比較左傾的以外省人較多，本省人多半親日，左的比較少，前幾年期間台獨的也比較少。本省人有台獨意識的也多半是親日而不是親美。那時正值大陸那邊高舉三面紅旗：大躍進、大煉鋼和成立人民公社。大家在談論中就可以看出誰是左誰是獨。如果是說：中國人讓他們去亂搞，狗咬狗，跟我們沒關係。這就明顯有台獨的傾向。如果是嚮往三面紅旗的做法，特別是對人民公社，有這樣想法的人本能地容易傾向左派。但是這類人也都和我一樣，不知道什麼是共產黨，也不懂共產主義。我們都只是受到歧視排擠，對現實不滿發牢騷，就這麼不明不白的被送到了這裡。我從自身的經驗總結出：凡是冤獄中的所謂「共產黨」都是國民黨製造出來的，把不是敵人的人變成了敵人。剛剛說到左派結訓後繼續反對國民黨，其實不只是左派，其他難友結訓後也繼續反對國民黨。只要是坐過國民黨的冤獄，沒有不反對國民黨的。

＊部分張家林先生的訪問曾先由吳章銓進行並整理

注釋：

❶馬乘風是經濟學家，立法委員，一九五三年被保安司令部逮捕，在軍法看守所羈押多年，始終沒有定罪。一九五五年秋以煽動前第八兵團司令劉汝明叛變和包庇「匪諜」趙守志入境兩個罪名，被判無期徒刑。一九七二年，六十六歲的馬乘風減刑出獄，前後關了二十年。任顯群曾任台灣省財政廳長，一九五三年與京劇名伶顧正秋秘密結婚後不久即被逮捕，罪名是叔父任方旭曾「參加叛亂組織」（被判有期徒刑十年），任顯群因「明知為匪諜而不

告密」被判有期徒刑七年。但社會上普遍認為真正原因是蔣經國追求顧正秋不遂而加以報復。任顯群在一九五八年獲假釋出獄。

❷倪師壇是台灣《公論報》主筆，因撰寫社論批評政府而得罪當局，於一九五七年十一月被捕，罪名是年輕時曾在福州參加過讀書會，來台後未辦理自首手續，判刑七年，出獄後不久病故。

❸胡子丹是海軍電訊上士，因受到友人在書信中問好的牽連，以「共同為叛徒收集軍事秘密」罪名於一九五〇年被判刑十年。胡在獄中勤讀英文，出獄後賴翻譯和出版為生。一九八九年開始在香港《新聞天地》周刊連載《我在綠島三千兩百一十二天》，次年集結成書，是第一本揭露綠島監獄生活的著作。該書於二〇〇一年修訂再版，改名為《跨世紀的糾葛》。

❹李友邦（一九〇六～一九五二），為台灣抗日運動的重要人物，日本時代曾經前往中國，進行抗日活動。一九四五年十二月八日，李友邦率台灣義勇隊回台，兼任三民主義青年團中央直屬台灣區團部籌備處主任，受國民黨監視。一九四六年，台灣義勇隊遭中華民國政府強制解散。李友邦擔任三民主義青年團台灣分團主任。一九四七年二二八事件爆發後，李友邦被陳儀以「通匪」與「幕後鼓動暴動」之罪名逮捕，並解送南京監禁三個月，經過陳誠援救後被釋放。李友邦回台灣之後擔任台灣省黨部副主委兼改造委員會委員，一九五二年因「匪諜案」於四月二十一日被處決。夫人嚴秀峰以「參加中共組織」罪名被判刑十五年。

「黑蝙蝠」中隊隊員的九霄驚魂記

李國瑞口述
周匀之執筆

一九四九年，中國大陸河山變色，中國國民黨領導的中華民國政府播遷台灣，先總統蔣公時時以反攻大陸為職志，當時有一批從雲南進入滇緬邊區的部隊，成立了「反共救國軍」，在李彌將軍麾下的段希文、李文煥、柳元麟、李國輝幾位將軍的領導下，在緬甸和泰國北部建立基地，伺機反攻大陸。

在海上，國軍也曾多次發動對大陸的突擊。

而空中方面，卻因事屬機密，直到二十多年之後，對大陸執行夜間「低空偵察的黑蝙蝠（三十四）中隊」，和執行「高空偵照的黑貓（三十五）中隊」的壯烈事蹟才廣為人知。

本文的主人翁李國瑞，是「黑蝙蝠中隊」的成員，九死一生地進出大陸執行偵察、空投敵後工作人員和心戰傳單，和金門炮戰期間執行空投數十次，並參加從泰北接運「游擊隊」回台灣的任務，和在越南幫助美國中央情報局（ＣＩＡ）收集情報與空投任務的「南星計劃」。事隔數十年，對

1970年，在新竹黑蝙蝠中隊，與隊徽合影。

當年的死亡邊緣經歷，他依然記憶猶新。

李國瑞首先談到接運滇緬邊區「游擊隊」的經過。國府撤到台灣之初，東南半壁江山仍有不少部隊，其中一部分由黃埔四期雲南籍的李彌將軍率領進入緬甸北部，建立基地，並成立「反共抗俄軍政大學」，李彌因病無法返回緬北，由柳元麟將軍代理總指揮，台灣也曾派特種部隊夏超中將前往，並空降教官、特種作戰人員和補給品。擔任國防會議副秘書長的蔣經國還前往基地視察過（坐飛機前往游擊隊修築的簡易機場降落）。游擊隊曾多次攻入雲南境內，一度曾進入雲南一百六十里，攻下多個縣城，控制的面積約台灣的兩三倍，但終因格於情勢和補給困難無法挽回大局。

另方面，緬甸政府多次與這些部隊交戰，並經常出動飛機轟炸，但卻非這些部隊的對手。「游擊隊」能在緬北立足，一方面是他們與緬軍交戰時，俘獲了大批緬軍的武器和彈藥，另方面美國的支持也是重要因素，但美國的態度卻在國際情勢下經常轉變。當緬甸向聯合國控訴中華民國侵犯領土，同時向美國施壓，國府在美國的壓力下不得不在一九五二年開始將這些部隊撤回台灣。美國之所以向台灣施壓，是因為一架空投的飛機被緬方擊落，上面發現有美國標誌的物品，使美國無法否認，於是以「如不撤退，不給軍援」向台灣施壓。

除了美國施壓之外，台灣還要為確保在聯合國的地位而奮鬥，不能承受在聯合國遭到控訴的後果。在這種雙重壓力下，台灣別無選擇。

事實上，「游擊隊」的活動地區，有大片土地應該是在中國境內，而且「游擊隊」相信，他們完全有能力控制整個緬甸，建立反共的權力。但台灣在主觀和客觀的情勢下，都絕不可能同意的。加上中共為了徹底消滅「游擊隊」，寧將大片英國統治緬甸時的中緬未定界廣大地區，送給緬甸，由緬甸去對付「游擊隊」，向國際控訴。

台灣決定撤回「游擊隊」，遭到堅決反共的「游擊隊」的強烈反對，李彌就是在政府的決策和「游擊隊」堅決反對的雙重壓力下，罹患高血壓無法返回游擊基地。

事實的發展是，當年撤回的，真正的部隊並不太多，許多是老弱婦孺和眷屬，甚至還有穿上軍服的平民。有人到了台灣之後，又潛回到緬北和泰北。原因除了反共的理念之外，還有就是一些人娶了當地的苗族、擺夷等少數民族，有的還不只娶了一個。還有就是在台灣補給困難的情形下，為了生存，有部隊開始種植鴉片，與在「金三角」活躍的坤沙和馬幫有著盤根錯節的關係。

撤運的工作實際上是斷斷續續，直到一九六三年才全部結束。在此期間，「反共救國軍」成了「孤軍」。台灣的資深記者于衡，曾在一九五三年以國民黨黨報《香港時報》記者的身分，到緬北的游擊基地採訪。

台灣作家柏楊，也以第一人稱的方式，用鄧克保的名字於一九六一年在台北《自立晚報》上連載了他的著作〈血戰異域十一年〉，記述這些部隊在滇緬邊界山區和泰國北部的艱苦經歷，連載完畢以《異域》為名出版，問世後大受歡迎，再版十多次，數十年來歷久不衰，售出一百多萬冊。有一年大專聯考的作文題目是「我最喜歡的一本書」，結果《異域》高居榜首。

當時在空軍服務，目前居住紐約的李國瑞，就在一九六一年擔任過接運這批「血戰異域十一年」的國軍部隊回到台灣，他的工作是領航。

除此之外，李國瑞出生入死，早在一九五八年八二三金門炮戰期間，就已經進出大陸二十三次，有兩次險被共軍擊落。空軍的十六座從最小的獎章到最高的勛章，他全部得了，他還是戰鬥立功特准結婚的戰鬥英雄。

李國瑞回憶，國府退居台灣後，對退入滇緬邊區的部隊仍以空投方式支援作戰，在兩三年內，除了空降下去的官兵，當地的「游擊隊」人數約有五千人。早在一九五〇年韓戰爆發時，蔣中正總統就有從韓國戰場反攻大陸的打算，但美國反對。而滇緬邊區有現成的部隊，蔣總統當然不會放棄反攻的機會。李國瑞記得，從台灣派到滇緬邊區的幹部，是在台灣北部的龍潭基地接受傘訓。

撤運回台灣的部隊是先到泰國北部的清邁、清萊、南他等地集中，消毒之後搭機回台。陸軍負責的是特種部隊司令易瑾中將，空軍由空軍官校六期的宋樹中和七期的劉士杰負責。宋樹中將軍退役後曾在美國新澤西州居住。

接運任務分別以「國雷演習」、「旋風任務」命名，一架飛機六名組員，通常是午夜十二時從台灣南部屏東基地起飛，第二天上午十時到清邁，休息一天之後，第二天下午七時回程，次日清晨五時返抵屏東，單程十個小時，有時因為風向要十三個小時，是相當艱辛的任務。

單程之所以要十多個小時，是因為要避開海南島中共的地區，先在南海繞個彎子，再從越南、寮國上空到達清邁，全部航程一千六百多哩。因為航程超過C-46的能力，還必須在機艙內另加油箱，才能勉強完成任務。

不僅如此，C-46是二次大戰的剩餘物資，領航儀器老舊，只能在電台兩百哩的距離內有效，因此在南海上空的將近一千哩航程，全部要靠最基本的推測航行。領航官的經驗和技術就顯得特別重要了。

空軍在這次接運任務中總共出動了一百架次，每天五到六個架次，整個任務圓滿完成，但李國瑞卻面臨兩次生死關頭。

那是一九六一年三月二十一日，在一次「旋風任務」中，由覃志元少校擔任機長、李國瑞上尉擔任領航官的一架C-46，奉命於凌晨三時從屏東飛往清邁。按照正常的作業，到達清邁之後，會在城裡的旅館休息一天，有時當地的華僑還會招待祖國的軍人。但是那次他們經過十三個小時到達後，由於從清萊、南他轉來部隊提前到達，駐清邁指揮官臨時決定，要他們當天就把這些部隊載回台灣。組員中有人頭一天還在台灣擔任過其他任務，如此將有三十多個小時得不到休息。

儘管滿腔怨氣，但命令是沒有道理可講的。就這樣，他們在覃志元力爭之下，延後了兩個小時起飛，讓組員多少能得到一點休息的時間，然後載著四十四名義胞和加滿燃料離開了清邁。

但是起飛後不久，卻發現二號發動機滑油系統嚴重漏油，溫度升高，滑油油量只剩三加侖，發動機極可能著火，而且在四周多山的地區，又是夜間，稍一偏差即可能撞山。機長覃志元少校當即決定確定飛機的位置並飛向最近的機場落地。

李國瑞立即算出最近的機場就是他們二十多分鐘之前剛離開的清邁機場，但是那時的清邁機場設備簡陋，不但沒有夜航設備，而且僅有的歸航台和塔台也都關閉。要把一架故障的飛機，在沒有跑道燈和助航設備的機場降落，雖然有極大的危險，但在當時的情形下也別無選擇。而經驗豐富的通信官已用電碼將飛機狀況發給地面電台。

當地面電台收到電訊時，在餐廳用餐的劉士杰上校也聽到了天空中有微弱的機聲，感覺有異，因為這時不應有飛機前來，經驗老到的劉士杰斷定一定是我方飛機因故返航，立刻下令機場打開歸航台與對空聯絡。雖然聯絡上了，但是沒有跑道燈飛機如何降落。劉士杰急中生智，盡快把所有能找到的車子都集中在跑道頭，以車頭燈指示飛機降落。

在驚險萬狀下，第一次未降落成功，重飛之後終於平安落地。檢查之後，發現滑油已點滴無存，如果再過幾分鐘仍無法降落，勢將機毀人亡。

1970年，攝於越南峴港機場。

影響飛行安全的因素很多，而風向、風速對飛機的速度和位置影響極大。從紐約到台北的航線，順風時可以直達，逆風時就需停阿拉斯加加油。從清邁回屏東，是從越南峴港出口，以時速一百六十哩的巡航速度，出海後應飛七個小時，但是卻在一次任務時提前兩個小時就看到陸地，李國瑞以為飛錯了航向而緊張。但他立即想起了他受訓時的學生隊隊長張立志告訴他的一次親身經驗：當他從海南島駕著B-25轟炸機回台中時，也是提前了兩個小時，因為西南尾風把飛機的時速增加到每小時二百三十哩。李國瑞因此得以準確報回位置。

長途飛行中，絲毫差錯就可能造成極大的災禍，對運輸機新飛行員的訓練，是先飛運送補給品的任務，不載人員，熟悉之後再飛載人的交通機，並施以擔任傘訓、空投、編隊等訓練。C-46在接運游擊隊的一千六百哩航程中，加滿一千四百加侖油料，還要另加八百加侖的長途油料。

李國瑞記得，在一次任務中，竟然出乎意料之外的出現油量幾乎不夠的現象，這是多次任務中從未發生的事。落地後檢查，燃油只剩一百加侖，只能維持極短的時間，真是危險萬分。檢討之後發現，原來應該先用長途油箱的油料，再用機翼的燃料，但新進的飛行員卻因經驗不足反其道而行，造成漏油，差點造成無法挽回的後果。

接運的工作表面上在一九六三年圓滿完成，但實際上國府情報局從一九六四年開始，徵招了一批反共的緬甸華人青年，從事反共的武裝活動，這項工作直到一九七四年才解散。

而留在泰國北部段希文將軍的部隊，在情勢所迫下，宣誓效忠泰皇，泰國把他們當作防衛泰共的屏障，他們在泰北設立的華文學校，由台灣供應課本，台灣社會也不斷有人發動「送炭到泰北」的活動。段希文和李文煥將軍先後過世，「游擊隊」的後裔也早已不種鴉片，改種茶葉等經濟作物，泰北的美斯樂已經成為觀光區。但直到二〇〇九年，仍有一批孤軍的後裔和上述接受徵招的緬北反共部隊，因為「證件不符」在台灣無法領到身分證。明明是炎黃子孫，而且是孤軍的後裔和接受徵招為國效命的反共部隊，卻成為「無國籍」者，在台灣就學、就業都備感困難，甚至有人不堪煎熬而自殺，令人不勝唏噓。

另方面，從一九六〇年代開始，越戰已經開始逐漸轉劇，蔣中正總統也曾亟思派軍參加越戰，趁機反攻。雖然美國的參與日深，但也不願中華民國派兵參加越戰引起與中共的正面衝突，但美國卻與中華民國達成協議，由中央情報局台北站長克萊恩（Ray Cline）和與他私交甚篤的蔣經國達成協議，由台灣派遣空勤人員擔任在北越的空投特勤人員、器材等工作，於是有在越南的「南星計劃」和在寮國的「北辰計劃」的實施。

美國後來又基於偵察中共的核彈發展計劃的需求，又由台灣空軍執行「奇龍計劃」，深入敵後偵測中共發展核武的虛實。這兩項計劃和以後的「黑貓中隊」U-2高空偵察任務，都由空軍情報署長衣復恩將軍直接對蔣經國負責。

之所以由美國出飛機，台灣出人，主要是美國不願直接參與落人口實。另一個重要原因是美國不願犧牲自己的人員。

李國瑞回憶說，被挑選執行這兩項任務的人，都要先到美國內華達州的基地接受八個月的嚴格訓練，因為空投必須非常準確。此外還要到華盛頓州的山區野地接受求生訓練。這項訓練非常嚴格而嚴酷。

李國瑞說，「南星計劃」最初是由成立剛三年的中華航空公司，在衣復恩的安排下，於一九六二年分別在西貢和寮國的永珍成立「南星辦事處」和「北辰辦事處」，接手CIA在南北越叢林地帶，尤其是胡志明小徑一帶空投補給和情報員、敵後作戰人員的特種任務。華航早期雖然名義上是民營，實際上是由空軍在經營。在台灣航空事業還不發達幾無市場之際，華航經濟情況困窘，在越南擔任「南星計劃」，雖然為華航賺到了錢，但華航的損失也不小：十架飛機和數十名空勤人員。

曾經負責在夜間前往大陸從事低空偵察的三十四（黑蝙蝠）中隊，則是在一九六五年十一月二十五日，以三八三一的番號擔任在北越空投的任務，他們在越南都穿著便服，並使用假名，出任務

1969年，攝於越南峴港，因為身分要保密，出任務時穿便服。

時身上不帶任何證件。但是空投下去的人員絕大多數不是被俘就是被殲，被俘的人員在越共的逼迫下，發出假情報，要求繼續增援。李國瑞就在一次越共的欺敵行動中幾乎被擊落。當他的飛機到達目的地後，很快就看到T字形的地面標誌，但當空投完畢之後，地面的炮火立刻猛烈射擊，幸虧擊中的不是要害，使他們得以脫險。李國瑞記得，有一次任務回來，檢查機身，竟有四百多個彈孔，機上九人全部受傷。

越共不只一次的以這種方法誘敵，予以擊落。

「南星計劃」後來又有「南星二號」和「南星三號」，總共執行三批，到一九七二年全部結束。最初使用C-46，後改用C-123，但C-123也被擊落三架，陣亡十七名飛行官和八名士官。

在越南期間，李國瑞住在芽莊，出任務到西貢、峴港、順化、金蘭灣等地。

執行偵察大陸的飛彈發展情形的危險性更大，每次任務的機組人員共十二名，領航官就有三名，分別看地標（通常要先背下check point）；一名計算風速和高度，推測航行；另外就是使用遠程導航儀器。他們或者由泰國或者從南韓進入大陸。

擔任這項任務的機種是P-2V，整個機身裡裡外外都是電子儀器和天線，毫無武裝，而且飛行速度只有一百五十哩。當然，每次任務都會遇到米格機的攔截，當電子官報告被鎖定（lock on）時，機長會聽電子官的指揮如何閃避。

1970年，在新竹機場黑蝙蝠中隊，與副隊長王國章合影。後面是C-123型運輸機，機身漆黑色、無國徽及編號。

李國瑞說，據他所知，在偵察中共發展原子彈的進展方面，「奇龍計劃」曾在內蒙投下偵測器材偵察中共原子彈工廠的任務，他們投下的器材上有中文：「不可移走軍事用品」。這一組人員完成任務後，由專機送到台北，蔣經國召見，頒發五等寶鼎勛章和忠勇勛章，並全部進入華航。

李國瑞說，收集原子塵最遠的一次任務曾到達黑龍江，創下二十小時不落地的記錄。參加的飛行員回憶說，當遇到米格機時，他們的躲閃方法包括放出錫片干擾敵機，或發射電波使敵機雷達無法看到他們。當然還要以高超的技術甩開緊追不捨的米格機，有時把高度降低到可以看到地面上自己飛機的影子，有時甚至是從樹梢擦過。中共米格機在追擊時，曾有一架在追擊戴樹清時因無法及時拉起或轉向而撞山。李國瑞說，台灣本身的損失也極慘烈，從一九五八年到一九七四年總共出動八百三十八次任務，損失十五架飛機，犧牲一百四十八人。

除了地面的砲火之外，中共還對「黑蝙蝠中隊」的飛行員實施心戰。中共就曾對戴樹清播放他父親的錄音，說「聽說你常常回來，這很危險，以後不要來了。」中共並叫他把機頭掉轉到某個方向降落，機場的跑道燈已經打開。

震驚世界的一九五八年八二三炮戰，更令李國瑞難忘。

炮戰期間，金門處於被封鎖狀態，海、空軍的運補備加艱巨和危險。空軍的補給是在夜裡執行空投，因為當時米格機尚無夜間設備。擔任空投的C-46，一次可裝載三噸，每夜至少出動六十架，空投三百噸除了彈藥之外，還有由台中糧秣廠生產的加熱之後即可食用的米飯、紅燒肉等。軍方加派一個營的兵力在台中擔任裝載，他們從午夜十二時開始起飛，來回三趟任務直到天亮，連續一個月之久。

前文提到氣象對飛行安全的重要性，而李國瑞在兩次的氣候因素中都逢凶化吉。當時作業的情形是每間隔三分鐘起飛一架，在金門上空高度降低到五百至七百呎之間。在一次任務中，由於氣象報告不準確，東北風強，李國瑞前面的一架偏離到了廈門，被探照燈鎖定擊落。

1970年11月8日，赴越南途中，一具引擎熄火，特別拍下靜止的引擎照片留作紀念。當時距目的地越南芽莊市125浬。

另一次因天雨，無法在夜間空投，等到天亮後補投，李國瑞後面的一架被擊落。

李國瑞說，在執行任務時儘管生死在一線之間，但他卻不知道害怕。有一次一具引擎熄火，他還特地把在空中靜止的引擎照相留下作為紀念。

李國瑞以支援敵後反共抗暴五十五次任務，和金門炮戰期間空投二十三次的一千三百多戰功的戰分，以中尉的官階當選為一九五九年的戰鬥英雄，奉准戰鬥立功結婚（當時國軍規定結婚年齡是二十八歲），獎金一萬元（在當時是一筆大數目，那時他的薪餉才新台幣三百五十元，飛行加給五百元）和配給兩房一廳的眷舍一間。

談起為國捐軀的袍澤，李國瑞說，因為當時的任務都是無法公開的絕對機密，殉職之後甚至無法開追悼會，台北近郊碧潭的空軍烈士公墓中，只有他們的衣冠冢，直到兩岸開放後，才終於迎回部分烈士的靈骨，他們的全部事蹟才得以公開。說到此處，李國瑞無限的感慨。

李國瑞是空軍官校三十七期和航炸二十三期畢業，服務空勤二十年之後，於一九七五年十二月到了美國。李國瑞的尊翁李東園，歷任國民黨要職，全家一九四八年到台灣後住在台中，那時李國瑞十三歲，但李父五十七歲時英年早逝。

李國瑞不願靠父親的餘蔭，因為三個妹妹都在美國，因此決定也來美國，在紐約定居。像所有的移民一樣，李國瑞放下身段，在餐館洗過碗，當過炒鍋，學會了作川菜。妻子到衣廠打工。無論是在槍林彈雨中，還是在燠熱的廚房中，李國瑞都能安之若素，泰然處之。

但是李國瑞到底具備相當程度的科技水準，在一次機會中，他得到了一個核子電廠的製圖工作，雖然以前從未做過製圖的工作，但他不但很快就能上手，而且效率還很高。工作環境和薪資因此大為改善。生活漸入佳境安定後，他幫華人朋友管理中華大樓，考取了應該具備的所有執照，同時還積極參與社區服務，先後擔任過國民黨美東支部常委，空軍大鵬聯誼會和由三軍袍澤組成的榮光會會長。

除了勇於作戰，李國瑞還多才多藝，他喜歡蒐集，還會設計，他設計的郵政紀念信封非常精美，並具時代意義。

*本文曾由李國瑞先生過目，照片亦由李先生提供，一併在此致謝。

後繼者的初試啼聲

暑期徵文獲獎文章選刊

本會的宗旨之一是提倡和鼓吹中國近代口述史的研究。二〇〇八年夏，為盡快搶救消失中的珍貴抗戰口述史料，鼓勵現在年輕一代對抗戰研究的興趣和宣傳抗戰口述史的搶救，俾薪火相傳，本會特組織了暑期徵文，徵文參加資格為各大學的在校本科生及研究生，要求為被訪者曾親歷抗戰，訪問記錄被訪者在抗戰時期的經歷。得獎者除獎金外，還獲贈唐德剛教授簽名著作。

茲選刊其中四篇得獎文章。

漆貫璞抗戰口述史：我的游擊經歷

漆貫璞口述
高岩執筆

抗日戰爭已經結束六十三年了，六十年一甲子，我這一代人離那個戰火紛飛的年月已經非常久遠。雖然時間可以淡化人們對戰爭的具體印象，但人們對戰爭經歷的情感卻可以代代相傳，構成一個國家、一個民族的集體記憶。抗戰老兵是這一集體記憶的載體之一，他們是烽火歲月的見證者和親歷者。他們從戰場走來，硝煙和塵土尚未脫盡；他們步入晚年，目睹國家從戰亂走向和平。每一位抗戰老兵都是一部鮮活的歷史，每一位抗戰老兵都是中國的脊樑。

這篇訪問的主人公是八十五歲的漆貫璞老人，他十九歲投身戰場，長期領導地方武裝抗戰，是共產黨游擊鬥爭的親歷者和見證人。漆老先生雖然沒有參加過抗日戰爭正面戰場的會戰或大型的戰鬥，但是他立足於鄉土，是共產黨基層工作的實踐者。他率領的地方游擊隊活躍於鄉間，伺機打擊日軍、偽軍，和農民、地主、偽軍直接打著交道。他親身感受的正是抗日戰爭對基層鄉村的影響，他講述的正是抗日戰爭的一個側面。

歲月如梭，六十年一彈指。昔日的戰場已成寧靜的鄉村，當年在這片土地上戰鬥的老兵們大多早已作古。漆老先生作為地方游擊隊的領導者，如今也已成為最後的抗戰老兵。記錄下老兵們的經歷，不僅留下一份寶貴的歷史資料，更是對他們所創偉績的尊敬。

從出生到參加游擊隊

我今年（二〇〇八）已經八十五了，十九歲參加工作，也就是一九四二年的時候。但解放後填登記表「參加工作時間」一欄我填的是一九四三年，所以參加工作的時間就從一九四三年開始算，實際上我是一九四二年參加工作的。

我十歲時候進私塾念書，唸過《三字經》、《百家姓》、《千字文》、《論語》和《詩經》，後來因為付不起唸書的費用，十五歲時就回家幫忙種田。我家裡兄弟多，屬於中農，條件還不錯，家裡人希望我能多念點書，就送我到離家五里的一個新式學校，過去叫洋學堂，是淮陰縣宋集鄉王祠堂圩（注：「圩」即防禦性圍牆環繞的村莊）辦的。洋學堂我只唸了半年，因為一年要交兩擔糧食做學費，合現在標準就是四百八十斤，交不起，路又太遠，回家吃飯不方便，於是就回來種地。

漆貫璞老先生近照

我十八歲時候就長這麼大個子，而且體力各方面都很強。那時候這兒都是淪陷區，公開是漢奸掌權，暗地裡是國民黨掌權❶。社會上亂，土匪特別多，東搶西搶。我家那兒過去叫漆渡，那時有說法叫：「寧彎十里路，不要走漆渡。要走漆渡，不把棉襖，就脫棉褲」（注：方言，「彎」即「繞路走」，「把」即「給」），說的就是我家鄉那兒土匪橫行。我家在農村，完全是農民。我老大（哥哥）呢比較笨一點，一點書也唸不進去，我呢頭腦比較靈活一點，父母望子成龍，希望我好好唸書，以後找個事情做做能保家。這個家是小家，那時候沒有什麼國家的概念。當時我作了兩個決定：一個是不做土匪，一個是不做漢奸，除了這兩個其他的事都能做。這時候，離我家五、六里路，有一個姓許的國民黨騎兵營營長，有點勢力，他找我給他幹活。我想我沒騎過馬，就猶豫著不敢去。當時共產黨已經有搞地下工作的人在我家鄉活動了。一天晚上，共產黨的人來我家，這個人我也認得。我正在屋裡睡著，他就來和我睡一起，對我進行前途教育。他呀已經把我家情況都摸清楚了，曉得我在家裡的想法，曉得我要出來做事，只要正義的就做。一談談了大半夜，我家曾被土匪搶過三四次，我本身九歲時被土匪抬去（即綁架），家裡賣了十二畝地才把我贖回來。他說你家社會地位太差了，現在亂七八糟，漢奸、土匪、國民黨，實際都是欺壓老百姓。共產黨為人民徹底解放而奮鬥，將來終究是社會主義、共產主義。他講的東西我不完全懂。那時候地方有謠言，是國民黨傳的

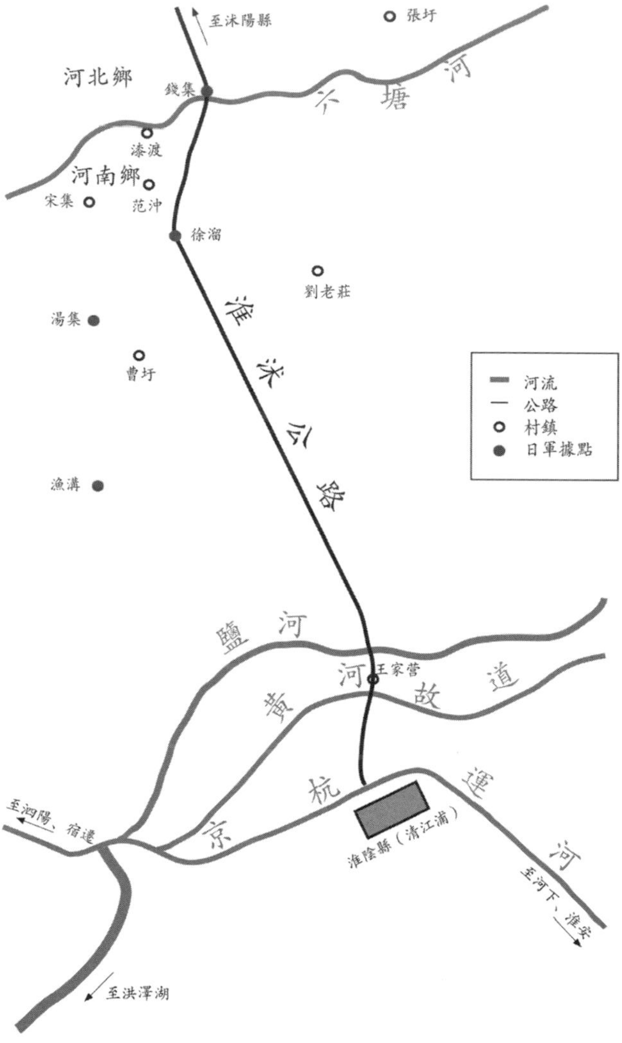

抗戰時期的淮陰地區
按：本圖為示意圖，圖中河道位置參考2001年淮陰政區圖繪製（五〇年代挖掘的淮沭新河、南運河未繪出）。「漆渡」按漆貫璞老先生所述方位標注，由於1958年挖掘淮沭新河，「漆渡」原址現已不存。

，說朱毛（朱德、毛澤東）紅眉毛綠眼睛，共產共妻，不能去幹他們的，我沒認為這是真的。當天談到下半夜，第二天晚上他又來我家了，一共談了四次，我慢慢給他說服，覺得他講的有道理。

這時，國民黨地方政權要成立自衛隊，每保要出五個人，一個月一換，幹一個月就可以回去，隔一個月再來，結果抽到我了。這個「保」，既是國民黨又是漢奸維持會，由雙方控制，共產黨還沒有份兒❷。鄉、保、甲都是為維持會、國民黨服務。那時候我們都很硬氣的，說自己抽中的，去就去。我當了一個月自衛隊就換回來了。回來後，共產黨已經半公開，地方上的人都曉得還有個暗政權。共產黨一個搞地下工作的，叫趙素恒，叫我去學習，我說學習什麼，他說你去就行了，我說要學習多長時間，他說兩個月到三個月。那時泗陽縣已經開始建立小塊的共產黨根據地，淮陰北邊也有。我就去了，那年十九歲就去了這個學習班，學習班在泗陽，學習不到三個月，內容主要是政治教育，說將來實現社會主義、共產主義怎麼樣好。學習班裡不到一百人，都是泗陽、淮陰兩個地方的人，講課的有趙素恒、邵錦藩，他們都是外地人❸。邵還是宋集區區委書記，趙是我一九四三年入黨時候的介紹人。

我學習回來後，維持會的一個鄉長，叫郭宏，正好被共產黨爭取過來了。他宣布不幹維持會了，來做共產黨的鄉長，他叫我做鄉隊長，我就幹唄。區裡面開會說國民黨辦自衛隊，我們怎麼不能？於是每保出五個人，帶五條槍，那時候許多老百姓家都有槍。每人自帶槍，一個月一換，八個保招了四十個人，讓我帶隊。這時候共產黨活動已經公開了，但老百姓還有懷疑，說你們什麼也沒有能行嗎？我們也有顧慮，弄得不好（指走漏風聲），敵人就要來殺你了，所以自己要提高警惕。搞地下工作的同志幫我弄了一枝盒子槍，我就開始幹了。

艱苦的游擊戰

我打的第一仗，是打維持會漢奸十來個人，共產黨地下工作的要和他們打。我們青年人，吃不住鼓動，就說打，結果一打打破天，漢奸被打跑了，我的身分也完全公開了。老百姓說你從來就沒打過仗，這一下子就把十幾個漢奸給打跑了。這一仗打完，老百姓說你們現在曝光了，看你們以後怎麼辦！

一九四二年冬天，也就是我參加工作那年，鄉裡（河南鄉）成立冬防小隊，要防止漢奸下來搶糧食，讓我做隊長。這時候隊伍已經擴大到一百二十人了，開始時候還是一個月一換，但慢慢地隊伍成員就固定下來。那時候我膽子大、不怕死，打了幾個勝仗，名聲也起來了。當時六塘河北邊的河北鄉也有冬防小隊，隊長叫董效佐，我和他一河之隔，經常聯繫，互相支持。當年冬天，從錢集下來二百多偽軍搶劫，夜裡到了張圩村。張圩村離錢集有五六里路，我們住的地方離張圩有三里路，站崗的回來向我報告，說張圩方向發現火光、槍聲。我立刻集合隊伍趕往張圩。我帶頭走在前面，那時候不帶頭不行，一切要帶頭，打仗要帶頭，吃苦要帶頭，我隊長先上誰還不上？指導員在後面動員，我就在前面衝鋒。到張圩後，我們就和他們打，把他們攆到離錢集還有二里路的河堤上。這時候天已經亮了，從錢集來了三四百個敵人增援，想包圍我們。他們佔著河堤，我們佔一個小村莊，距離大概十幾公尺。敵人偷偷從南面包圍上來，我一看不好，就說撤！隊伍一直向西走，西面也有一條河，董正好從河對面過來增援我們，敵人就沒敢往西邊追。要撤退，我作為隊長就得在隊伍最後面。當時我帶一個通訊員在後面沒來得及衝出來，被敵人包圍了。就我們兩個人，佔住一小段河溝，前面十幾公尺就是敵人，我們沒有地方走了，只有硬衝。怎麼衝呢？我讓通訊員把手榴彈全給我，恰好敵人扔了手榴彈過來，落在溝的邊上，炸開後到處是灰，我趁機把手榴彈扔過去，正好落在敵人隊伍裡。我說衝，就帶通訊員一下子就衝過去，追上了大隊。這時候我們也不能打了，敵人太多，是我們好幾倍，於是就全部撤回去了。回去後做早飯吃，吃窩窩頭，我先吃了兩個。街上有賣花生油的，我就用窩窩頭蘸花生油，旁邊人說你怎麼還能吃。我說我還能吃半斤，最後我三個窩窩頭蘸了一斤半油。打了仗以後，上級表揚我，越表揚我積極性越高，人都有好勝心。

還有一仗，是那年要過春節了，徐溜維持會派一個叫劉道昌的漢奸鄉長，帶七八個人到吳圩村搶東西，他是堅決和共產黨打的。老百姓報告給我，邵錦藩指揮我們立刻趕過去，我們進了吳圩的西門後，才知道他剛剛從東門逃出去了，於是就追。他往東南方據點的方向跑，我讓人先把南邊的路切斷了，他只好向北跑。我挑了幾個年輕能跑的去追。追了大概三里路，姓劉的手下都跑散了，只有一個文書跟著。我追到他們，當場就把劉給槍斃了，他做壞事，不鎮壓不行。文書姓陳，是個老實人，就留下來幹共產黨了。這姓劉的鄉長就是河南鄉的，過去做土匪，共產黨來之後，他就投奔日本鬼子做漢奸，手下十幾、二十個人，天天下來要糧食要人。

一九四二年冬天的仗打得最多❹。還有一次，我們去一個莊，離徐溜據點只有二里多路，我們是下半夜悄悄進去，準備捉漢奸。到了莊上隱蔽起來，沒想到有人向敵人報告，從據點出來一百多個偽軍。那時候夜裡什麼也看不見，站崗的人一定要趴在地上，耳朵貼著地，一里路外的聲音都能聽到。站崗來報告說有大部隊往這邊來，我們立刻撤出去，撤到莊外隱蔽的地方，正好碰到敵人，我們打了一下就撤了。

我們這一百二十多人，槍是自帶的，基本都是土槍，當地造的，有步槍也有機關槍、土炮。自己造的武器性能很差，不是技術問題，是原料問題，有時候打一槍就打不出去了。手榴彈也自己造的，那時在泗陽根據地有兵工廠專門造手榴彈❺。手榴彈裡都是土炸藥，性能很差，炸開後只能炸成兩瓣或三瓣，殺傷力不行。上級鼓勵我們從敵人手裡奪，繳到好武器要一切歸公，但可以批准我們用，奪不到的話就只能用自己的土槍了。一般一個人頂多五顆子彈，打仗時候輕易不准放槍，都是萬不得已或者搞突然襲擊時才放槍。

那時候我們游擊隊、野戰軍在村莊駐紮有「三不走」：地不掃乾淨不走，水缸不滿不走，不道歉不走。我們都是嚴格遵守紀律。那時沒營房、基地、機關，吃住都在老百姓家，所以到哪裡首先要在莊子外站隊、唱歌，然後找地方甲長、保長，告訴他們我們今天要在這兒住下來，他不同意你還不能住。那時強調一碗熱水都不能隨便喝老百姓的，給你也不能喝。隊伍要吃飯，沒有供給口糧，到了一個莊子就把隊員分到老百姓家，一家一兩個，老百姓吃什麼我們吃什麼。抗戰後期建根據地了，我們才湊了點糧食，有了自己廚房，吃窩窩頭、麵啊什麼，很艱苦的。像在根據地，區以上才有一點經濟（資金、物資），鄉以下什麼都沒有，都得靠自己、靠群眾想辦法，向敵人奪，找地主都行。我們對惡霸地主是不客氣的。河南鄉有個大地主叫張利南，他兒子在國民黨裡幹，逃走了不在家。他家裡有一千多畝地，有百十戶人家為他家種地呢，他家就是一個大莊子。我們過去說弄飯吃，他不敢不弄。我們沒糧食了就叫他家送來，這事經常幹。他呢也無所謂，他家有錢有糧，我們有困難就找他支持，給他高帽戴戴吧（指表揚他）。但要抓住一條，那時畢竟是民族矛盾，不是內戰，日本鬼子下來燒、搶，他也倒楣的，他也恨日本人。

打游擊我們不怕，只要有好地形，我們能打就打，不能打就跑。一般打游擊還不能固定住在一個地方。比如說我們今晚住這個地方，說不定剛住下來就集合跑到另一個地方住。也許我們剛離開這個莊子，走了個把小時又會回來，還在這個地方住。這是迷惑敵人，因為我們內部也可能有壞人，住的地方也可能有人去給敵人報信。我們打游擊，晚上打得多，白天打的也有，特別是下雨、下雪的時候。晚上我們出去，找熟悉地形的地下關係人帶路，有時有目標，有時也沒目標。沒目標的，就是轉轉讓群眾曉得我們還在，也讓敵人感到威脅。有目標的，就是去殺壞人，有一次我帶七八個人殺一個壞人，烏黑的晚上去，地下關係給我們帶到一家說就是這家，我們就翻牆頭走房頂爬進去，結果人跑掉了，沒殺成。有了我們地方武裝，敵人下來要少一點，土匪也跑掉了，老百姓就能過上安穩日子，雖然窮還是窮，但好歹太平了。

化裝到城裡，是游擊隊常幹的事。那時候隔一天或兩天就有集市，我們就去。去城裡有兩個目的：一個是偵查；一個是抓活口，摸清情況。我們的人化裝成老百姓，看到一個人、兩個人站崗，從背後衝過去給他嘴一塞，槍朝屁股上一頂，他就老老實實跟著走。我自己沒去抓過，手下人經常去抓，抓的都是偽軍，日本人抓不到，他們一般不出來，要出來也是集體出動。

抗戰時我帶游擊隊，還有一個任務是護送共產黨重要物資、人員過境。比如說，省一級甚至更高一級幹部要過淮沭路，他們都穿便衣，我們地方部隊負責護送過去。物資、武器也是這樣，不會由一支大部隊從頭到尾地送。要過封鎖線，我們游擊隊負責警戒。我派幾十個人，把一段路的兩頭防上，有槍響就不要過，沒打槍就放心過。錢、銀洋，由人挑著，只派三五個人送到要去的地方。這些事情都很絕密的，除了我們沒人曉得。

我們這地方也有共產黨的正規部隊，是黃克誠的新四軍三師❻。有一個團在淮陰地區活動，我那兒經常駐有一個連，劉老莊戰鬥就是新四軍三師打的。我們經常配合新四軍，他們和我們地方游擊隊關係非常密切，相互離不了。新四軍正規部隊很多都不是本地人，地形不熟，什麼消息都要靠我們游擊隊。打起仗來，他們首先通過我們了解敵人情況、地形，我們呢主要做嚮導。但在抗戰時候，我們沒有配合正規部隊直接打過仗，我們這兒當時也沒有打什麼大仗。

共產黨原先只有游擊政權，到一九四四年時候就有了很穩定的政權，日偽據點也不多了，他們被孤立在據點裡。一九四四年上半年，因為打游擊是我的特長，上級把我調到湯集鄉做鄉長，主要工作是抓武裝鬥爭和建立政權。那時湯集鄉是日本人的據點，只有兩個地下共產黨員，上級把聯繫地點、暗號都給我，還給我一枝馬步槍（騎槍），讓我到那邊自己想辦法工作。去呢是夜裡去的，白天不能去，那是敵區啊。到了那兒，我自己聯繫那兩個地下黨，一個叫曹海，一個叫嚴漢，他們告訴我地方的政治情況，說那地方有個有威信的、思想傾向抗日的人，姓吳，不反對共產黨，但又不幹共產黨，和國民黨聯繫比較多，這個人可以找找他，利用利用他。後來日本鬼子從湯集據點撤到漁溝鎮（注：在淮陰至泗陽的公路上），我在離漁溝六七里路的地方活動。經過幾個月宣傳、擴大組織，在群眾中開會，地方上的人曉得我是鄉長了，敵人知道就想除掉我。有一天，我住在小邢莊，有一戶人家裡只有個老奶奶帶個小閨女，也是窮人，我和她說好晚上到她家吃飯。飯剛吃完，就聽到外面狗叫。我挎上槍，翻過牆頭就跑出去了。我剛出去，敵人就撲進來了，問那老奶奶我去哪兒了，老奶奶說走了，問多晚走的（注：方言，即什麼時候走的），回答說才走，結果還是沒抓到我。那地方有個姓湯的，反對共產黨，是幹過維持會的地痞流氓。通過地下工作一了解，曉得就是他帶人來逮我。我能放得了他嗎？他公開反共，我能不殺他嗎？他好賭博，我摸清楚他在哪兒吃飯、賭博，一個人趕到那兒，很簡單嘛，直接就把他殺了。

一九四四年底，日本鬼子放棄漁溝據點縮回縣城，漁溝、湯集一帶地方政權開始建立，我們就完全公開身分，鄉、保、甲和農會都開始工作。到一九四五年，從宋集區劃出一個區叫湯集區，我去做區大隊副隊長，那時候區下面轄有十來個鄉，每個鄉都有游擊隊，叫我負責領導。日本鬼子投降前夕，縣裡成立反攻團，我就去團裡做了連長。

日本人和偽軍

日本鬼子駐在淮陰的最多一個團，沒有多少人，像交通線上的據點裡只有一個班，十幾個人，兵力分散不過來。靠近我家那邊的淮沭路（淮陰縣—沭陽縣）上，錢集、徐溜兩個鎮各駐有偽軍和一小隊日本鬼子。日本兵很少，十幾個人，但偽軍能有好幾百❼。

那時日本人主要駐紮在淮陰縣城，還有交通線上的據點，比如淮沭路上的徐溜、錢集都是。據點是一個炮樓，大概有現在三層樓那麼高，土築的，外面挖一圈水溝，三四公尺寬。溝外一圈是樹枝柵欄。不過在晚上，像我們離炮樓十幾公尺的地方都去過，就在溝外面，晚上敵人不出來。

日本鬼子籌錢籌糧，就叫鄉、保、甲各級往上送，漢奸替他們要。如果是要大批的糧食物資，日本鬼子才親自來。蔣介石建了保甲制，搞聯保，日本鬼子來了就利用了原先的政權。這些鄉長、保長、甲長是這樣，共產黨來他給你辦事，國民黨來也給你辦事，日本鬼子來也給你辦，他們自己沒錢向上交，也種地，也要過安穩日子，誰來就給誰辦事，誰也不得罪。每年老百姓家收一季糧食，各家交幾斤給保、甲長，由他們籌集起來上交。

日本鬼子來也有政治工作，到處寫標語、喊口號。一般寫的大概內容是我們（指日軍）為解放大中華而來，來拯救你們東亞病夫，寫「大東亞共榮」的也有，反共的標語好像沒看到。這些標語都在交通要道寫，農村裡沒有，群眾不會相信他們。他們一來就搶、燒，特別是冬天，他們到哪裡都先燒，一方面為了取暖，一方面就把雞、鴨什麼火上燒燒就吃了。他們一來，老百姓就跑，有些實在跑不了的，特別是婦女，不論大小都會遭到強姦，老百姓們都曉得。在城裡，這種行為是暗的，下鄉掃蕩時就是明的。

敵人搞掃蕩，是有目的有計劃的。他們首先是集中力量，從城裡出來一部分鬼子，加上據點的一部分以及大批偽軍，然後出動。他掃蕩的目的，一個是沒有糧食了，要弄糧食，另一個是鎮壓共產黨政權。真正的大掃蕩是一九四二年，很殘酷，我才剛開始參加工作，還沒當隊長。敵人打到哪兒都是大批鬼子出動。我們這兒不是重點，所謂重點是共產黨重要機關、國民黨游擊力量。日本鬼子掃蕩也擴大偽化區、鞏固他們自己的政權（指維持會），有了政權才有糧食和錢❽。他們一般掃蕩後在當地駐紮三兩天，把他們政權恢復後就走了。不過他們走了，政權就垮了，結果還是我們掌權。

我見過很多次日本兵，有一次是在一九四三年冬天，已經結冰了，我帶一隊人在離徐溜據點只有三里路的范沖村，準備迎戰敵人。天一亮，敵人出來了，隊伍前面是維持會的偽軍，後面是日本鬼子。日本人是一個小隊，十幾個人，偽軍有一百多人。日本兵武器好，都是三八步槍，還有一挺歪把子機關槍，一門六〇迫擊炮。偽軍穿的衣服很雜亂，日本人都是黃軍裝，帽子上帶布簾子，他們都是步行的。我們佔著東西方向的一條溝，準備打一下就跑，這時候我們距敵人有三四百公尺。一打起來，敵人機關槍就掃射，新兵最怕機關槍，它子彈非常的密，嗖嗖的過來。我們正打著，內部有個姓周的壞人，突然往南逃跑了，我說打他，但沒打到，最後我們就撤退了。後來我一直想槍斃這個姓周的，但沒找到。就是他送信給敵人，敵人一大早就提前出來了。

抗戰後期，我們那兒日本鬼子不如開始時候能打了，我聽說有不少朝鮮人在日軍裡面，朝鮮那時是日本的嘛，但叫我認我認不出來，都是黃種人，長得差不多。說到偽軍，像我們國家，地方大，人又多，日本人管不過來，主要還是靠漢奸，漢奸的勢力叫維持會。一個據點裡少部分是日本鬼子，大部分都是偽軍。那時偽軍中一種人是地痞、流氓，想不勞而獲，當了偽軍可以拿官餉，還能去搶；一種是被逼無奈、沒飯吃的去當偽軍；還有一種是舊社會派別鬥爭，比如土匪之間互相矛盾，有的待不下去了就去投靠日本鬼子。

做偽軍的都是當地人，大部分人還是好的，比如做小土匪的啊，家裡蹲不住了，或者當地有游擊隊活動啊，就跑去當了偽軍，去了呢也不幹什麼壞事，到解放以後他還是好的，還是農民，還能分到土地。壞的是少數，特別是偽軍的骨幹、壞頭頭，那些人有的過去都是國民黨殘餘勢力，懂武裝鬥爭、軍事，而且是國民黨員，和你共產黨水火不容，所以得到日本鬼子重用，做中隊長、大隊長都有的。這些人後來有的發生轉變，有的繼續死心塌地替日本鬼子幹。

當時淮陰縣縣長叫楊訪，就住縣城裡，他原是國民黨中央軍，後有自己的勢力，擴大自己隊伍。他不打日本鬼子，和日本鬼子串通起來了。另外也有國民黨部隊開始時候打鬼子，後來也不打了。還有些國民黨的勢力，只要招到人就能當官，像前邊要找我去的姓徐的國民黨騎兵營營長，就是地方的一股勢力，他沒投降日本人。

偽軍打起仗來不拚命，所以抗戰時候打維持會最好打。偽軍來打我們，我們即使打不過也都能撤走。有幾次我的一個班打他三四十人，他們被攆得一直跑。但我們力量不足，也消滅不了他們。他們幹偽軍的人，我們就在他家門口掛牌子，有紅牌子、黃牌子、黑牌子，他不敢拿掉。黑牌子說明他有罪，掛黑牌子的就倒楣了，到了一定程度逮到就殺。大部分呢都掛的是黃牌子，就是說他們在「和稀泥」，兩頭都不得罪。我有個親戚劉廷寶，輩分上我應該叫姊夫了，他也幹偽軍。有一次我晚上逮到他，對他說你要做壞事，我非殺你不可。他也一直沒做壞事，他是為了生活才去幹偽軍，幹共產黨沒錢，到偽軍那兒有糧餉。

抗戰後期偽軍和共產黨都不打仗了，開槍朝天上放。那時宣傳你幹偽軍可以，但做到下面幾條才能保證你生命：第一是打仗槍朝天上打，你朝沒朝天上放我們曉得，他偽軍知道他們裡面有我們的人；第二，不做壞事，像打罵群眾、搶劫、強姦等等；第三，可能的情況下，幫我們弄一點武器彈藥。

對付偽軍，我們主要是抓統戰工作，要抓住偽軍的內部矛盾，利用他們搞情報、武器彈藥，把我們的關係（指臥底）安插進去❾。官小的可以起小作用，官大的起大作用。這些工作都是單線領導，不發生橫的關係，一方面是為了自身安全，另一方面是防止叛變投敵，讓他們互相監督，我們好掌握地下工作動態。我們的地方政府，像縣長、區長啊在地方上都是很有威信的人，他利用這個威信搞拜把子、收徒弟。我們共產黨的一個區長，叫黃鈺，就是這樣的人。他收的徒弟多的很，我做河南鄉鄉隊長時候的鄉長郭宏，不幹偽軍後就做了黃的徒弟。外面人都稱他叫黃小鬼，這個人個子不高，很精明，他沒直接打過仗，就是憑智力、活動水準和工作能力影響人家，敵人很害怕他。黃先是半地下的，後來共產黨身分就公開了。統戰也是地下工作，用滾雪團的辦法，越滾越多。共產黨的一個區長，叫劉政寬，是個小知識分子。他有點辦法，在敵人那邊基礎很好，經過組織允許他公開投奔維持會，打入敵人內部做了大隊長。他到那邊幹了 年多，工作成績相當好。日本鬼子投降前，組織上決定讓他回來，他就帶了一大批人和武器宣布起義。

那時每區每鄉都有專門搞統戰的人，他們經過特許可以搞男女關係。共產黨內部有紀律，任何人搞男女關係是要槍斃的，但有時候不搞這個拉關係，人就派不進去，工作就做不好，所以要經過特許。只要對我們有利的辦法，經過領導同意都可以做。他們可以白天去，也可以晚上去。我呢一直負責武裝鬥爭，身分是公開的，不能去做統戰工作，做政工的人接觸這個多。統戰對增強我們的力量起了很大作用。

結語：抗戰勝利及以後

日本人投降前夕，縣裡成立反攻團，每個區建一個連，漆老做了宋集區的連長。一九四五年九月六日，新四軍三師攻打淮陰縣城（原偽軍潘幹臣部據守），漆老指揮地方民兵為正規部隊攻城做嚮導。

一九四六年國共內戰爆發，國軍整編七十四師進攻蘇北，兩淮淪陷，漆老沒有隨大部隊撤退山東，他接受指示留下來繼續進行游擊戰。他說解放戰爭時候的仗比抗戰時候難打，國民黨部隊打仗很硬氣，從不投降，那段時間整個蘇北的工作都陷入低谷，直到一九四七年張靈甫的七十四師在孟良崮覆沒後才逐漸好轉。一九四八年，漆老作為擔架營營長進入淮海戰役（徐蚌會戰）戰場，曾目睹遍地坑道的壯觀景象，他說他看見作軍糧吃的山東大餅堆滿了整整一個屋子。

一九四九年四月，解放軍渡江，漆老率領擔架營從徐州走到泰興並從泰興過長江，隨大部隊前往上海。他說他在江南第一次看見了火車，士兵、民工都是沿著滬寧鐵路一路小跑奔向上海，長長的隊伍望不到頭和尾。我問漆老當時對上海的印象怎麼樣，他說他們當時和士兵都是住在城外的軍營裡的，並沒有進市區。上海解放後，漆老領著從家鄉帶出來的擔架營回家，從江陰過長江，步行了一個星期才到家。漆老說那時候雖然很窮，但人們的精神狀態相當好，很充實很有活力。

中華人民共和國成立後，漆老做過區委書記、縣委組織部部長、勞動局局長，二十世紀八〇年代從多種經營局局長位置上離休，安享晚年。他告訴我，抗戰時候和他一起打游擊的一百二十多個戰友，連他在內還健在的只有三人了。

＊訪問時間為二〇〇八年七月二十三日、七月二十四日、七月二十六日。

注釋：

❶日佔時期的江蘇，各縣政權是由日軍控制的相對獨立的組織，縣以下鄉村多由國民政府軍（一九四三年前）、新四軍及各式各樣的「游擊隊」實際控制。總體而言，汪偽政權只在蘇南地區實現了對縣以下的控制，在蘇中和蘇北無法完全實現。

當時，蘇北、蘇中屬國民政府魯蘇戰區，正規軍主要是由原江蘇保安團改建的第八十九軍（歷任軍長：韓德勤、李守維、顧錫九）。地方部隊包括魯蘇皖邊區游擊總指揮李明揚部、蘇北游擊縱隊陳泰運部，此外還有各種名目的游擊隊和地方武裝。五十七軍（原東北軍）一一二師霍守義部亦曾在蘇北停留。一九四三年三月，國軍撤離蘇北，魯蘇戰區撤銷。詳見戚厚傑，〈魯蘇戰區的興亡——國民黨敵後戰場再探〉，《民國檔案》，一九九六年第三期。

❷維持會（或自治委員會、復興委員會），是日本人佔領一地後，為進一步控制地方，利用地方勢力所組織的一個過渡性組織。江蘇各地維持會存在的時間長短不一，在日本人統治較穩定的蘇南地區，維持會持續的時間較短，一九三八年三月「維新政府」成立後，著手組建縣公署，各縣鎮維持會多數併入公署。而在蘇中、蘇北地區，日軍與抗日力量武裝拉鋸的地區，維持會斷斷續續存在了很長時間。其主要作用包括：一、供應日軍物資；二、清理市容、收埋屍體；三、協助維護社會秩序。其中，第一項職能是最主要的。詳見潘敏，〈日偽時期江蘇縣鎮「維持會」研究〉，《抗日戰爭研究》，二〇〇七年第三期。

❸「為了加快開闢和發展淮海地區的工作，一九四〇年初，中共中央特從華北抽調一大批幹部，於同年七月先後派到淮海區，經淮海區黨委分配到各縣工作，到淮陰縣工作的有：田哨、胡宏、姬子華、張一樵、余克、趙蔭華、趙素恒、邵力君、郇振華、趙星等。他們與淮陰的幹部緊密配合，為淮陰抗日根據地的建立、鞏固和發展做了大量工作，做出了積極的貢獻。」

詳見中國淮陰網，http://www.zghy.gov.cn/news/news.asp?id=36133。

❹「一九四二年底至一九四三年冬是蘇北抗戰鬥爭最艱苦的階段，日寇集結重兵，先後對我淮海區和鹽阜區發動了規模空前的掃蕩。一九四二年十一月，日本華北派遣軍調動日軍第十七師團一個旅團及偽軍第三十六師等部，開始對蘇北淮海區進行分進合擊式的掃蕩。」詳見黃克誠，《黃克誠自述》，北京：人民出版社，一九九五年，第一八一～一八二頁。

另據《淮陰市志》「軍事志」記載：「民國三十一年十一月十五日，日軍以第十七師團藤原聯隊二千餘人為主，配合偽軍第三十六師李實甫等三四千人，由泗陽、淮陰、漣水及南新安鎮等分八路合擊六塘河北岸小相莊、張圩的淮海區黨政機關。十一月二十八日，日偽又從淮陰、漣水、沭陽及六塘河兩岸古寨、徐溜等中心地區進行輾轉掃蕩，反復清剿。」見荀德麟，《淮陰市志》，上海，上海社會科學出版社，一九九五年，第一七〇四頁。

❺「皖南事變」後，國民政府停止了對新四軍的武器彈藥供應，新四軍軍部遂成立軍工部，自己生產武器彈藥。一九四一年八月，迫於形勢，新四軍軍部決定撤銷軍工部，將設備和人員分散到各師，組建小兵工廠，自主開始生產。在蘇北區作戰的新四軍三師，計有自建小兵工廠二十個，七百多員工，主要生產刺刀、子彈、槍榴筒、槍榴彈、三十七毫米平射炮、平曲射兩用迫擊炮、炮彈、地雷、手榴彈、黃色炸藥。詳見曹敏華，〈論抗日根據地兵器工業的建立與兵工企業之運作〉，《抗日戰爭研究》，二〇〇九年第一期。

❻「皖南事變」後，新四軍軍部在鹽城重建，華中新四軍、八路軍統一改編為新四軍，共七個師一個獨立旅。八路軍第五縱隊改編為新四軍第三師兼蘇北軍區，轄淮海、鹽阜兩個軍分區。詳見《黃克誠自述》第一七二頁。各共產黨根據地是一個戰略區（江蘇境內為蘇南、蘇中、蘇北三區），各有一套黨、政、軍領導機構，即區黨委、行政公署、軍區。每區領導數個專區，十餘個縣。各戰略區有新四軍一個主力師作為根據地的基礎，專區、縣、鄉有團、隊、小組等地方武裝。見姜志良，〈江蘇敵後抗戰特點芻議〉，《學海》，一九九五年第五期。

❼《淮陰市志》「軍事志」第一七〇五頁載：「民國三十二年四月，戰鬥力稍弱的第六十五師團七十二旅團接替淮陰地區防務。日偽控制海沭（海州—沭陽）、宿沭（宿遷—沭陽）、新沭（新安鎮—沭陽）、淮沭（淮陰—沭陽）公路和前後六塘河，推行偽化。淮沭公路之間和六塘河兩岸地區，除錢集及其附近有少數日軍，其餘均由偽軍防守。」

❽即「掃蕩」和「清鄉」。「掃蕩」以軍事行動為主，而「清鄉」是按「三分軍事，七分政治」的原則，由日偽軍在指定地區進行徹底掃蕩，在周圍樹立竹籬、電網和堡壘群予以封鎖，偽軍再進行政治清鄉，建立保甲、清查戶口、逮捕抗日人員。詳見沈予，《日本大陸政策史一八六八～一九四五》，北京：社會科學文獻出版社，二〇〇五年，第六七七頁。

❾「當時新四軍方面抽調一大批忠誠可靠的幹部乃至小股部隊打入偽軍內部。許多派進偽軍中工作的幹部採取多種方法，與偽軍士兵交朋友，進行民族氣節和階級教育，用秘密委任的方式訂立反正協定，個別發展組織，發展秘密共產黨員，促進偽軍官兵轉變。一些偽軍暗中改變了態度，為我軍購買軍工器材、藥品，做我內應，保護地下交通，掩護幹部往來，有的還向抗日軍民提供情報，有利於我軍掌握日偽動向。

「如一九四三年四月六日，蘇中區派政治面目尚未公開且與偽軍上層人物有舊交的中共特別黨員湯延景，率通海自衛團六百三十人集體打入偽軍內部，被授以『蘇北地區清鄉主任公署外勤警衛團』番號。湯利用與日偽聯防的條件，將重要軍事情報、武器彈藥等軍需物資輸送到根據地。一九四三年九月，反『清鄉』行將勝利，蘇中區黨委決定湯延景率團暴動，於九月二十九日脫離偽軍，攜帶武器返回根據地。一九四三年敵工委在偽軍中實行『紅黑點運動』，對偽軍偽職人員從善者記紅點，從惡者記黑點，黑點達到一定數量則給予鎮壓。這一運動促進了偽軍內部的分化，當年向蘇中抗日民主政府要求自新者達八百九十多人。」引自江蘇省檔案館編，《蘇中人民反掃蕩反清鄉鬥爭》，北京：檔案出版社，一九八五年。

抗戰親歷者白存惠訪談錄

白存惠口述
韓晶執筆

一九三七年七月，日帝全面侵華，回族同中國其他各民族一同遭受著戰爭帶來的巨大災難，背井離鄉，逃難他方。上海因有公共租界的庇護，加之戰前即已形成之工商業基礎，成為逃避戰爭災難人們的主要選擇地。戰爭期間有許多回族也來到上海謀生，在抗戰的艱難歲月中苦苦掙扎，他們的故事卻少有人了解。借助中國近代口述史學會「抗戰口述史徵文」的機會，我通過聯繫上海市伊斯蘭教協會會長白潤生阿訇[1]，找到了親歷過抗戰的回族老人白存惠，向他了解那段苦難的歲月。

白存惠老先生生於一九二四年，原籍河南周口，父輩因災荒逃到河南駐馬店，他在那裡長大，讀書至小學五年級，七歲喪父，家中除母親外還有一個哥哥、一個姊姊。抗日戰爭全面爆發後，母親帶著全家逃到安徽界首。白老先生十七歲起就開始和其他回族同鄉一起，冒著風險往返於皖滬兩地，把從上海購得的各種貨物，異地出售，借此謀生。他在敵佔區和中央區穿行，有著與日本人打交道的親身經歷。一九四三年他在界首結婚，同年育有一子，但不幸夭折。一九四五年戰爭結束，全家遷到河南漯河，一九五六年又投奔到上海親戚家，初時做麵點小生意，後進入上海水泥廠工作，在上海生活至今，共有六個子女。我對白老先生的訪談一共進行了三次。

第一次訪問

時　間：二〇〇八年七月十一日，上午十時至十三時

地　點：上海滬西清真寺❷

採訪者：韓晶

受採訪者：白存惠阿訇，李道君等

在事前聯繫時，老人已經知道我的採訪意圖，因此一見面老人就向我講起他在抗日戰爭時期的經歷。戰爭初起時，老人家住在河南駐馬店，這是平漢鐵路線旁邊的一個古鎮。

白存惠老人（以下簡稱白）：「大概十二、三歲知道打仗開始了，東北……打仗開始以後，軍隊節節退，……河北、山東、北京，都失守。我們那也不是敵佔區，就是靠近，平漢鐵路沿線市鎮都被敵機轟炸，日本人敵機轟炸……交通也癱瘓了，市面也癱瘓。我們這個回族一般做生意的多❸，市面一摧毀，就逃到鄉下，一個是躲避飛機，一個是找地方做生意。後來到我十四歲的時候，我們那個地方就不行了，河南省不行了，做生意不行了。不行了怎麼辦呢，我們知道有個叫安徽的地方，安徽那個地方叫皖北界首，離蚌埠近，蚌埠是日本人佔領的地方。由北京到上海，蚌埠是一個敵佔區，日本人佔領京滬鐵路後❹，我們知道有個叫汪精衛的軍隊，他們叫日偽。我們這個做生意

的人到敵佔區去買貨，運貨，經過汪偽的占區。❺」

在回憶遭到日軍轟炸時的情景時，老人說：「日本人的小火輪經過界首到周口騷擾，雖然沒到過但騷擾……小火輪、輪船，他有軍隊，看見對他有敵對的，就掃射。日本人騷擾之前，我們曉得了，就逃掉，往鄉下逃。……提起我們國家軍隊沒有抵抗力，弱得不得了，他（指日本——筆者）無比強大，他有飛機，我們中國連飛機都沒有❻。他飛機來轟炸，飛得很低，隨便轟炸，毀壞你的城市，破壞你國家的經濟啊，交通啊，破壞了以後，像我們這些做生意的，就東跑西跑。……國民黨的軍隊節節敗退。解放軍❼在西北後方打仗，打游擊，也打日本。還有一個叫皇協軍，汪精衛的軍隊，他投靠日本人。」

韓晶（以下簡稱韓）：「您是做什麼生意？」

白：「我們那個時候也沒有固定。那時候一打仗，一封鎖，國家有些物資缺乏，靠上海大城市有些工廠造些布匹、百貨，運這些東西。內地的武漢、重慶，工業少。到這兒（指上海——筆者）販貨，經過敵佔區，把守的口子很嚴。快到敵佔區了，在交界的地方，買一種通行證。買這個通行證可以穿過敵佔區到上海來。那個時候來來去去的，有些人被抓去：看著年輕，看著像當過兵的樣，無緣無故的就抓去。一路的人多，證明的人多，證明這個人是好人，就放了。當時抓走以後，人都找不到，據說都弄到東北地區有些礦產地區去開礦。所以人一點保障都沒有。我們還好……後來也抓住過一回。」

韓：「日本人把您抓過一次？」

白：「是。鐵路上日本人禁止軍用物資出口。出口就是到我們這邊，軍用物資就是五金類、橡膠類、西藥這一類。但是我們去買貨一般都買些西藥，買點橡膠製品，有些戰略物資，他一查不行，將我們帶走，了解了解情況。查了一下，確實是做生意的人，就放出來了。據說一進去就很難放出來。」

韓：「您挺幸運的！」

白：「挺幸運的。那時候都年輕，只有二十歲不到，十七、八歲，跟著大人，比較有經驗的大人帶著。」

韓：「那一次抓進去的有幾個人？」

白：「我們一共十幾個人，抓進去的兩個人。」

韓：「剛才您說做生意時遇到日本人的情況，能不能再介紹一下？」

白：「做生意我們也到上海來，運些貨物，買點貨物運回去。就是要過他那個關。在日本人火車站那裡，有一個大台子，你背的東西帶的東西都要在那裡檢查。有一個大台子，你背的行李過去，有違禁的物品了他就給你留下來，沒有違禁的就讓你過去。……我們過去就算了。過這個口都提心吊膽的。」

「我有一次是被抓到營房。和那個李功讓（李是當時和白老先生一起做販運生意的回族同伴——筆者）一下車，行李打開，大旅行包，裡面是草綠的軍服，布匹，橡膠，皮鞋底，鋼鑽，木匠用的鋼鑽。查出來以後說不行，你們上憲兵隊。我們兩個去了。出來以後他們（指同行的夥伴——

筆者）嚇死了。一進去肯定逃不出來。他那裡有翻譯，說帶的東西也不多，不是成批的。翻譯也幫著說點好話。」

韓：「那他們能看出來您是回族嗎？」

白：「看得出來。那時候也不講是不是回族，就看是良民。我們帶著有良民證❽呢。」

韓：「在哪兒買的良民證？」

白：「在安徽壽縣買的良民證。……日本人控制這個壽縣。他那裡有個啥會啊？……維持會，維持著這一片，日本人佔領了，一道防線，維持會防衛著。他們那裡賣這個良民證。」

韓：「那買這個要有保人嗎？」

白：「不用保人。壽縣穆斯林❾多，清真寺裡一說你們買幾個良民證？一說買十張八張，價錢……也不貴。……日本人要看看這個良民證，看看這個面孔。」

韓：「上面有照片嗎？」

白：「有照片❿。所以辦良民證要登記一下。維持會辦的。」

韓：「全國都可以用嗎？」

白：「日本人管轄區可以用。買火車票啊，上車啊都可以，沒有那個不行。我們辦的都是假的。」

韓：「為什麼是假的？」

白：「良民證在當地是良民，我們到上海來是從遠地方來的，譬如是壽縣這個地方，我們不是壽縣的，所以辦良民證我們來辦就是假的。證是真的，只不過我們的居住地是改過的。」

韓：「日本人認為可以？」

白：「這樣日本人認為是真的。……那個過程就是先買良民證，沒有良民證你敵佔區進不來。」

韓：「那個證上面寫什麼？」

白：「什麼名字，哪個村，哪個莊，哪個小組。就像現在的戶口一樣，身分證一樣。」

這時另一位河南籍的老人李道君補充說：「良民證，日本人地區可以用，國民黨地區就不能用。」

白：「國民黨也不檢查。他自己光預防日本人。路上危險有……強盜有，劫路的、土匪。像我們常做生意的就集齊走，三十個五十個一道，十個八個的不敢走。日本人的範圍裡面沒有土匪，因為有汪精衛的部隊、日本人的部隊管理著。國民黨的區裡窮人多，種不上地。」

韓：「日佔區沒有土匪嗎？」

白：「也有，不過少些。我們沒經驗過。我們不常走，我們到敵佔區就到蚌埠上火車了，不在鄉下，到壽縣走不遠的天津灣，也是火車。不步行了就碰不上。據說那個時候敵佔區日本人管不到的地方也有。」

韓：「您走的什麼路線？經過哪些城市？」

白：「火車上，上海到南京，南京到蚌埠下車，有時蚌埠檢查緊了就在商丘下車，都可以到我們家。下了火車再步行，雇那種兩輪車，那時候叫架子車，拉貨物。」

後來就此問題老人又補充說他們穿行的是國統區和敵佔區的交界，屬於「兩不管」地區，人煙稀少。回來從蚌埠下火車後，都是步行，但因為數年間來來去去，對比較安全的路線都熟悉了，而且每隔一段路還有人接應，因此危險少。同去的人多，漢族也有做這種販運生意的，只不過不在一起走。

韓：「日本人不會攔截你們的貨物嗎？」

白：「他不攔截。日本人一般在路上有崗哨，他不直接到路上，他看情況可以，就抬抬手叫過去。我們有良民證，他一般不管。我們路過大概有二十米，有個碉堡，他們不叫，我們就不過去，叫再過去。反正你別看，走這路不要朝那邊看，知道歸知道，你別看，東張西望的，別。他們有經驗的，帶著我們過。」

韓：「這路上有多少個碉堡啊？」

白：「壽縣過去，沒幾里路就這一個崗哨，過去以後就沒有了。就這一個，在公路旁邊。」

關於良民證，後來老人又介紹說，因為壽縣是敵佔區，所以要辦通行證，「通行證過去叫啥證呢？叫良民證。上海不叫良民證，上海地方叫Pass。」後來我又進一步詢問，老人補充說良民證上蓋當地維持會的紅戳。上海的Pass是塑膠殼的，和良民證不一樣，但是也有照片，不需要保人。上海的清真寺裡的鄉老⑪幫著去警察局買，大概一個二十塊錢。因為警察局也靠這個賺錢，所以能比較方便的買到。

第二次訪問

時　間：二〇〇八年八月二十二日，上午十時至十二時

地　點：上海滬西清真寺

採訪者：韓晶

受採訪者：白存惠阿訇

韓：「打仗之前您家裡是以什麼為生的？」

白：「那時候很困難，你看我到七歲，三十一年我父親去世，就一個母親，一個哥哥，一個妹妹，四口，那時候也沒有生意，也不是農民，沒有田地，等於做攤販，很困難。靠母親做一點小生意，縫些衣服，勉強餬口。打仗以後……小生意做不成了，為啥做不成了？把城市轟炸了，那時候沒有反抗力量，沒有恢復的力量，飛機轟炸，日本人是亂炸，不管你是軍人啊農民啊商人啊，看見房子就炸平，把城市的市面破壞了。我們就跑到界首。為啥跑到界首呢？日本人已經佔領了京滬線，北京到上海他佔領了，把這一片稱敵佔區。界首叫中央區，我們到界首。中央區和敵佔區的老百姓還做生意呢……張了一個口子，到敵佔區有個口子，口子在哪兒呢？在蚌埠，由界首到蚌埠，三百里地，經過我們前面講的壽縣，由界首到壽縣有條運河，坐船過去，由壽縣過去再到蚌埠。」

這條運河老人介紹是條古運河，以前是糧道，很長，在河南境內叫沙河，在安徽境內叫潁河⓬，現在還在使用。當時他們都是坐民船過河。

韓：「打仗開始您就學做販運生意了？」

白：「對，做生意，我做生意。我哥哥先前去學徒，到一個布店去學徒，在老家。後來一轟炸，不能學徒了，我們就一起連母親四口人逃到界首。我哥哥十八歲，我十四歲。他先在布店裡學徒，學徒以後他懂了布店裡的生意，一到界首（就開始）賣布，後來賣百貨。……由界首到上海有些穆斯林，都熟悉，我那時候十六歲十七歲，就到上海來。那時候在這一帶有三個清真寺[13]，藥水弄清真寺，這個（指滬西清真寺——筆者）的前身就是藥水弄清真寺。還有一個叫鴻壽坊清真寺。河南、安徽來的人在這裡。在界首做生意以後，我們母親就不做縫補工了，兩個孩子都可以做生意了。哥哥在家裡，我十六、七歲，哥哥比我大兩歲，去年才無常[14]的。那時候生意做得很好，很不錯。」

「界首沒有駐軍，就是去騷擾，我們就跑，（日軍）走了我們就回去。我們就是在敵佔區買點貨回去。其中給你談過，遇過一次危險，到憲兵隊去了一次。……上海就叫敵佔區。上海（被）日本人佔領，蚌埠啊，南京啊，江蘇啊，敵人都佔領。沿海城市的工廠、商場多，商業發達，所以主要到上海買貨。西藥，西藥內地缺，鐘錶啊鋼筆啊化妝品啊，樣樣都買，回去都有用。」

韓：「怎麼樣運貨的？」

白：「火車運，運到蚌埠，下來再往我們那裡（指界首——筆者）去。危險很危險，因為日本人禁止的貨物，軍用品啊藥品啊你不能動，不禁止的你可以；但有些人還需要這個軍用品啊還有藥品。反正都是偷偷摸摸的，一查著，給你充公啊給你罰啊，做生意都是冒險性大。我們買貨一般是買當地的（貨），不買部隊限制的，咱們就是圖個太平，是吧？」

韓：「允許買賣的你們才買？」

白：「是允許你運，賣都是回去我們在自己的中央區（賣），國民黨蔣介石的中央區。還好，那時候我們等於這個……『行商』一類的。」

韓：「在上海的哪些地方買貨？」

白：「上海那時候的商店多，他們這些商店就是做這一號的生意，做我們這個到中央區去賣貨，他們願意做我們這樣的生意。因為都帶現金，買他們的貨都是成批成批，不像買這個零碎，所以當時上海做這個生意的很多很多。」

韓：「日本人也知道有這種商店吧？」

白：「他知道，知道了他也不管，他不管這個商業。他安排的有這個中國人管理這個上海，等於這個漢奸。小地方叫偽政府，大地方叫……警備區啊什麼的，安排的有名堂。……過去黃金榮啊杜月笙啊，流氓，這些人來管。他們來管理這些市面。他們那是黑社會⓯。當時上海的穆斯林啊，一般也有做生意的，做苦工的多。因為工廠要工人。工廠有中國人開的，有日本人開的，你像他（白老先生示意著一旁的一位老先生說）就在日本人開的工廠裡，那裡頭更苦。工作一停頓，一做不好，還挨打！」

韓：「您剛才說到您運貨的時候坐火車，這幾年一直是通過火車運貨？」

白：「坐火車，由界首到壽縣，壽縣再到蚌埠，蚌埠再到上海，這是一條路線，經常地跑。」

韓：「在火車上沒有遇見什麼問題吧？」

白：「我倒沒有遇見，我的同路，叫德功慶，臉長長的，絡腮鬍子，……大家在挨一片坐著，日本人過來查，一看他不像是做生意的，二十多歲，鬍子長。過去懷遠縣，旁邊住著有一個馬彪⑯的隊伍，馬彪你聽說過吧？馬鴻逵，專門找日本人打。日本人怕馬彪的隊伍，所以看著這像軍隊上的人，西北的人都鬍子多，因為他這鬍子從來沒有刮過，就問，意思是你啥的幹活？說我做小生意的。做啥小生意的？他說我賣大餅的。大餅，用高爐子，用煤。他說你不是。他看你的手（老人指著小臂），你要手上有毛，像爐子把手探下去，毛就燒掉了。看了沒看好，就拉到警衛室拿放大鏡看。後來看確實沒有，就放了，等於到太平間去了一趟。……馬彪的隊伍很勇敢，夜裡頭打日本人的崗哨。」

韓：「馬彪的部隊在哪？」

白：「懷遠縣，離蚌埠大概一百里地，這個地方日本人佔領著。他這個隊伍離著有幾十公里，夜間打鬼子去，打著他（指日本人——筆者）怕，看見像馬彪的軍人啦，穿著便衣啊（就抓）。馬彪是回族的一個軍長，很有教門⑰，到個地方就先到清真寺，還捐些錢，還參個禮拜⑱，還帶著阿訇在他的軍隊裡。他駐的防地是安徽懷遠縣，靠近壽縣，但不是壽縣，就在鄉村，等於游擊戰那式的。國民黨的，西北五馬⑲，馬鴻逵，馬步芳，……他是馬鴻逵的部下。」

韓：「您從十七歲開始來上海，一直到二十一歲的時候抗戰結束，這幾年有什麼變化嗎？」

白：「二十一歲之前往上海跑，那幾年沒變化，都是戰爭中。後來日本投降了，投降以後也來，但到漯河去了，來得少了。」

韓：「您做生意在路上跑，與日本人的接觸多嗎？」

白：「見日本人他盤問的少，像以前說過的，帶的軍用品啊，進了憲兵隊啊。帶的數量也不多，我那同路的又會說話，沒有遇到危險。但那一次很危險，因為這個憲兵隊九死一生，進去就很難出來。」

關於那一次被抓到憲兵隊的經歷，老人回憶了他的同伴李功讓的作為：「拿一個假Pass，說是汪精衛偽政府裡的特務機關裡做特務工作的。他對日本憲兵說，我帶這些東西都不多，是做特務工作。日本人問他特務範圍在哪？說是蚌埠過去，界首過去，中央區裡頭，有幾個軍隊，到軍隊裡頭去工作，我們買的毛紡是給軍官買的，做衣服。膽子多大說這些！日本人就相信了。李功讓就在皇協軍裡做特務工作，但是不知道是真是假，聽說是假的。」

韓：「您也不知道是真是假？」

白：「嗯。一塊兒做生意，帶點東西。查出來了日本人就讓我們兩個到憲兵隊去了。那時候我們年紀也輕也不知道，就知道危險，心裡面求主。可能是真主襄助[20]，人家說進去了很難出來，他有特務的證明，日本人對皇協軍也不敢欺負。反正有幾條（原因）……姓李的口才好。」

關於李功讓的身分，老人經過回憶，說他不是特務，是有朋友在「皇協軍」，幫他辦了個「工作證」，與良民證不同。

韓：「買那些軍服啊橡膠啊，大概是多少錢？」

白：「很便宜。我帶票是儲備票，是汪偽，汪精衛的票，儲備銀行的。咋帶法呢？我們自界首來的，界首當地守備團要用中央票，叫國幣。我們把票交給上海的商人，商人用我們這個票收購當地土產，寫個條，拿這個條到上海指定的地方換儲備票。界首的國幣到上海不能用。這就是用錢的方法。把儲備票拿到市面上去，在上海買貨運回去。在界首用國幣，敵佔區用儲備票。」

韓：「儲備票和國幣在價錢上是不是差不多？」

白：「差不多。匯率回憶不起來了。能把貨運回去，利潤最多的百分之百，最少的百分之五十。利潤大㉑，風險也大。」

韓：「您到上海來住在哪裡？」

白：「鴻壽坊清真寺。上海的寺裡人不少，鄉下少，日本人一掃蕩人都逃了。……清真寺裡只有禮拜的人才住進去。不禮拜的人都不願意住在寺裡。」

韓：「都是做生意的人？」

白：「大家都知道、都認得的人才能住進來。教門很不錯的，有親戚才能住進來。有些清真寺，對過路的窮人，像西北來的窮人往寺裡跑，寺裡也給找些吃的，讓住幾天。《古蘭經》教法裡就讓照顧旅行的人，照顧窮人，照顧孤老。」

第三次訪問

時　間：二〇〇八年八月二十九日，上午十一點至十二點

地　點：上海滬西清真寺

採訪者：韓晶

受採訪者：白存惠阿訇

韓：「您家以前在平漢鐵路沿線，能不能再詳細介紹一下當地的情況？」

白：「一九三四年日本的侵略戰爭已經開始了，……長江口遭到封鎖。日軍轟炸了京漢線㉒，鐵路癱瘓；又佔領了京滬線，使長江交通阻隔。這樣的形勢迫使界首一地『畸形發展』。作為各地貨物進出的唯一關口，這裡集中了大量的商人和貨品，可以說『萬商雲集』。國民黨的中央軍呢叫中央地區，就是界首，敵佔區是蚌埠，中間有兩百公里。南方幾個省四川、雲南做生意的人都知道界首，有的朝蚌埠來，有的在界首登記買貨。因為漢口長江封鎖，到上海封鎖了，就只有界首那裡。原來是一個鎮，解放以後改成縣。原來叫集鎮，後來商埠一開，市面開得大，界首鎮就朝郊區開的一條街一條街的做生意，各行各業，各種貨物都有，內地都需要沿海廠裡的產品。……上海城市有基礎。上海產的運往內地，像布匹、棉紗、毛織品、絲製品、工業日用品、紙張、機械零件。界首在當地很了不起。我們做啥生意呢？日用品，服裝，啥賺錢賣點什麼。我們不是拎兩個包就上車了，都是成批的，服裝比如西裝、西裝褲、皮鞋，成套的；還有西藥，內地也很需要；文化用品，鋼筆，鉛筆。那時候郵政局買那個帆布包，有一米多高，裝得滿滿的，一個人買三個、五個包。郵局幫著去運。有時候火車站快件，有時候運到蚌埠，有時候運到商丘，反正沿途哪裡敵佔區的口子鬆，貨好出，就在哪裡下車，就這個方法。中途也遇見麻煩，土匪啊，路上不太平。我們集中三十個二十個人，運一批貨，交通工具是人力車，一車一車，一排幾十輛，碰見土匪了，選兩個口才好的，去說，送一點東西，就讓過去了。」

韓：「都是河南的嗎？」

白：「河南的有，山東人，安徽人也有，集中一點好做。當地懷遠縣周圍有強盜，當地知道有頭兒去找頭兒，讓安排好給放行，也送東西啊，衣服、衣料。」

韓：「到了界首怎樣買賣？」

白：「我們自己的鋪面，兩間房子。這些人去了，就在我們的鋪面裡面。到界首後他們有的住清真寺，有的住旅館，把貨物就放在我們的店面裡面，名義是『寄賣店』。幫他們賣。他們有些人賣不掉了剩一點，我們就買下來，再賣。都是穆斯林，相互幫忙，有時候收一點手續費，也不是很多。因此那幾年生活還過得去。」

日本帝國主義者發動的罪惡戰爭毀壞了回族同胞平靜的生活，但沒有摧毀他們頑強生存的信心。在抗戰時期，廣大的回族同胞以他們的堅毅、頑強和智慧，與敵人周旋，並遵循《古蘭經》中的教義，團結互助，堅強地活了下來。回族是一個有共同信仰的民族，伊斯蘭教的宗教精神在回族的日常生活中具有重要的影響。在採訪中，我經常可以聽到老先生們念叨：「知感主！」「真主襄助！」他們把自己能夠經過戰爭磨難、堅持到抗戰勝利並擁有新中國的幸福生活，視為真主阿拉的賜予，把磨難看作真主的考驗。他們感念自己能活到現在，對現在的生活感到非常滿意和知足。只有經歷過磨難的人，才會如此懂得珍惜。從老先生們的身上我看到了戰爭帶給人民的巨大災難，更看到了樂觀、堅毅的精神力量。在此衷心祝願他們健康、長壽！

注釋：

❶阿訇，指由清真寺經堂大學或經學院畢業，具有較高宗教學識的宗教人員。

❷滬西清真寺，原名小沙渡回教堂，又名藥水弄清真寺，俗稱老寺，位於普陀區藥水弄。原址在西康路一五〇一弄（藥水弄）八十支弄，一九九二年四月遷常德路一三二八弄三號。一九一四年前後，湖北、河南、山東、安徽等地來滬做工的穆斯林貧民，集中居住在小沙渡（今西康路）一帶，因宗教生活需要，租房一間設小沙渡回教堂。一九二一年前後，在上海清真董事會的捐助下，在藥水弄內租地建造清真寺。滬西清真寺所在的藥水弄（一九九五年改為長壽新村）是上海重要的回民聚集地。見孫金富《上海宗教志》，上海社會科學院出版社，二〇〇一年，頁二六三；上海通志編纂委員會編《上海通志》，上海人民出版社、上海社會科學院出版社，二〇〇五年，頁六三一九。

❸回族具有經商的悠久傳統，長途貨物販運是其藉以取利的主要手段。

❹一九三七年十一月十二日，日軍佔領上海，旋即攻佔京滬鐵路沿線城市。

❺汪精衛於一九四〇年三月三十日在南京正式成立偽「中華民國國民政府」，汪偽政府的轄區包括蘇、浙、皖等省大部，滬、寧兩市和鄂、湘、贛、魯、豫等省小部分。

❻老人此處所述有誤。抗戰初期，中國空軍作戰英勇，前仆後繼，但因當時中國工業基礎薄弱，不能自製飛機，外購不易，補充困難，在美軍參戰前處於劣勢地位。

❼此處有誤，應為八路軍。

❽良民證是日偽政權對中國老百姓的身分管理制度。

❾穆斯林，伊斯蘭教徒的通稱。回族的形成與伊斯蘭教有著極為密切的關係。

❿關於良民證上的照片，老人回憶需辦證人自行準備，然後拿去給維持會辦良民證，因為有點做生意的進項，所以照相的費用自己能夠承擔。除了做生意四處奔波需要辦良民證外，外出探親訪友亦需辦良民證，但如果是待在家裡，不出城關，就不需要辦。

⓫鄉老，此處指清真寺寺坊管理機構的成員。

⓬潁河，淮河最大支流，發源於河南省，位於淮河北岸，河南省東部與安徽省西北部。上游以沙河為主，故又稱沙潁河。東南流經魯山、平頂山、葉縣、漯河、周口、項城、沉丘等縣市，至界首縣城關鎮附近進入安徽省，往下經太和、阜陽，於潁上縣沫河口入淮河，全長六百一十九公里。

⓭後來老人又補充說還有一個寺叫江寧路清真寺，但是和鴻壽坊清真寺的房子一起在解放後被公家收回了，不再開放了。

⓮無常，回族對人去世的說法。

⓯上海清幫「三大亨」在抗日戰爭時期，表現為三種不同的態度。上海淪陷後，杜月笙拒絕日本人的拉攏，於一九三七年十一月遷居香港，從事情報、策劃暗殺漢奸等活動。黃金榮雖未離開上海，但也未接受日偽委任的職務。

而張嘯林是公開當了漢奸。白老此處所述有誤。

⑯馬彪是國民黨馬步芳的部下，率騎兵在豫東皖北抗日八年，英名廣為流傳。後面老人說馬彪是馬鴻逵的部下，或為誤傳。

⑰有教門，對恪守宗教功課、行為符合宗教精神的穆斯林的讚語。

⑱禮拜，宗教活動，穆斯林「五功」之一。

⑲老人這裡指的是軍閥時代的新「西北五馬」，即馬步芳、馬步青、馬鴻逵、馬鴻賓、馬仲英。

⑳回族信仰的伊斯蘭教是一神教，穆斯林敬仰真主阿拉（Allah）是唯一的主宰。

㉑在第三次訪問中，老人介紹當時販貨的利潤獲得百分之五十是比較少的，一般為百分之百，而更經常會獲得百分之二百、三百的利潤。

㉒因國民政府時期北京稱北平，故京漢線又稱平漢線。一九三七年七月末平津失陷，九月日軍沿平漢路南侵，相繼佔領保定、石家莊、邢台等地，十一月攻陷安陽等地。一九三八年十月，日軍佔領武漢，同時佔領廣州。

我在抗戰時期的經歷

蔣術口述
苗青執筆

蔣術，一九二一年九月生，江蘇常州武進人，畢業於黃埔軍校十六期、中國新聞專科學校、華東新聞學院。抗日戰爭時期，曾於蔣經國主政贛南時在贛州工作多年，並曾服役於青年遠征軍二〇八師。

現任上海市黃埔軍校同學會副會長，主持編寫《上海黃埔》季刊。曾任上海市盧灣區政協文史資料委員會副主任，出版有著作多種。

背井離鄉　投身抗戰

我是在一九三八年報名參加黃埔軍校的，那個時候抗日戰爭已經爆發了。我為什麼要在那個時候加入抗日救亡的行列，這裡面有兩個原因。首先是我的家庭教育比較好。我的家鄉是在江蘇省常州武進，我們家是種田的，也出過讀書人，可以說是「耕讀傳家」，家境小康。祖父教過私塾，父親一輩就讀新式學校，我的父親、叔叔都是讀師範學校出身的，父親還做過一所小學的校長，叔叔也是教師。生活在這樣的家庭之中，耳濡目染，使我頭腦裡面形成了比較強的國家觀念和民族意識。

還有一個促使我投入抗日的原因是我的表兄對我的影響。我在家中排行第三，上面有一個哥哥、一個姊姊，下面有一個弟弟。哥哥蔣勉（兆明）比我大八歲。我七歲時，父親在一次事故中去世了，母親一人要撫養我們兄妹四個人。母親把我送到姨媽家裡面住，姨媽待我很好，姨媽的兒子，就是我的表兄很早就參加革命，加入了中國共產黨，他給我看很多進步書籍，那時候雖然我還很小，但是喜歡看書，表兄就對我進行共產主

蔣術先生（正中）七歲時與父兄的合影（1928年攝於常州）

義教育，所以我對共產黨的印象很早就有了。雖然以後我考入黃埔軍校，在國民黨陣營裡面工作，但是我的表兄和表姊一直和我保持聯絡，表兄參加了新四軍以後，還動員我去新四軍，因為發生「皖南事變」我也就去不了了。解放後參加工作，我知道的比人家多一些，有的同事覺得我像是從哪個革命老區來的，懂得東西比地下黨成員還要多，其實是我的表兄小時候給我很多教育，讓我學到了寶貴的知識，我十四歲就閱讀鄒韜奮主編的《生活》週刊、李公樸主編的《讀書生活》、艾思奇的《大眾哲學》等書刊，培育了愛國救國之心。很可惜，我表兄在抗日戰爭沒有勝利的時候就犧牲了。我的表姊也在他的影響下加入地下黨，解放後生活在北京，現已去世。我感到我小時候受他們的影響是很大的。

一九三七年上海爆發了「八一三」事變，國民政府和日本人打了三個月的仗，後來日本軍隊從上海南部的金山衛登陸，金山衛在海邊，防衛比較薄弱。日軍登陸以後，就直接繞到浙江省的嘉興等地，插入蘇州、常州，打到南京去了。日本將大部分軍隊投入到上海和南京。國民政府軍隊被日軍包圍，就往浙、贛、皖方向撤退。

本來我是住在常州鄉下的，戰爭打響後，我們一家人就在一天早上離開家裡，想沿著公路走到常州，再搭火車去後方避難。可是當我們來到公路邊時，傳來消息說常州城已經被日軍佔領了。於是我們就不敢走了，只好轉身回去了。

日本人佔領南京以後，就在佔領地區組織維持會，頒布安民告示。日軍在剛剛攻下中國土地的時候，燒殺搶掠的事都幹過的，他們不高興的時候，會放把火把百姓的房子燒掉，也會開槍殺人，強姦婦女。過後還是安定下來了。我們住在鄉下小村莊，村子也不大，不在公路邊上，也不在運河邊上，日本人基本上是不到鄉下來的，相對好一點。日本人也怕下鄉，因為這裡可能有中國零散的抗日武裝力量，對他們來說也不安全。

當時常州的城裡、公路據點、運河邊上都有日本駐軍，我們進城要帶著良民證，必須把良民證別在胸口，看到日本人要鞠躬，他們會盤問，防止你是游擊隊啊，國民政府士兵啊，如果查不出什麼，一般普通老百姓就放行了。

一九三七年，我虛歲十七歲。日本人打到常州的時候，學校就停掉了，待在家裡面。一九三八年以後，局勢稍微有點穩定了，鐵路運輸恢復後，到上海也方便了。我有一個叔叔輩的親戚從後方黃埔軍校到上海來招生，說是報名人的年齡沒有限制劃一的，他把消息帶到常州鄉下來，希望我們年輕人到上海去報名投考。因為鄉下的親友們對這個親戚都是熟悉的，消息一帶過來，馬上就傳開來了。

當時我就想去上海，可是如果我是一個人去的話，母親是不放心的，好在我是和我哥哥兩個人一起去。我哥哥那時候已經二十多歲了，剛剛結婚，在中學裡做體育老師，當時學校都停辦了，他也無事可做，因為愛國，也需要尋找出路，所以我們商量後就想一起去上海報名參軍，相互有個照應，這樣母親也放心一點，但還是很不捨得把兩個兒子送走。我們兄弟倆走了以後，家裡面就留下姊姊和弟弟陪著母親，直到抗戰勝利以後，我才回到常州老家，見到我母親。

我和哥哥先走到常州城裡，再坐火車去上海。當時我所在的村子附近的年輕人陸陸續續有二十幾個也跑到上海來報名參加黃埔軍校。我們在閘北的火車站下車，那是公共租界的地方，看不到多少戰爭的硝煙。我們來到租界，先住在親戚家裡面，待了沒有幾天，就參加考試，考試完畢後就坐船離開上海。

當時的上海，租界裡面還比較穩定。日本人在太平洋戰爭爆發之前沒有進入租界，原來不是租界裡的人，像寶山、虹口、閘北的上海人都往租界裡面跑了，那個時候的租界不但很安穩，甚至可以說是很繁榮的，因為江浙地區的很多有錢人都躲進來逃難，這使得租界內的各種生意也好起來了。

當時報考黃埔軍校是秘密進行的。由招生人員組織考試，在上海的租界裡面找了好幾處地方作為考場，有的是居民家裡，有的是工廠裡面，這些地方都是不公開的，每個地方安排十幾、二十個人考試，每個考生拿到一張試卷，考題都是一些常識性的東西，基本的學科知識，以及對戰爭的認識，對國家前途的設想等等，答完題目的基本上都能夠被錄取。

我的這位親戚比我大一輩，當時已經是黃埔軍校裡的教官，校方知道他是江蘇常州人，對江浙一帶的情況比較熟悉，所以派他到上海來負責招生。這次他幫助黃埔軍校在上海招了一批學員，我估計有一百多人。招生完畢後，他陪我們這些學員一起坐上一艘開往溫州的義大利輪船，船上大都是報考黃埔軍校的學員，大多數是南方人，單從常州來的年輕人就有二十多個。

軍校訓練　立志報國

輪船開到浙江溫州以後，我們就下船，集中住進一座寺廟裡面，當時我們這些學員都帶著被褥鋪蓋，就在廟裡面打地鋪。我看到有一大批人，都是從上海來的。裡面還有女學員，光從我們常州來的就有三個女學員。

當時溫州還是國民政府軍隊的控制區域，但是日本人已經順著長江向西突進，正在進攻武漢，所以我們就不能走長江航線，要假道溫州，繞道去江西。在溫州的時候又進行了一次考試，是在溫州中學裡面，和包括浙江等其他地方來報名的學員一起考的。考試結束後，我們就離開溫州到金華去，在金華搭火車去江西。那時南昌的國軍部隊已經撤退，靠近南昌地方的局勢是很緊張的，江西省政府也臨時遷移到了贛江邊的泰和縣。所幸浙贛線還是通的，我們就坐火車一直開到江西省吉安，到了吉安之後，我們再走水路，到瑞金旁邊的于都（原來寫成雩都）。贛南是江西最苦的地方，山上都是紅土地，樹都長不大，山上都是光禿禿的。不像浙江的山上有漫山遍野的植被。

我們學校的本部在瑞金，學校分成的幾個大隊、中隊都在鄉下，我們讀書的地方就是在于都鄉下。因為當時鄉下沒有很好的房子，只好借用當地的祠堂、寺廟等公共建築暫時充作校舍。宿舍也很簡陋，借著當地人民的住屋，房間裡面住多少人要看地方大小。

我報考錄取的學校，全稱是軍事委員會戰時工作幹部訓練團第三團，後併入中央陸軍軍官學校第三分校，我屬於第十六期政訓總隊學生。黃埔軍校是一九二四年在廣東省的黃埔創辦的，後來發生了北伐戰爭，一九二七年南京國民政府成立後，黃埔軍校就遷到南京來了，當年畢業的學生有一部分是第六期的學生，他們在廣州入學，到南京畢業。南京開始招收的學生就是第七期。黃埔軍校的正式名稱應該是「陸軍軍官學校」，遷到南京以後，校名前面加上了「中央」二字，變成「中央陸軍軍官學校」。南京的黃埔路上原有中央陸軍軍官學校的校舍，解放以後作為中共華東軍區的辦公場所。中央陸軍軍官學校在南京開辦到一九三七年第十一期。抗日戰爭全面爆發以後，軍校就遷到了成都，在那裡成立了校本部，另外在其他省分又成立了十所分校。按照黃埔辦校系統，在大陸辦到二十三期為止，之後在台灣復校自二十四期延續辦起，迄今已辦至八十多期了。我所在的江西于都分校是第三分校，屬於黃埔軍校第十六期學生。我們這一期學生裡面學步兵、工兵、炮兵這些軍事項目的都在瑞金。我是學政工的，隸屬政訓總隊，駐在于都。政訓總隊一共分六個大隊，一個大隊有三個中隊，中隊是獨立的，單獨住一個地方，集中管理、學習，每個中隊有一百多人，相當於一個連。一個中隊下面又分三個區隊，區隊再分三個分隊，分隊就相當於一個班，區隊相當於一個排。大隊長、中隊長、區隊長都是黃埔學校畢業的軍官，分隊長則由學生擔任。

我和哥哥從金華到江西後直接就來于都了，我被分在了第二大隊。當時沒有舉行開學典禮，直接就開始軍事訓練了。軍訓很嚴格，出操什麼的，訓練下來能讓你累死，對我們政工學員也是一樣要求。

那時學校制定的課程有軍事學科和術科，比如步兵操典、陣中要務、兵器學以及游擊戰術等等，是軍事教官來教的。還有一種叫操練課，學習基本的、規範的東西，立正、稍息、走步伐。還有演習，我們叫「打野外」，一個班怎麼打仗、一個排怎麼打仗、一個連怎麼打仗、一個營怎麼打仗，一步一步，要到野外去的。陣勢怎麼擺法，假使一個排你怎麼指揮、一個連你怎麼調度。還有一些基本動作，拉鐵杠啊，跳木馬啊，打靶等都要學習的。教官教我們怎麼用步槍、機關槍。那個時候的兵器很少，步槍自己還會造，輕重機關槍都是從外國進口的，我記得有一種「捷克式」機槍。

蔣介石在軍事上本來是主張學日本、學德國的。後來和日本關係不好了，就學德國的方式來訓練、管理。學校裡也很重視政治課，基本課程有兩種，一種是孫中山的總理遺教，一種是蔣介石的總裁言行。這兩個是基本的。除此之外還要學國際形勢啊，國防地理啊，日本研究啊，也學過日語，由政治教官來講課。

在軍校的時候，從週一到週六都要上課，正式開始上課時，我才體會到當地艱苦的生存環境帶來的不便，那個時候上課沒有像樣的教室，很多時間就放在室外，樹蔭底下上課。沒有桌椅，就拎著一張小板凳、一塊小木板來到露天教室聽講。天氣不好下雨的日子，我們就到祠堂裡面，大家擠在一起上課。

當時在學校求學期間，學校並不發鋼筆墨水等文具，我記得我有一枝自備的自來水筆，墨水用光以後，就到小縣城裡面去買墨水，這並不困難。軍校學員們使用得幾乎都是自來水筆，自來水筆它也有各種各樣牌子，好一點的有美國的派克牌，不過很少有人用得起，國產的是金星牌，那已經算很好的了。

軍事機關的人員在每個星期天上午，參加學校舉行的「總理紀念周」活動。總理紀念周主要就是每個禮拜舉行一次紀念孫中山總理的儀式，在這一天把大家集合起來，由負責人在主席台上主持，大家向總理像、向黨旗行三鞠躬禮，隨後聽負責人講話，內容有工作方面、形勢方面的最新進展，讀讀文件，喊喊口號，例如「擁護總裁！實行總理遺教！擁護三民主義！」之類的，都是程式化的。每個禮拜搞一次，像宗教儀式。當時我們住在一個封閉的環境中，也沒有什麼感覺，後來想想這種程式化、儀式化的活動完全是空的，沒有起到什麼實際效果。

舉行總理紀念周的當天下午是放假不上課的。放假到哪裡去呢？一般就是跑到小鎮上，到小店裡買點東西吃，有的時候買點筆記本、鋼筆之類的學習生活用品，我當時享受到的是上等兵的待遇，每個月還能領到幾塊錢的薪餉，作為零花錢，除了這幾塊錢以外，還可以領幾件衣服。當時少尉軍官領三十塊錢薪餉，一個中學教師不過四五十塊錢。到上尉可以拿到六十塊錢。後來物價上漲很快，這點薪餉的增幅就跟不上了。沒有漲價前，有這點薪餉也很不錯了。

江西人把位於鄉下的集市叫做「圩」。集市上有商店、菜場，我們軍校天天要派一兩個學員陪伙夫一起到集市上買菜、買肉，我也去過幾次。所有買下的東西都要記賬，還要公布的。通常我們都會要求買點肉熬熬油，買點熟菜拌著吃。于都那個地方是比較落後的，當地的人們習慣於米粉的味道，很少能夠吃到魚。一九三八年到一九三九年間物資供應還是可以的，能夠吃上米飯。到後來物價上漲就比較緊張了。

在校期間，隔一段時間就有某位重要人物來學校視察，到時候把大家集中起來，聽他們講話。

我在于都學習的時候就見過當時的軍訓部部長、副總參謀長白崇禧，第三戰區的司令長官顧祝同，因為江西在抗日戰爭期間屬於第三戰區，所以顧祝同也來學校視察。

黃埔軍校設立了步科、炮科、工科、輜重科等教學科目，我是學習政工科的，從事政治工作，上面有政治部管理，所以畢業典禮的時候，學校請來軍事委員會政治部部長陳誠主持，那次的畢業典禮比較隆重，陳誠代表校長蔣介石出席。

我在于都的軍校裡待了一年，期間沒有離開過江西，一直專心訓練。那個時候外面的局勢是很緊張的，但在軍校的日子裡還比較安全，日本人的飛機也不大有看到過。後來幾年我們「逃警報」的次數才多了起來。

我的妻子黃碧濤是安徽省徽州人，參加了江西分校的訓練，也成為黃埔軍校第十六期的學生，我們是同學。黃埔軍校在廣州的時候，辦到第四期開始有了政治科。大革命北伐的時候，黃埔軍校到武漢設立了分校，在武漢分校第六期的時候第一次招收女生，錄取了將近二百多人。其中有代表性的女學生有趙一曼，後來到台灣去的女作家謝冰瑩，還有徐向前的夫人黃傑、聶榮臻的夫人張瑞華都是黃埔軍校畢業的。這以後一直沒有再招女生。後來在抗戰期間的一九三八年，就是我所在的黃埔軍校江西分校第十六期學生中，又恢復招女生了。當時有三個中隊，每個中隊招了一百名女學生，一共有三百多名女學生。同時，在西安的第七分校也招過女生的。

那個時候的女生離開家鄉，跋山涉水參加軍校是很少的，也是很不容易的。那主要是抗戰的原因，當時流傳一句話：青年人，要革命，到革命的中心去！投考黃埔去！很多青年人在抗戰的時候都投筆從戎加入革命隊伍，大家都有一股勁，青年人中形成了一股好的風氣，那就是要革命！救中國！

救護傷員　感受實戰

一九三九年我從軍校畢業，政訓總隊就停辦了。原本我們這些政工學員應該派到部隊裡面做政治指導員等工作，軍、師裡面都有政治部，而我分配去了福建省浦城傷兵醫院的政工室。傷兵醫院基本上都是吸納女學生的多，我也不知道什麼原因，我們幾個男學生也被分到醫院，我是一九三九年年底去的浦城，在傷兵醫院待了一年多一點。在醫院期間給傷兵做政治工作，教他們文化，搞一些文藝活動，講講時勢形勢。主要是安慰他們，讓他們好好休息，安心養病，恢復身體，能夠上前線的再上前線，不能上前線的就好好休養。

國民政府軍隊的政工制度原是學習蘇聯紅軍的，我覺得國民黨一直沒有把它學好，只學了皮毛，學了表面。抗戰時期國軍內部沒有黨代表了，師以上是有政治部的，團、連裡有政治指導員，但是這個政工制度沒有起到作用，為什麼這麼說呢？主要是沒有權力。權力都在軍隊長官手中。這個政治指導員是附屬的。共產黨是把支部建在連隊上，指導員就是支部書記，共產黨是黨領導一切的，就是政治指導員領導一切。

國民黨的黨組織是比較分散的，因為它基本上是西方的資產階級政黨的一種形式，和蘇聯等無產階級政黨的形式不同，無產階級政黨講紀律、講黨性，國民黨內沒有這些話。國民黨裡面一些人，後來做官了，他們的腦筋裡面都是西方資產階級的政黨觀念。我們在軍校時期，自己稀裡糊塗還不知道黨是什麼意思，就被動員入黨，由指導員代為填好表。有一天，大隊裡所有人集中在一起開大會，每個人發到一張誓言，大家一起照著讀，宣誓參加國民黨，參加三民主義青年團，事後發一張證明，就算你入黨入團了。從此以後就沒人管了。退黨也很自由，可以說，高興入黨就入黨，不高興了可以隨時退黨，退黨以後也可以再回來。所以我覺得國民黨是一個鬆散的政黨，對黨員沒有約束力，在戰場上也顯示不出很強的戰鬥力。我們通常有一句話來形容國民黨的政治工作，叫「賣狗皮膏藥」。就是說，那一套都是騙騙人的，沒有實際用處的。當然有時候會組織一些文藝活動的時候，大家會聚在一起跳跳舞，唱唱歌啊，也就僅此而已，在政治上沒有發揮實際的領導作用。

浦城是一個小縣城，靠近浙江、江西交界處，是個山區，當時並沒有被日本人佔領。浙江、福建屬於第三戰區，國軍和日本人戰鬥，那個時候傷兵不得了啊，我所在的傷兵醫院主要收治重傷、殘廢病員，有人眼睛被打瞎，有人截肢了，傷兵總數有好幾千人。浦城旁邊就是浙江省的江山，那裡有好幾個傷兵醫院。當時的醫院分好幾種，有兵站醫院，靠近前線的；後方醫院，可以動手術、治病；還有休養醫院，這裡的傷員醫好以後還可能重返前線。另外有殘廢醫院，把打仗致殘的重傷病員養起來。

當時第三戰區發生的戰鬥是以正規戰為主，游擊戰主要在淪陷區。打游擊戰的主要是在江蘇、浙江一帶的忠義救國軍，他們是打游擊的，和同樣打游擊的新四軍在地方上容易產生摩擦。因為打游擊需要生路，什麼叫生路呢？就是地方上要提供糧草，哪個地區富裕點，哪個交通線重要一點，兩方面的部隊都要去爭奪。知道哪裡有好點生路的地方，大家都想去，可以多收點稅，多繳點糧，這樣一來忠義救國軍和新四軍就在地方上發生摩擦，就是同一個部隊裡面有時候為了利益之爭也會鬧起來的。

那個時候日本人主要待在城市裡面和重要的交通線附近，其他大片的農村地區都是忠義救國軍和新四軍的活動空間。新四軍那個時候的活動空間大得很。如果你和地方上的地主關係搞好了，你需要什麼，地主就會提供什麼，要糧有糧，要銅鈿就有銅鈿。當時的忠義救國軍、地方保安部隊和新四軍都是抗日力量的組成部分，都在農村裡打轉，也都碰到一個生存問題。

抗戰時候，國民政府軍隊裡的士兵們還是聽蔣介石指揮的，在我們心目中的蔣介石是一個有作為的國家領袖，雖然國民黨內部有很多派系之爭，但在抗日問題上還是意見一致的，這不能不說與蔣介石的領導有關。

我想到「八一三」抗戰的時候，我們投入七十萬部隊，日本投入三十萬人。國軍頂了三個月，也有人說不值得，我認為是值得的，因為它為中國贏得了抗戰的時間，三個月當中，把物資、工廠運到內地去，當時公路不發達，運輸主要靠水路，靠長江的航運。為什麼要在上海頂住，是為了吸引日本人的注意。日本軍隊從北平一路打到徐州，如果不在上海這裡拖住日軍，那日軍可以一直打下武漢，把長江航道切斷，那樣的話，不光是物資運不出去，國民政府也來不及撤退了，連南京都撤退不了。國民政府正是利用了這三個月的時間撤退到大後方，所以這三個月為中國抗戰能夠堅持下去起到很重要的作用。另外，經過三個月艱苦抗戰，日本人遭遇極大犧牲，叫囂「三個月滅亡中國」的狂言破滅了。國際上對中國有了新的看法，為中國贏得了國際上的同情和援助。所以「八一三」這一仗打的是很值得的，戰略上是非常重要的。當時，國民黨蔣介石、陳誠都把最好的部隊調到上海來打仗。蔣介石自己也很重視這一仗，他是親自到上海來指揮作戰的。

抗戰勝利以後，毛澤東講過兩句話，日本投降不是原子彈造成的，還有一句話說蔣介石躲在峨眉山，抗戰勝利了下山來摘桃子。我認為，日本不要去講他，天皇都承認日本是因為被扔了原子彈後，才接受無條件投降的。後面一句話講蔣介石也不客觀，抗戰八年期間，中國打了二十五次大會戰，平均一年要三次以上，蔣介石除了親赴前線指揮作戰，還要開會，接待國際人士，例行事務多得很，你說他哪裡有時間躲到峨眉山上去啊？所以我認為對歷史人物的評價也要客觀一些，不能因為蔣介石曾經反共和發動內戰而將在抗戰期間的歷史作用全盤抹煞。一直以來存在著一種傾向，就是以內戰思維看待一切。今天時代進步了，我們也應該要把抗戰與內戰區別開來，這樣方能辨別歷史是非、功過恩怨。

「青幹班」培訓　結識「太子」

我在福建浦城傷兵醫院裡待了一年多以後，去了江西省贛州。那個時候，我們軍校同學之間有互相聯繫的，留在江西的同學寫信告訴我講他們在贛州跟著蔣經國做事，說那裡條件好，很有前途。我當時也在考慮找好一點的出路，同學的來信吸引了我，那個時候浦城傷兵醫院裡的紀律不是很嚴格的，想走請個長假就可以。我就是請了長假離開傷兵醫院的，先獨自一人到江西去找關係，找新工作。等在贛州站住腳以後，再接我的未婚妻過去。我大概是一九四一年到贛州的。

在贛州期間我先是在三青團工作。三民主義青年團是一九三八年七月在武漢創建的，全國各地都要建立三青團組織，三青團江西支部的籌備工作是由蔣經國負責的。當時蔣經國在贛州的行政職務是專員兼贛縣縣長，另外一個職務就是三青團江西支部籌備處主任，他需要幹部，所以要辦訓練班，三青團的幹部訓練班，簡稱「青幹班」。青幹班的學員有百分之七十以上是從于都黃埔軍校三分校調過來的，其中包括著名的王昇❶，他和我是同一屆的同學。

為什麼三分校會有那麼多人調到贛州呢？這裡要提到一個人——胡軌❷，他是黃埔四期畢業的，蔣介石很信任的一位學生。胡軌當時任黃埔軍校三分校的政治部主任，是少將，同時任三青團中央團部幹事會的幹事，相當於黨系統裡的委員。江西要成立三青團支團部的時候，蔣介石派蔣經國去做主任，胡軌做書記，做蔣經國的助手。為什麼派他做書記呢？因為三分校所在的于都靠近贛州，只有幾十里路，那時候胡軌已經有汽車了，跑來跑去比較方便。蔣經國需要幹部，就辦訓練班，訓練班裡的學員哪裡來，胡軌就近在于都三分校的學生中挑選了七八十個人，把他們送到贛州青幹班。

青幹班裡的學員只有少數是從外地招考進來的，還有一部分是從贛州專員公署、縣政府裡面的職員中調過來的。其中從專員公署調過來的學員中有一個女的，名字叫章亞若，她原本是專員公署的一個職員，提出要求，想參加青幹班的訓練，就被吸納了。那個時候，章亞若在同學中年紀屬於比較大的，已經二十七歲了，結過婚，並且生過兩個兒子。我的軍校同學王昇是二十六歲，在學員當中也算年長的，大多數學員只有二十歲出頭，所以大家就稱呼王昇和章亞若為大哥大姊，無形中成為我們這些年輕學員裡面的頭。

青幹班存在的時間很短，是一個為期個把月的短期訓練班。結業後，章亞若回到專員公署，以後她和蔣經國兩個人的關係有了進一步的發展。之後我們都知道她到桂林去生孩子了。

我在贛州擔任三青團贛縣分團書記兼組訓股長。蔣經國培養了自己的幹部團隊以後，就慢慢地在贛南施行新政。那個時候地方小，蔣經國這個人天生歡喜接觸人民，很隨便，在鄉下到處跑。現在的宋楚瑜、馬英九都多少有點學他的樣。蔣經國會和農民聊天，一起吃飯，一般的國民黨官員做不到的。他還喜歡打抱不平。一九四四年日本人打到江西贛州這裡來了，蔣介石就把蔣經國調到重慶去，從地方調到中央去了。蔣經國自己曾經說過，要和贛州共存亡，但日本人來了的時候，他還是離開贛州去了重慶。

我在贛州待了有三、四年，到一九四四年政府發動十萬知識青年從軍運動，蔣經國有了新職務，從贛州調到重慶去做了三青團中央團部組訓處長，並兼任中央幹部學校教育長和青年軍政治部主任，負責招募知識青年從軍的事務，軍銜也從少將升為中將，這樣青年軍的全部政治部都聽蔣經國指揮。他那個時候要辦政工訓練班，於是我就離開了贛州，和很多同學一起加入青年軍政工班學習。我參加的是青年軍政工班的東南分班，隨後再分配到青年軍二〇八師服役，還是在江西。

青年軍服役　喜迎勝利

青年軍的全名叫「青年遠征軍」，其組建的初衷是為了配合美軍實行總反攻，最後打敗日本人。一九四四年底德國快要投降，日本也撐不了多久，抗戰已經接近勝利了，中國人民看到了一線曙光。美國準備派遣太平洋艦隊到東亞國家來，和中國軍人一道打敗日本人。原來的中國軍人沒有什麼文化，美國人準備裝備我們十個師，希望中國自己訓練、培養一些軍事人才。這個想法傳出來以後，大家都積極回應。於是國民政府就組建了青年軍。

政府本來想把十萬青年軍組成十個師，但是後來只成立了九個師，多出來的兩個團沒有成立第十師，安排到二〇八、二〇九師裡面去，所以二〇八師和二〇九師各有四個團，比其他師多一個團。青年軍在東南有兩個師，一個在福建，一個在江西，我就跟著二〇八師留在江西。

青年軍在一九四四年底到一九四五年上半年組織訓練，當時有美國教官來培訓我們，他們來的人數不多，主要教我們熟悉和使用新式武器。我們對美國人的印象比較好，覺得美國人是真的來幫助中國，那可是硬碰硬的。那個時候日本人經常來投炸彈，我們只有「逃警報」。開頭日本人是白天來丟炸彈，後來晚上也來，實施「疲勞轟炸」，弄得你身心疲憊，人心惶惶，我們只有躲起來。抗戰時期的中國沒有多少飛機，高射炮也起不到什麼作用，幸好有美國人的「飛虎隊」來中國幫助抗戰。當時在江西有好幾個飛機場，贛州附近就有兩個飛機場，我親眼看到美國飛機一批批來，再一架架的飛出去，美國人的飛機數量、質量都強過日本飛機，很快日本失去了對中國的制空權，以後就不敢來了。美國人為幫助中國抗戰，打敗日本侵略軍是付出了很大犧牲的。

青年軍訓練了半年多一點，因為有美國人向廣島和長崎投放了原子彈，到八月份日本就投降了。如果實施總反攻的話，肯定還要犧牲很多人呢！好在有了原子彈逼迫日本投降了，我們就不需要去日本打仗了。否則結果怎樣還不曉得呢！

現在日本人對原子彈受難者進行紀念，表現出受害者的樣子，完全不提自己的戰爭罪責。原子彈殺人確實是殘酷的，但是美國人為什麼要投放原子彈？你首先要把這個問題搞清楚。你去殘害別人，才受到殘害。你不去殘害別人的話，自己也不會受到殘害。原子彈丟下來，你確實死掉了十幾萬人，後來殘廢的也有很多人。可是，因為有了原子彈，使得戰爭提早結束，也少死了很多人，假如不是原子彈的話，假如中美聯軍進入日本本土作戰，會有更多的日本人、中國人、美國人死掉，那要死掉多少人？為了盡快結束戰爭，美國才使用了原子彈。斷章取義的講原子彈殺人是不人道並不能解釋根本性問題。抗戰時期我們都非常痛恨日本人的，不要說我們軍人，就是老百姓都對日本人深惡痛絕的，恨他們無緣無故地來中國丟炸彈，屠殺中國老百姓。

一九四五年抗戰勝利後，青年軍在東南的兩個師被調到福州，本來要派去接管台灣的。一九四五年秋天，我在福州原地待命的時候，同事們、戰友們都一致推動我和黃碧濤舉辦婚禮，於是在十一月十八日，我倆在福州南台駐地舉行了婚禮，當時二〇八、二〇九兩個師的政工人員都聚在一起，有很多人出席了我們的婚禮。過去我們一直住在贛州，雖然贛州在江西來講是比較好的地方，但是和福州相比還是差了很多。福州是福建省的省會，又是沿海城市，比較繁榮，也有照相館，我們就在那裡拍攝了婚紗照。

我本來一直不清楚為什麼青年軍不去接管台灣了，直到前幾年，我才聽人講，陳儀去台灣前和蔣介石談了幾個條件，一個是金融機關，中央不要來管我。還有一個是軍隊，陳儀要求只帶他自己的部隊去台灣。我想可能陳儀不歡迎青年軍去台灣，他知道青年軍是蔣經國的部屬，因為有蔣經國的因素，陳儀覺得做起事來不方便。我後來一想，如果當初是派青年軍去台灣接收的話，可能就不會發生「二二八事件」。因為青年軍的成員學歷普遍比較高，守紀律，也懂道理。紀律不好的部隊容易欺負老百姓，打罵老百姓，和當地人發生摩擦。台灣人民本來是歡迎國民政府的軍隊去台灣接收的。來了以後卻發現國民黨的接管部隊很野蠻，不正規，甚至還不如日本人，再加上本地人煽動一下，一件小事就演變成大事件了。所以我感到歷史很多時候是被偶然性的東西造成了嚴重的後果。

我們當時在福州已經請台灣人來教我們台灣話，了解台灣的風俗習慣，所以我們在福州等了兩個月，做了很多準備，結果都白費了。

我們的部隊沒有去成台灣，隨後被調到浙江省，二〇八師駐杭州，二〇九師駐紹興。在這一時期，青年軍對預備幹部進行為期一年的訓練，我就在青年軍從事訓練預備幹部的工作。因為知識青年都是中學水平以上的人，復員之後他們都有一個預備軍官身分，將來國家需要你的時候，可以直接調你進部隊，成為少尉軍官。

當時青年軍裡面的所有師長都是清一色的黃埔系，二〇八師的師長黃珍吾就是黃埔一期畢業生。一般都做過軍長的，都是中將。青年軍裡的軍官比別的部隊軍官要高一級，一般師長是少將，青年軍裡的師長就是中將；團長是上校，他是少將；營長一般是少校，他是中校；連長一般是上尉，他是少校。新來的人就算是一般部隊裡邊做營長的，調到青年軍裡面就只能做連長。

一九四六年六月，第一期青年軍復員，正式退伍。復員以後的人，一種出路是回原來地方，比如有的人在參軍前是高中學歷，回去後可以選擇繼續讀書。如果已經讀到高二，就算畢業了，把他送進大學，去哪個大學可以自己填志願，自己選擇。還有一種不符合進大學條件的，就有兩個出路，其一是辦青年中學，繼續完成中學課程。其二是進青年職業訓練班，這些學校是國防部和教育部合辦的。還有一部分人直接到社會上去找出路。有的人來參加青年軍，如果當時他是大學一年級的就繼續讀書，如果是大學三年級的，就算他畢業，直接可以安排工作了。

一九四七年，青年軍招收了第二期，這一期招進來的學員要比第一期素質差一點。一般是中學生、小學生，他們後來參加內戰打共產黨去了。我們二〇八師本來駐守在杭州，後來也被調到北平去打內戰了。

有人講，蔣介石組織青年軍的目的就是準備打內戰的，我認為這是片面的說法。其實一開始組織第一期青年軍的初衷不是為打內戰，而是準備去配合盟軍對日本發動總反攻，主要是協助美軍攻佔日本本土。因為抗戰勝利提早到來，青年軍提前復員，所以應該說第一期青年軍的本來任務是抗戰，後來招進來的第二期是去打內戰了。具體問題要具體分析的，否則就隨便說成蔣介石是利用青

1949年5月，蔣術先生著軍便裝在上海留影。

年軍去打內戰，這與當初創立青年軍的初衷不相符的。第一期和第二期是兩回事，軍隊是一個，裡面的內容是兩樣的，我們不能以偏概全。

在抗日戰爭期間我一直通過書信方式和家裡人聯絡，那個時候通信還是有的，只是時間很長，有時候要一個月、半個月。我哥哥一九三九年從于都三分校畢業以後，正逢江蘇省地方上的保安部隊需要政工人員，他因為年齡比較大，有妻子有兒子，就回到常州加入江蘇省保安部隊工作。

抗日戰爭勝利以後，我參加了青年軍，一直到一九四六年六月，我們夫婦二人一同退役復員，跑到上海來，我報考了中國新聞專科學校繼續求學，一九四九年解放後，又考入華東新聞學院學習，之後一直在上海工作、生活至今。

注釋：

❶王昇（一九一五～二〇〇七），原名建楷，字化行。江西龍南人。中央軍校第十六期、中央幹部學校研究部第一期畢業。曾任江西第四行政區督察專員公署視導員，贛縣政府軍事科科長。

❷胡軌（一九〇三～一九八八），江西萍鄉人。黃埔四期畢業。曾任蔣介石侍從秘書，復興社南京分社書記，中央軍校第三分校政治部少將主任，江西「三青團」幹事，一度追隨蔣經國，頗受重用。後任第九戰區政治部少將副主任，「三青團」中央組織處、訓練處處長，兼「三青團」中央幹校學校副教育長。

日寇侵華時期的涉縣

張文全口述
張燕莊執筆

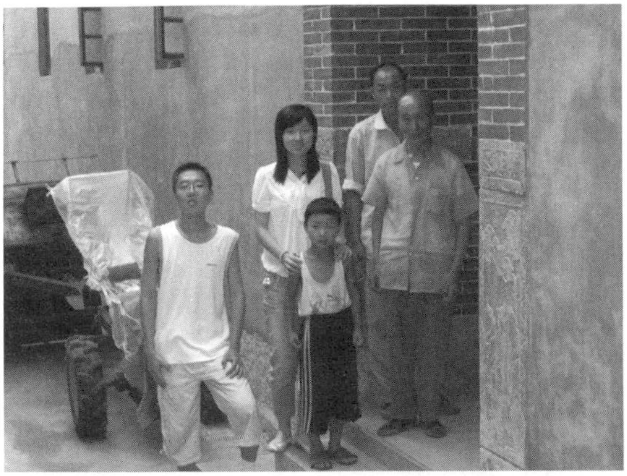
採訪者張燕莊（正中）和張文全先生（右一）合照

採訪時間：二〇〇八年八月七日上午九點四十分
採訪地點：河北省邯鄲市涉縣占洼村張文全老爺爺家
受訪者：張文全
受訪者描述：河北省涉縣占洼村村民，一九二八年正月十七生，今年八十周歲。解放初期，在縣政府糧食部門工作，退休後在家務農。
採訪者：張燕莊
整理人：張燕莊

日寇屠殺中國人民的罪行

我叫張文全，一九二八年出生，今年八十周歲，是河北省涉縣占洼村的村民。家鄉涉縣就在太行山深處❶，位於河北、山西、河南三省交界處。抗日戰爭時期，八路軍一二九師❷司令部設在漳河西邊的赤岸村❸，占洼村在漳河北面，離赤岸村只有五華里。一九三八年四月這裡發生過一次中原慘案，這時一二九師還沒有進駐涉縣。日寇對中國人民進行了大屠殺，屠殺的地點就在占洼村和赤岸村中間的中原村，也就是在清漳河旁邊。當時我是個十歲的小孩子，但有些事我還能記得。八路軍沒有來的時候，是國民黨的軍隊在這裡，有一個日本漢奸被當時的抗日政府（即國民黨）捉住了，就把這個漢奸槍斃了，人頭掛在中原村口的那個老槐樹上，樹下面還貼了個字條，寫的是：「日本漢奸下場」。

正好被過路的日本軍隊發現了。日本軍隊惱羞成怒，要找老百姓報復。第二天天還沒有亮的時候，日本兵就開始到村裡去搜老百姓，把中原村跟附近村的老百姓，凡是能夠抓到的都抓到這個老槐樹底下，當時這裡還是個河溝。把老百姓捉到那兒以後，日本兵就在岸上架起機槍，開始掃射。我沒有被捉去，但是由於離我家很近，在村裡邊就能聽到槍響聲，我當時並不知道怎麼回事。過了一段時間，村裡有一個叫作張東厚的人回來了，他比我年齡大兩、三歲，他渾身都是血，胸脯前也流著血，後頭也流著血，他說是被日本人開槍打的，因為被日本人抓去的人特別多，日本人開槍的時候，他埋在別人的屍體下面，所以才沒有被槍打死。日本人開完槍以後，又用刺刀把那些屍體一個個挑起來，翻過來看，日本人在他胸脯上和後背戳了兩刀，他當時沒有敢動，等日本人屠殺完畢，開車走了以後，他就從死人堆裡邊爬起來，然後自己又爬回家了。他回到村裡才知道，那天他全家一共被抓去四口，他的父親和叔叔當場就被日本人殺害了。由於他被捅傷得比較嚴重，一直到解放以後，他雖然沒有死，但是由於當時流血過多，他身上皮膚一直是黃色的，身體也不好。村裡好多人都通過他的講述，了解了當時的一些詳情，他說當時日本人一開槍以後，好多人都被打死了。據我所知，像他這樣死裡逃生的，還有呂三亭，他也是被日本人從頭上挑了一刀，身上挑了幾刀，沒有死掉而活下來的。當時死在河溝裡面的一共有一百七十多人，這事件就是中原慘案❹，現在在老槐樹那兒有個紀念碑，碑

中原村一百七十餘名平民被槍殺於右方的老槐樹下。現該樹年歲已高，已被保護。

上面對這件事也有記載。

大概又過了幾年吧，我親眼目睹了一些其他零星的屠殺。我記得一九四二年春天，陰曆三月的時候，當時八路軍已經進駐村裡，並且在村裡組織起民兵和抗日武裝了。有一天中午，日本人進村了。有人聽說日本人進村以後，敲響了村口掛的那個鐘，老百姓就都向山上逃跑。年輕人跑得快，就跑到遠一點的山上，老人、小孩和婦女們跑得慢，就跑到離村不遠的山上躲藏起來。沒過多大會兒，就看見一大隊日本人從中原村向占洼村前行，不到二十分鐘，大約三百多鬼子就進村和搜山了。我那時候是個十三、四歲的小孩，和父母失散後，就跑到村北邊那個山上，當時的山不像現在的山，那時候的山是光禿禿的，只有石頭，既沒有樹，也沒有草，主要是梯田，我跑到山背面半山坡上，藏在梯田下邊的那個崖根裡。當時我在山崖下邊，他們沒有搜到我這個位置，山上已滿是鬼子吼叫、追人。日本人上了山沒有多大會兒，我探出頭往上邊看，我看見三個鬼子追著一個八路軍同志，那人穿著軍裝卻沒有武器，他沿著一道道梯田往下飛跳，鬼子不敢往下跳，三個鬼子同時開槍也沒有打中他。而在離我藏身處往上隔著大約五六道梯田，就看到日本人捅著一個老頭，當時拿刀就捅死在那兒了，我光聽見一聲慘叫，就再也沒有聲音。我往別處一看，又看見四五個日本人，把一個人捅死，捅死以後，拿石頭把腦袋給砸了，這個人就是我的大伯父，叫張根生。後來我才知道那被殺的老頭就是俺們村的，叫賈蘭亭，也是給鬼子往他前後捅了幾刀，再拿石頭砸他的頭。這兩個人的死，我當時都是親眼看見。我一直等到天已黑的時候，伸出頭看日本鬼子已經走完了，才敢從那個梯田崖根兒，慢慢往家裡走。正在這個時候，腳底下被東西拌了一下，我當時以為是一塊石頭，可我仔細一看呢，是一個人頭，一摸摸了我一手血，血糊糊的，一聞滿手是血腥味，再一看，離這個人頭兩米多遠，有一個人的軀幹。我趕緊往前走了幾步，又看見一個屍體，人頭和身體已經幾乎分離，就靠著腦殼那一層頭皮連著。這兩個屍體當時把我嚇得心都快掉出來了。回到村裡以後，第二天，我才知道，這兩個屍體，前面那個就是我看到被屠殺的賈蘭亭他弟弟賈竹亭，另一個是鄰村的一個年輕人，這兩個人被殺都是那一天下午發生的事。村裡老百姓還說，當時那裡被殺害的還有兩人，一個就是我村的賈北方老人，他被槍殺在村西的地裡，還有一個就是縣城裡邊的農民，跑到這個村來逃難的，叫王鳳年，被日本人在山上用刺刀挑再用石頭砸死了。這天，家裡人發現不見我三哥張青立（大伯父的三兒子），因為找活人要緊，大哥張文立雖然又飢又餓，而且知道大伯父剛剛被殺害，仍然四方尋找三哥。原來我三哥逃避到村外一個土岩谷中不敢出來，直到第三天餓得不行才出來，也已經是不像人樣了。過了四天多大哥才回來，一到家已累得躺倒，以後也起不來，不久就病死了。

這都是我親眼看見、親耳聽到的，至於我沒看見，只是聽別人說的，那死在日本人槍下的中國人就太多太多啦。如今事隔已經六十多年了，大伯父被害時的慘叫聲，鬼子的狂笑聲，以及賈竹亭等被殺後可怕的人頭和屍體的慘象等等，我記憶猶新。

又隔了一段時間，日本人又來村裡掃蕩。這次日本人掃蕩，除了殺人還放火燒房。我家是地主，所以房屋比較多，被日本人燒掉的房就不少。我三叔父、五叔父、六叔父的二十多間房屋被燒毀。連村裡的小廟宇也燒為平地。因為這次村民都跑光了，日本人找不到人，就燒房屋解恨。占洼這個村因為比較偏僻，被燒的房子雖然不少，但是沒有過半。在中原村、南原村，就是挨著邯長公路邊和漳河邊的這幾個村的房屋❺，那天被燒得特別多。我當時看見天空都成了紅色、黃色，烏煙瘴氣，連太陽也看不見了，和陰天差不多。一天多的時間，那個火焰和煙灰就都沒褪去，嗆得人呼吸都困難。後來才知道，涉縣凡是沿路的一百多個村莊都被燒毀，有的村百分之七八十的房被燒。這是日本人對中國的燒殺搶掠的罪行。這些事雖然是經過了六、七十年，但是因為是小的時候的事，所以對我的記憶特別深刻，現在想起來這些事還是清清楚楚的。

涉縣百姓生活難，八路軍來助

過去老百姓的生活是特別苦，在涉縣過去有幾句話，一個是：「十年九旱。」就是說十個年頭就有九個是旱災，十年九不收，因為旱災了就種不上糧食。再一個就是：「三天不吃糠，肚裡沒主張。」就是說涉縣人吃飯主要靠糠，糠就是那個小米的外殼。小米這個東西它是一種旱地作物，只要能播種種上，以後它就是不下雨也能有收成。當時在涉縣山坡上的梯田旱地，老百姓都種小米，只要多少有點雨就會有收成，收了以後，碾成小米就能吃。當時八路軍為啥說「小米加步槍」？因為八路軍的主食就是老百姓給的小米。糧食少時，老百姓都是吃那碾小米留下的外殼——糠。這就可見當時根據地老百姓生活困難。現在這個山上看到的都是綠色的樹和草，綠葉蔥蔥的，還挺茂盛，當時那確實是塊光板，除了石頭就是石頭，別的啥東西也不長。

八路軍除了抗擊日本以外❻，在涉縣這個地方還對老百姓進行一些生產方面的幫助。最著名的一件事，就是當時一二九師官兵跟老百姓一塊修建了漳南渠。在涉縣中間有條河，叫清漳河，一二九師司令部就住在清漳河南岸。一九四二年、一九四三年是抗戰最艱苦的兩年，原因有幾個：首先，是太行山區發生了大旱災，連續兩三年大都不下雨❼，老百姓因為種不上地而沒有收成，所以吃喝都很困難；其次，那幾年日本人的掃蕩也最瘋狂。在這樣一個情況下，根據地的老百姓和八路軍為了克服困難，一二九師司令部就組織了根據地軍民，進行生產自救。當時缺水是最嚴重的問題，於是劉伯承跟鄧小平就組織了軍、民❽，在漳河南岸、太行山腰上修建一條引水渠，叫做漳南渠❾。這個渠的上游是從一二九師政治部所在地的王鋪村，把漳河水引上山，然後流經赤岸村，往下又經過會里、沿頭、河南店、南莊這幾個村莊。這樣老百姓也有水喝了，地就都能澆了，能澆以後就能種莊稼，就能收成糧食。這樣一來，漳南渠不但當時解決了糧食供應的困難，以後涉縣老百姓飲水和灌溉的困難都解決了。

後來一九五七、一九五八年，又在涉縣連續修了四道渠。漳河北邊修了一個漳北渠，還有一個漳西渠，不管漳北渠還是漳西渠，都是借鑒漳南渠那個經驗，把漳河水引上山灌溉農田。所以涉縣原來是十年九旱的一個窮山區，現在大部分村莊都變成水澆地。好多個村的老百姓，不管是當時經歷過的，還是後來聽說的，一提起這個事，都知道這是劉伯承、鄧小平給涉縣人民辦了最大的一件好事，這是造福子孫後代的事情，現在在一二九師的將軍嶺上，還有那個漳南渠的紀念碑。

注釋：

❶涉縣位於太行山東麓，河北省西南部，晉冀豫三省交界處。今轄九個鎮、八個鄉，占洼、中原屬涉城鎮十九行政村之二，赤岸屬河南店鎮十八個行政村之一。

❷抗日戰爭時期，一二九師是中國共產黨領導的八路軍的三個主力師之一。一九三七年八月二十五日，中國工農紅軍第四方面軍第四、第三十一軍，西北紅軍第二十九、第三十軍和獨立第一至第四團以及第十五軍團的騎兵團等，改編為國民革命軍第八路軍第一二九師。全師共一萬三千餘人。劉伯承任師長，徐向前任副師長，張浩任政訓處主任，宋任窮任副主任，轄第三八五、第三八六旅及教導團和特務、工兵、炮兵、輜重、騎兵等營。

❸赤岸村在涉縣城西北部，清漳河南岸，從一九四〇年十二月一二九師司令部遷駐於此，直到一九四五年十二月底離開。

❹中原慘案：一九三八年四月二十四日，侵佔涉縣的日軍一〇八師團一部外出「掃蕩」，至清涼村西與中國軍隊騎四師發生戰鬥。騎四師撤退後，日軍對中原村民進行了報復性大屠殺。日軍將中原、南原的六十多個無辜百姓趕到乾河溝，開槍掃射。接著又將中原、南原村中一百五十四個百姓趕到中原村口老槐樹東（現有一中原慘案紀念碑），用機槍掃射，群衆倒在血泊中。兩次屠殺，日軍共殺害村民一百七十九人，傷三十一人，燒毀民房二百五十多間，糧食、財物損失難以計數。見中共河北省委黨史研究室編寫的《中國共產黨河北歷史大辭典》，第四八九頁。

❺邯長公路是由河北省邯鄲市通往山西省長治市的一條公路，取兩地地名首字而得名。為東北向西南走向。從涉縣城東北方的木井公社東豆莊襯東側入涉縣境，至涉縣城西南方的神頭公社響堂鋪襯西出境。在涉縣境內全長四十

一點五公里。見涉縣地名辦公室編，《涉縣地名志》第二二〇頁。

❻著名的戰役有「響堂鋪伏擊戰」。一九三八年三月三十一日，一二九師為切斷日軍從邯鄲至長治的後方重要補給線，由徐向前擔任前線總指揮，主力在河北涉縣響堂鋪地區設伏。上午九時，日軍由黎城經東陽關開往涉縣，進入伏擊地區後，一二九師預伏部隊突然發起猛烈攻擊，經一小時激戰，將敵人全部殲滅，汽車全部焚毀。同時，擊退黎城、涉縣出援之敵七百餘人。這一戰鬥，共殲敵四百餘人。見王宗華主編，《中國現代史辭典》第五三〇頁。

❼冀南地區一九四二年乾旱，一九四三年入春以後，嚴重旱災又持續發展，直至八月五日。全區有八百八十四萬畝耕地未能播種。除滏陽河、衛河兩岸部分地區外，大部地區農作物旱死。災民普遍以糠菜樹葉為食，除松柏以外，幾乎所有樹木葉子、樹皮被剝光，大批災民餓死或逃亡。人名、元城（今大名）每日每村均有餓死與逃亡者，元城一區每日每村餓死五至十人。曲周、邱縣、廣平等四縣截至一九四三年四月上旬統計，因飢餓致死者四千九百四十一人，僅邱縣一縣就逃亡三千六百六十七人。曲周北辛頭村四百戶人家餓死四百人。清河、冀縣等縣逃亡人口佔全縣三分之二，段蘆頭一集日倒街而死者三十餘人。巨鹿縣餓死五千人以上。一九四二至一九四三年的持續大旱災中，冀南區餓死二十至三十萬人，逃亡一百萬人，佔全區人數約百分之二十。見海河志編纂委員會編，《海河志（第一卷）》，第一七一頁。

❽從一九四〇年起，一二九師司令部暨晉冀魯豫軍區司令部長期設在河北省涉縣赤岸村。一九四五年八月二十日，抗日戰爭剛剛勝利，晉冀魯豫中央局和晉冀魯豫軍區即在赤岸村成立，鄧小平任中央局書記和軍區政委，軍區司令員是劉伯承。司令部仍設在原八路軍一二九師司令部大院。

❾漳南渠因引清漳河水，又穿繞清漳河南面山區而得名。一九四二年，晉冀魯豫邊區政府和一二九師司令部組織抗日軍民興建。渠原長十五公里，一九五八、一九六五年先後加寬延伸。渠首起自上溫村，向東南經河南店、胡峪等五個鄉（鎮），至固新村止，全長五十三公里，寬三米，深二．七米，為漿砌石矩形渠槽基部。渠道婉蜒，穿山越嶺，有大小建築物二百九十八處，其中隧洞十處，總長一千三百四十七米，路橋九十五座。渠道常年有水，通水量每秒三立方米，灌溉面積一．四二萬畝。見張建華主編，《邯鄲辭典》，第八二五頁。

本書作者簡介（依出現順序）

- **禤福輝**，中國近代口述史學會會長。
- **于仁秋**，紐約州立大學（SUNY at Purchase）歷史教授，中國近代口述史學會會員。
- **古蒼林**（筆名），原名古兆中，前紐約市立大學（City College, CUNY）數學教授，中國近代口述史學會會員。
- **馬大任**，教授和圖書管理專家，曾在哥倫比亞大學、康乃爾大學、史丹佛大學及荷蘭萊頓大學漢學院服務，曾任胡佛研究所東亞圖書館館長。
- **胡菊人**，前香港《明報月刊》總編輯。
- **朱永德**，羅切斯特理工大學（Rochester Institute of Technology）榮譽教授，中國近代口述史學會會員。
- **熊玠**，紐約大學（New York University）政治學教授。

・**叢甦**，紐約著名作家。
・**王渝**，紐約著名作家、詩人。
・**吳章銓**，中國近代口述史學會會員。
・**歐陽哲生**，北京大學歷史系教授。
・**汪榮祖**，中國近代史學家，中央大學歷史研究所講座教授。
・**浦麗琳**，筆名心笛，詩人，白馬文藝社社員。
・**張玉法**，中央研究院院士，中研院近史所兼任研究員。
・**楊天石**，中國社會科學院榮譽學部委員、研究生院教授、近代史研究所研究員、中央文史研究館館員、北京清華大學兼職教授、浙江大學客座教授、中國現代文化學會常務副會長。
・**孔強生**，中國近代口述史學會副會長。
・**夏沛然**，中國近代口述史學會會員。
・**周匀之**，紐約文化工作者、資深報人。
・**高岩**，南京師範大學社會學系學生。
・**韓晶**，上海師範大學人文與傳播學院中國近現代史〇七級博士研究生。
・**苗青**，上海師範大學中國近現代史博士研究生。
・**張燕莊**，廣東中山大學歷史學系本科學生。